【基金项目】

厦门大学双一流建设项目"中国历史上的社会经济发展模式"

中国历史研究院重大课题"中国历代国家治理经验研究"

2019年度福建省社会科学规划项目青年项目"近代东南沿海灯塔地理信息系统研究"（项目批准号：FJ2019C011）

"西风已至"：
近代东亚灯塔体系及其与航运格局关系研究

伍伶飞 ◎ 著

厦门大学出版社
XIAMEN UNIVERSITY PRESS
国家一级出版社
全国百佳图书出版单位

图书在版编目(CIP)数据

"西风已至":近代东亚灯塔体系及其与航运格局关系研究/伍伶飞著.—厦门:厦门大学出版社,2021.6
(中国社会经济史新探索丛书)
ISBN 978-7-5615-8282-4

Ⅰ.①西… Ⅱ.①伍… Ⅲ.①灯塔—关系—航运—研究—东亚—近代 Ⅳ.①U644.42

中国版本图书馆 CIP 数据核字(2021)第 122839 号

出版人	郑文礼
责任编辑	林 灿
封面设计	蒋卓群
技术编辑	朱 楷

出版发行

社　　址	厦门市软件园二期望海路 39 号
邮政编码	361008
总　　机	0592-2181111　0592-2181406(传真)
营销中心	0592-2184458　0592-2181365
网　　址	http://www.xmupress.com
邮　　箱	xmup@xmupress.com
印　　刷	厦门集大印刷有限公司

开本　720 mm×1 000 mm　1/16
印张　18.75
插页　2
字数　288 千字
版次　2021 年 6 月第 1 版
印次　2021 年 6 月第 1 次印刷
定价　93.00 元

本书如有印装质量问题请直接寄承印厂调换

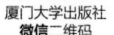
厦门大学出版社
微信二维码

厦门大学出版社
微博二维码

序

我国既是一个大陆国家,又是一个海洋国家。大陆以东、以南的海洋是中国国土不可分割的一部分,不仅有着丰饶的各类海洋资源,也是世界进入中国、中国通往世界各国的主要通道。

海洋研究长期以来是历史和历史地理研究的薄弱环节,近20年来随着我国经济文化的深入发展和向大海进军步伐的加速,海洋研究有所推进。旧海关内部出版物,尤其是记载海洋资料较多的哈佛丛刊、总署丛刊的出版,为本团队在东亚尤其是我国沿海沿江灯塔的研究展开提供了坚实的资料基础。

本人有幸培养、带领的复旦大学近代经济地理研究团队,早期从"港口-腹地"的角度研究近代经济史和经济地理,已有20年历史。以往的"港口-腹地"研究多聚焦于大陆港口与陆向腹地的关系,对港口和海向腹地的关系则研究较少。随着"港口-腹地"研究的深入和国家"一带一路"概念的提出,我们逐渐将海洋及海向腹地纳入研究范围。除了姚永超的沿海港口与海图的研究,王华震的宋代沿海海贼的研究之外,即将出版的伍伶飞的《"西风已至":近代东亚灯塔体系及其与航运格局关系研究》则是最新最重要的一种。此书为本人指导下完成的博士论文修改而成。这项以作为海上交通基础设施的灯塔而展开的研究,既是海洋史研究的组成部分,也是对"港口-腹地"研究范式的拓展。

伶飞自2012年开始参与旧海关史料整理和"港口-腹地"相关研究。我以研究应当从最基础的史料整理和考证出发,让他整理旧海关史料中的年度统计数据,以全国年进出口额和各关直接对外贸易额为基础,他比对萧亮林、滨下武志、杨端六和侯厚培等人所作的旧海关贸易数据摘编,发现相关摘编在数据计算、引用、表述和整理方法上都存在或多或少的问题。随后,我组织学生对《美国哈佛大学图书馆藏未刊中国旧海关史料》《海关总署档案馆藏未刊中国旧海关出版物》等资料进行整理、提要撰写等工作,伶飞也都是积极参与者。在博士研究生初期开展的这些工作,部分撰写成文发表之后获得了学术界的认可,也加深了伶飞对贸易数据、相关专题报告等旧海关史料的认识。

恰在此时,我已注意到"港口-腹地"范式进一步向海洋延伸的重要性。在整理哈佛大学图书馆藏中国旧海关史料和海关总署档案馆藏未刊中国旧海关出版物的过程中,我们发现包括《中国沿海及内河航路标识总册》《海务报告》在内的一系列与灯塔紧密相关的史料。在与伶飞多次沟通之后,我们认为前述相关史料可以为灯塔研究的展开提供核心支撑,故确定了以灯塔体系形成与航运格局变迁为主题的博士论文选题。

之后的几年里,伶飞在我所主持项目的支持下,在温州、台州、宁波等沿海地区考察,增加了对灯塔和海洋的感性认识,也搜集了部分资料。2013年,我制订了一个旧海关史料的翻译计划,伶飞选择了近代长江流域的船只和航运相关内容进行翻译,这项工作为他博士学位论文的航运格局变迁部分内容的展开也提供了一定研究基础。2014年,在我的推荐下,伶飞至美国的中国研究重镇密歇根大学进行联合培养;当博士学位论文以"优秀"的评级通过答辩之后,他又在我与密歇根大学鲍曙明教授的协调下,至该校展开了为期一年的博士后研究。这两段经历帮助他更好地利用国外相关资料和学习新的理论、方法,多学科结合的思维在他的书稿中也有所体现。

灯塔是港口与海洋和海向腹地的交汇点,以灯塔串联的航运线路是区域联系的纽带,是海洋及海向腹地研究展开的基础。在"一带一路"概念提出的同时,港口城市前面的广阔的海洋得到了关注。毫无疑问,海洋与腹地、边疆与内陆之间始终存在着不可忽视的互动关系。就此而言,我国提出"一带一路"发展战略,是当前中国国力有了较大提高的基础上,腹地与海洋、内陆与边外关系的一次重大扭转,将从根本上改变百年的大格局。在这种背景下,灯塔相关历史地理问题的提出和展开,为我们近代经济地理团队的研究从内陆向海洋推进、为"港口-腹地"视角与"一带一路"倡议的结合创造了有利条件。

希望历史学界、历史地理学界有更多的人关心我国海洋的研究,在海洋史、海上贸易、海上交通和海洋资源的开发利用诸方面,不断取得新的进展。

吴松弟
2021年4月15日于复旦大学光华楼

自　序

　　灯塔在航运发展中有着十分重要的意义。就近代东亚而言，受限于连续系统资料的缺乏、各个国家和各个语种文献的分散以及对灯塔在航运发展中作用机制认识模糊，已有研究往往以单个灯塔、单个灯塔管理机构或单个国家灯塔事业的历史为对象展开。这种视角下的研究难以解释参与灯塔管理的不同机构之间的关系，难以展示区域内各国在灯塔建设进程中的关系，未能比较分析灯塔在各国航运地位起落变化中所起的作用并讨论其对区域航运格局产生的真正影响。实际上，灯塔相关的制度、技术的传播和交流往往不会限于一国内部；更重要的是，对于一艘航行于江海中的船只而言，其所首要关心的往往不是灯塔由谁出资、经谁建设、归谁管理和维护，而是灯塔是否在恰当的时间、合理的位置以适当的光照保障船只从出发地到目的地的航行安全。就此而言，超越国界的藩篱、将灯塔置于区域中进行观察具有明显的合理性。故本书以中国旧海关出版物和日本航路标识相关文献等资料为基础，基于船只的航海需求，从东亚区域研究的视角出发，讨论东亚灯塔体系及其在航运格局演变中所担负的角色。

　　通过分析发现，近代东亚灯塔体系的发展受到来自两种力量的影响。一方面是完成工业革命的西方国家从全球贸易和航行安全的需求出发，就东亚海域的灯塔建设对东亚国家提出要求，并在制度、技术、人员等方面为东亚灯塔建设提供支持；另一方面，东亚国家在经过短暂的犹豫之后，也开始认识到灯塔对航行安全和航运发展的重要性，逐渐重视灯塔建设，并积极推进灯塔相关技术的本土化。这样，东亚灯塔在东亚和西方相关国家地区的共同努力下不断发展。东亚灯塔基于西方全球贸易的需求而兴起，最终建立并形成完善的灯塔体系，使得西方商船拥有了驶向东亚各港口的"海上公路"。

"西风已至":近代东亚灯塔体系及其与航运格局关系研究

在灯塔体系不断完善的背景下,伴随着西方的扩张和工业革命在东亚推进的"西风",被迫开放的日本、中国与世界各主要国家的贸易变得繁荣,由此逐渐参与到国际分工和全球贸易中,中国和日本的现代航运业也在这个过程中萌芽和发展。在经济结构、社会传统和文化差异等深层原因之外,国家政策在中日航运业发展中有重要作用,这种作用比航海鼓励政策本身要复杂。在区域内主导灯塔建设国家的灯塔事业发展政策的影响下,对航运格局中不同国家、不同背景的轮船公司而言,灯塔实际发挥的作用各不相同。

在英国等欧美国家大力推动全球灯塔建设以促进航运发展的背景下,中国由外籍税务司管理的海关主导,根据欧美航运需求制订灯塔等航运公共基础设施的建设计划,并在采购先进设备、建设远光灯塔方面花费巨大;与此同时,却缺乏相应有效的航海鼓励政策,航运业增长乏力,除极少数商船企业取得一定成绩外,即便在本国沿岸贸易中,中国航运业也难以与西方以及后起的日本抗衡,更未能在国际航运中占据一席之地。与中国不同,日本一方面在资金、政策上对本国航运企业的发展予以大力支持,另一方面则在不同时期根据本国航运业发展的现实需求制订相适应的灯塔建设计划。1884年,在总结前一时期灯塔建设和航运发展的表现后,日本政府明确指出,灯塔建设事业为外国及其船舶公司所期望,灯塔建设所带来的便益也主要为外国航运业所享有。应协调灯塔建设与本国航运发展需求,将有限的资源最大地用于相对落后的本国航运业的需要,而非满足相对发达的外国航运业的需要。进入20世纪,日本本国航运业加速发展,大量速度快、船体大、载重量多的汽船对航行安全设施提出了更高要求,故日本继续调整灯塔建设节奏以适应这种要求的变化。日本在修建灯塔方面依据本国航运业状况而不是西方需求的做法,收到了较好的效果,日本航运企业借助逐渐完善的航行基础设施条件和积极的航海鼓励政策迅速兴起,在与西方的竞争中逐渐占据有利地位。

灯塔事业政策的差异对中国和日本两国航运业命运的不同有着不容忽视的影响。表面上各个主体机会均等的公共服务事业也可以尽可能多地为特定主体所利用,这是近代东亚航运格局演变中灯塔所发挥作用的一大特点。本书对近代东亚灯塔体系形成与航运格局变迁的分析,提供了讨论迥异中日航运业发展原因的另一个面向,也有助于认识东亚各国走向现代化道路的差异。

目　录

绪　论	/ 001 /
第一节　学术史回顾	/ 004 /
第二节　关于本书	/ 017 /
第一章　航海之要：近代东亚灯塔空间体系	/ 037 /
第一节　近代东亚灯塔发展历程	/ 038 /
第二节　近代东亚灯塔的区域划分	/ 048 /
第三节　近代东亚灯塔空间体系的评价指标	/ 057 /
第四节　灯光射程与东亚灯塔空间体系分析	/ 065 /
小　结	/ 078 /
第二章　镜鉴英美：东亚灯塔资金的征集与分配	/ 081 /
第一节　近代东亚灯塔资金的制度背景	/ 081 /
第二节　东亚灯塔资金的征集	/ 101 /
第三节　东亚主要灯塔资金的分配	/ 117 /
小　结	/ 129 /
第三章　西学东渐：近代东亚航道测量与灯塔选址	/ 131 /
第一节　东亚航道测量的推进	/ 132 /

第二节　航道测量对灯塔选址的意义　　/ 143 /
　　小　结　　/ 154 /

第四章　技术革命：东亚灯塔的建设与运行　　/ 155 /
　　第一节　东亚灯塔设备购买、制造与灯塔建设　　/ 155 /
　　第二节　东亚灯塔的日常运行与更新　　/ 165 /
　　第三节　东亚灯塔事业中的社会关系　　/ 176 /
　　小　结　　/ 195 /

第五章　产业策略：灯塔体系对航运格局的影响　　/ 197 /
　　第一节　东亚灯塔建设与航运事业　　/ 198 /
　　第二节　东亚内部航运发展的区域分析　　/ 213 /
　　第三节　东亚航运格局的变迁　　/ 231 /
　　小　结　　/ 244 /

结　论　　/ 247 /

参考文献　　/ 255 /

附　录　　/ 275 /
　　附录一　近代早期中国海关税收单位问题　　/ 275 /
　　附录二　近代中国海关吨位测量说明　　/ 278 /

后　记　　/ 293 /

绪　论

19世纪50年代初，英国已占据世界海上贸易总量的42%，到1880年，全世界55%的海上贸易由英国完成，这表明英国已成为当时世界上最强大的贸易力量。但强大的外表之下却潜藏着风险，一系列海难事件的发生让英国人将目光聚焦到了灯塔服务上面。仅1852至1860年，在大不列颠群岛海域，就有一万多艘船因撞击或触礁而损毁，同时，有七千多人因海难而丧生。[①]实际上，此时的英国拥有相对先进的灯塔建造技术和完善的灯塔资金征集管理系统，英国附近已是世界上灯塔相对密集的海域；[②]故对于航行船只而言，其他地区的危险程度可想而知。为了保障航行安全和海外利益，英国一方面积极在本土进行灯塔的调整、更新和兴建；另一方面，对殖民地和世界其他重要航海区域的航道测量与灯塔建造计划也在一步步推进。

英国外交部于1867年6月委托外贸委员会选择适合的人到日本从事灯塔建设，苏格兰人Richard Henry Brunton通过应聘获得了被派往日本主持灯塔建设的机会。准确地说，他是一个拥有五年经验的成熟铁道工程师；[③]真正有经验的灯塔工程师数量很少，而愿意去到遥远东方工作的人更是十分罕见，即便

[①] Roy M. MacLeod, "Science and Government in Victorian England: Lighthouse Illumination and the Board of Trade, 1866–1886," *Isis*, Vol. 60, No. 1, 1969, pp. 5-38.

[②] R. H. Coase, "The Lighthouse in Economics," *Journal of Law and Economics*, Vol. 17, No. 2, 1974, pp. 357-376.

[③] Kieran M. Rohan, "Lighthouses and the Yatoi Experience of R. H. Brunton," *Monumenta Nipponica*, Vol. 20, No. 1, 1965, pp. 64-80.

能获得相当可观的报酬。Brunton在苏格兰灯塔部门经过一年半的培训之后被匆忙派往日本。1869年8月8日，当他达到横滨码头的时候，迎接他的是日本神奈川裁判所的工作人员，他们眼中的期待不言而喻。这位对远东一无所知的建筑师或许正带着因风浪而未平定的心情打量着这片神秘的土地，尚未意识到自己的到来对日本灯塔事业的意义。或许他同样不太清楚的是，来自英国的北爱尔兰人赫德（Robert Hart）正式担任中国海关总税务司已经六个年头；四年前，在赫德的努力下，中国海关总税务司署刚刚获准将船钞收入的十分之一作为正式的灯塔建造经费；而在一年前，这项经费增加至船钞收入的十分之七，中国沿海沿江的灯塔建造计划正在有条不紊地进行。

当Brunton踏上从横滨赶往本州西南地区考察灯塔选址的旅程时，赫德正在北京思索着书写与远在伦敦的金登干商讨灯塔购置细节的信件，宏大的全球灯塔建造计划也在奥斯曼帝国、印度、马来群岛和印度支那各地海域渐次展开。

以英国为代表的欧洲国家在19世纪中期以后对建设全球灯塔网络表现出前所未有的热情，东亚各国也由被动而逐渐主动地推进灯塔建设，这对航运事业发展的重要性不言而喻。在近代航运相关的研究中，尽管全球灯塔网络的形成、苏伊士运河的开通以及中欧海底电缆的铺设等公共基础设施的发展也被频繁提及，但对于航路发展和航运格局而言，学者分析较多的是国家政策导向、制度创新、资金支持、技术优势、价格同盟等等。尽管航路发展和航运格局及其形成原因的研究成果丰富而深入，灯塔的研究成果也为数不少，但到目前为止，并未有明确将以灯塔为代表的、包括苏伊士运河开通和中欧海底电缆铺设等跟航运紧密相关的公共基础设施建设与航路开拓、航运格局形成相结合的专门研究出现。原因在于，尽管学者均认可灯塔对航路发展和航运格局的影响确实存在，甚至某种程度上可以说是常识，但一般研究中都是将灯塔等公共基础设施作为对各类主体机会均等的条件，认为灯塔在航路发展和航运格局形成中的作用是存在的、却又无须多言，故相关表述往往停留于泛泛而论。已有研究将国家政策导向、制度创新、资金支持、技术优势、价格同盟等作为相关国家和航运公司获得发展的优势，相应地也是另一些国家和航运公司在航运竞争中处于劣势的原因。然而，抛开灯塔等公共基础设施的作用或许并不能解释航运竞争中呈现优势与劣势、区域内形成特定航运格局的全部内容。

东亚地区是19世纪中期西方各国为发展国际航运而开始的全球灯塔建造计划的重要组成部分,本书将利用多种来源资料对近代东亚灯塔体系进行重新认识。采用西方建造技术和管理制度的灯塔在从南海到日本海的东亚区域逐渐铺开的过程中,在资金征集和分配、测量和选址、建设和运行等各个环节里,西方是如何根据其全球航运发展的需要而以其在政治、经济和技术上的优势地位一步步影响东亚灯塔体系的形成,东亚各国又是如何由被动而主动地学习西方制度和技术并推动灯塔设计和管理的本土化进程。在此基础上,探讨西方和东亚各国通过各自所扮演的不同角色如何影响东亚区域灯塔体系的形成,而在东亚和西方的博弈中形成的灯塔体系对东亚区域航运格局的形成和变化又有着何种意义。

在时间范围上,本书所要讨论的问题跨越几乎整个近代,起于1843年中英《五口通商附粘善后条款》签订,止于1938年抗日战争全面爆发之后。但在具体的讨论中,开始时间又会因为不同国家或地区、不同问题而存在一定的差别。在灯塔资金问题上,中国开始于中英《五口通商附粘善后条款》签订的1843年(条约中对近代海关"船钞"首次进行了明确规定),日本开始于1857年与荷兰签订的条约中关于船税的条款,而朝鲜半岛则晚至19世纪末朝鲜吨税法律的推行。在灯塔建设问题上,中国开始于1855年(上海铜沙灯船出现),日本开始于1869年(观音埼、野岛埼等灯塔出现),而朝鲜半岛则晚至20世纪初(尽管有人持不同看法,[①]但从《东洋灯台表》的统计来看,朝鲜半岛较早出现的现代灯塔是1903年亮灯的八尾岛灯塔,即Palmido Lighthouse)。本书研究的时间下限定为1938年,是因为此时虽然东亚的新建灯塔已经放缓,但战争对灯塔的严重破坏尚未显现。尽管不同问题、不同区域在时间上差异明显,但本书讨论的重点集中在19世纪70年代至20世纪30年代。

在空间范围上,本书讨论的问题涵盖东亚海域和沿海、沿江地带,具体而言,海洋范围包括日本海、渤海、黄海、东海以及南海北部边缘,陆地范围包括中国东部沿海(但实际上往北包括松花江流域,往西包括长江中下游,往南包括

---

① [韩]安雄喜:《基于草梁港口旧地图的分析看釜山航标的起源》,《韩国航海与港口研究杂志》2014年第38卷第5期。

台湾岛及澎湖列岛、海南岛等)、日本(北至库页岛南部、东至千岛群岛、南至琉球群岛)、朝鲜半岛全部。这块区域的各个国家和地区在古代属于同一片文化圈,且在近代发展中有着相似的遭遇,它们的历史在近代化的进程中紧密交织在一起。

第一节 学术史回顾

一、全球视野下的东亚灯塔研究

全球灯塔事业的发展与西方科学技术和航运贸易密切相关。工业革命之后国际航运和贸易快速发展,而分布在港口、航线上的暗礁、浅滩等障碍物却使得船只面临巨大的航行风险,由此西方各国逐渐将灯塔建设和航道完善事业提上重要日程。西方国家首先在本土和各殖民地开始兴建灯塔计划,随后包括东亚在内的世界主要航运和贸易活跃区域也成为西方灯塔兴建计划的组成部分。

具体到东亚而言,近代世界贸易发展和技术革新是在西方主导的全球体系下进行的,由此出发,从帝国主义视角讨论近代技术传播和贸易发展成为西方学者在殖民地历史研究中的重要分析模式。许光秋提到灯塔历史是海洋史研究的一个部分,[①]但具体论著列举中并没有留下灯塔建设发展历史的一席之地。由于资料和视角等方面原因,目前已有的东亚灯塔建设发展历史的论著并不算丰富,但仍有一些不错的成果。

在中国方面,近代海关职员班思德(T. Roger Banister)最早对中国沿海的灯塔建设情况进行了比较系统的梳理,[②]认为在海关海务科设置之前,中国沿海沿江的航行设施十分简陋,新式灯塔尚未出现;从晚清同治初年开始,赫德

[①] 许光秋:《国外海洋史研究状况》,《海洋史研究》2014年第1期。
[②] [英]班思德著:《中国沿海灯塔志》,李廷元译,上海:海关总税务司署统计科,1933年。

"乃倡议采仿欧西新法,于沿海各处,建设灯塔浮标,以为便利航行、发展贸易、增加税收之计,旋由总理衙门奏准,派其办理各口灯塔事宜,以专责成,惟以事务殷繁,工程艰巨,遂广延专家,分任其事,于是中国沿海灯塔,南起琼州,北迄牛庄,始得次第成立"①。尽管班思德书中述及近百个灯塔,但这些几乎全部为20世纪30年代已归中华民国海关管理的灯塔,对于同时期仍在英、日等国和地方政府管理下的中国沿海灯塔罕有涉及,如对于书中不讨论大公岛灯塔的原因,他指出"惟该塔之管理权,属诸青岛市政府"。由此可见,该书内容为中华民国海关管辖区域,而非覆盖中国全部沿海地区;且该书从赫德作为讨论的起点,也缺乏对中国灯塔制度产生的国际背景、原因和机制的系统分析。班思德所论近代中国的灯塔建设管理实际指的是海关管理区域的灯塔,后来的部分研究似乎也沿袭了班思德将近代灯塔建设直接等同于海关所进行灯塔建设的观点。80年代以来,陈诗启较早对近代中国海关的海务部门的历史进行研究,②其重点分析了海务部门和海务工作的发展历程,及其在海关业务中的地位和对中国近代航运事业发展的意义。21世纪以来,方德万(Hansvan De Ven)通过分析近代中国海关在税收、教育、外交、财政以及航道测量、灯塔建设等方面的工作,③进而指出海关在近代中国融入国际体系和经济贸易关系的进程中扮演了枢纽的角色。布里斯托大学的毕可思(Robert Bickers)以中国为中心发表了一系列相关的文章,他指出,"制灯工艺的技术进步(菲涅尔透镜)、蒸汽船的使用、苏伊士运河的开通、电报的发展以及欧洲帝国的扩张和影响",帮助欧洲人规划了从近东、中东到远东的灯塔建设方案,使得1860年以后的50年里全球灯塔网络逐渐完善,由此也把中国从结构上整合到全球网络当中;④他同时从海关海务工作的角度,对航道测量、灯塔选址、灯塔建设以及海关灯塔分

---

① [英]班思德:《中国沿海灯塔志》,"序一"。
② 陈诗启:《中国近代海关海务部门的设立和海务工作的设施》,《近代史研究》1986年第6期。
③ Hansvan De Ven, *Breaking with the Past: The Maritime Customs Service and the Global Origins of Modernity in China*, New York: Columbia University Press, 2014.
④ [英]毕可思著:《石碑山——灯塔阴影里的生与死》,孙立新、石运瑞译,孙立新、吕一旭主编:《"殖民主义与中国近代社会"国际学术会议论文集》,北京:人民出版社,2009年,第8~43页。

布等问题展开深入的分析,①而租借地的灯塔建设情况并不在他的考查范围之内。江涛的《近代福建沿海助航标志探析》主要是从中国海关对灯塔常规建设管理的方面进行思考,②并不包括中国民间和外国进行的灯塔建设。李芳的《晚清灯塔建设与管理》③一文,涉及个人和非官方机构直接建设灯塔的情况,但相对直接建设灯塔而言,民众在近代海关灯塔建设中发挥的辅助作用更为常见;该文不涉及租借地和占领区的灯塔建设情况,但题目却容易让人产生这方面的期待。王儒年和徐凌艳对《申报》中关于海关灯塔建设、障碍物测量等海务资料进行了介绍,④指出这些资料对近代航道研究具有重要意义。张耀华从机构和职位设置、经费来源等方面对海关职责与航标建设之间的关系进行分析,⑤对灯塔等航标建设在海关业务中的地位进行了再认识,指出航标建设管理是海关自身的基本职责之一。

在韩国灯塔研究方面,金宗宪(김종헌)对大韩帝国时期(1897—1910)韩国沿海的灯塔建设情况进行了讨论,⑥并指出日本在灯塔建设和灯塔使用中所扮演的角色。韩国海洋大学的安雄喜(안웅희)指出韩国的灯塔是随着日本的入侵发展起来的,一般认为韩国最早的灯塔出现在1903年,⑦但通过最近对韩国海关文献的翻译整理发现,实际上作为东亚重要港口的釜山早在此之前就已建设有灯塔、防波堤、码头等相关设施。安雄喜同时指出,随着航运事业的发展,釜山港逐渐拓展而灯塔设施不断完善,⑧这些灯塔都在釜山海关的管理

---

① Robert Bickers,"Infrastructural Globalization: Lighting the China Coast, 1860s-1930s,"*The Historical Journal*,Vol. 56, No. 2, 2013, pp. 431-458.
② 江涛:《近代福建沿海助航标志探析》,福建师范大学硕士学位论文,2012年。
③ 李芳:《晚清灯塔建设与管理》,华中师范大学硕士学位论文,2011年。
④ 王儒年、徐凌艳:《一份弥足珍贵的航道建设史料》,《史学月刊》2007年第10期。
⑤ 张耀华:《中国近代海关之航标》,中国航海博物馆编:《上海:海与城的交融》,上海:上海古籍出版社,2012年,第252~265页。
⑥ [韩]金宗宪:《大韩帝国时期的灯塔研究》,《大韩建筑学会论文集》2005年第21卷第6期,第85~96页。
⑦ [韩]安雄喜:《基于草梁港口旧地图的分析看釜山航标的起源》,《韩国航海与港口研究杂志》2014年第38卷第5期。
⑧ [韩]安雄喜:《李朝晚期开埠后釜山港的近代灯塔研究》,《韩国航海与港口研究杂志》2014年第38卷第5期,第541~547页。

之下。不过,在同为韩国海洋大学的河世凤(하세봉)对韩国海洋史研究状况的综述中,①以上论著均未提及,他也没有对灯塔史在海洋史中的地位或角色进行表述。对台湾地区(由于在灯塔建设和资料收藏方面的特殊性,本书一般将中国台湾地区单列)灯塔的研究,王淑慧和蔡明坤分析了鹅銮鼻灯塔建造时日、美、中、岛内少数民族等多种力量在这一地区的存在情况,②进而指出鹅銮鼻灯塔建造中所体现出来的明显的防卫特色与其面临复杂的国际形势和地区社会状况紧密相关。从日本灯塔研究角度来看,《犬吠埼灯台史》③是较早出现的历史著作,这本小书分沿革、营造、气象观测、遇难船等十九个方面对犬吠埼灯塔的历史进行了全面梳理。加藤勉和藤冈洋保通过对近代日本灯塔的建设和发展的分析,④指出日本在学习西方技术的基础上实现了灯塔建设的本土化,进而展示了西方技术进入日本的传播过程。和歌山县教育委员会对樫野埼灯塔历史和地理状况进行了描述,⑤并对灯塔和官舍的历史意义和价值进行了评估,同时对奥斯曼帝国的エルトゥールル(Ertuğrul Fırkateyni)军舰在该灯塔附近的触礁情况和古迹进行了调查;更重要的是,该报告提供了与灯塔和触礁事件相关的历史资料目录。谷川竜一则重点分析了日俄战争时期,在日本主导下朝鲜半岛的灯塔建设情况,⑥并通过构造、射程、点灯年等指标分析了这一时期朝鲜半岛灯塔的特点。由日本海上保安厅灯台部所编的《日本灯台史》则对19世纪中期以来日本灯塔的发展历史进行了梳理。⑦部分上述日本灯塔相关作品具有调查报告性质或为演讲摘要,而非正式论著,但从中可见灯

---

① [韩]河世凤:《近年来韩国海洋史研究概况》,《海洋史研究》2015年第1期。
② 王淑慧、蔡明坤:《清末恒春地区涉外事件与鹅銮鼻灯塔兴建之关系(1867—1883)》,(台湾)《美和学报》2016年第1期。
③ [日]铫子观光协会编:《犬吠埼灯台史》,铫子:铫子观光协会,昭和十年(1935年)。
④ [日]加藤勉、藤冈洋保:《灯台に投影された日本の近代》,日本建築センター编:《らぴど for BCJ Partners》2000年第5期。
⑤ [日]和歌山县教育委员会编:《樫野埼灯台・官舎及びエルトゥールル号事件に関する調査研究報告書》,和歌山:和歌山县教育委员会,2013年。
⑥ [日]谷川竜一:《日露战争前后の朝鲜半岛における灯台建设と日本》,《非文字资料研究》2011年第25期。
⑦ [日]海上保安厅灯台部编:《日本灯台史 100年の歩み》,东京:灯光会,1969年。

塔建设发展历史是日本社会长期关注的一个问题。

在资金方面,近代东亚的灯塔资金包括船钞、吨税、河捐、标费、船税以及私人资金等多种名目,而对灯塔资金的研究多集中在由近代中国海关代征的船钞和日本海关代征的吨税上;且由于朝鲜半岛和台湾地区在近代史上长期是为日本所占领,使得朝鲜、台湾的船钞和灯塔制度与日本有很大的相关性,以下学术回顾将分为中国灯塔资金研究、日本灯塔资金研究(含朝鲜、台湾)两部分展开。

就日本的灯塔资金研究而言,岸崎昌介绍了日本吨税的征收对象、场合和税率,较早对吨税的性质、吨税与关税的关系等进行了明确论述,[①]同时也简单介绍了台湾吨税的征收情况。绵贯音次郎指出了吨税征收的意义,以日本本土为主分析了吨税的征收标准、范围、测量和相关手续,[②]相关论述中兼顾日本殖民下的朝鲜和台湾,对日本本土和朝鲜、台湾吨税制度的变化情况进行了比较。住田正一对《吨税法》的相关条文进行了阐述和说明,尤其是他详细比较了日本吨税与中国船钞制度的相关规定,[③]更明确地呈现了日本吨税征收制度的特点。小林行昌从海关实务的角度对吨税的功能和特点进行了介绍。[④]板垣只二对日本吨税制度的起源和沿革做出了更为详尽的论述,并以较为宏大的视野对日本吨税(包括台湾和朝鲜吨税)、美国吨税、中国船钞、英国灯塔税等世界主要国家吨税相关税种的适用范围、征收周期等制度特色进行了多方面比较。[⑤]此外,尚有许多较晚出现的税收相关著作内容与前述著作存在明显同质性,[⑥]此处不一一评述。

---

① [日]岸崎昌:《税关及仓库论》,东京:博文馆,明治三十三年(1900年),第79~83页。
② [日]绵贯音次郎:《关税及税关(大正七年)》,东京:宝洋行,大正七年(1918年),第96~109页。
③ [日]住田正一:《近海港湾论》,东京:岩松堂书店,大正十年(1921年),第16~21页。
④ [日]小林行昌:《关税经济论》,东京:岩松堂书店,大正十四年(1925年),第391~393页。
⑤ [日]板垣只二:《关税行政法论》,东京:青山堂书店,昭和六年(1931年),第726~733页。
⑥ [日]野村次夫:《关税法大意》,京都:政经书院,昭和九年(1934年),第78~81页;[日]和田清:《关税概论(下卷)》,东京:富士出版社,昭和十六年(1941年),第228~233页。

就近代中国灯塔资金的研究而论,民国时期的财政税收史著作和论文中往往有所涉及,主要集中在对船钞的研究。贾士毅最早介绍了船钞征收的税率和基本制度,认为"商船纳税(即船钞),始于《天津条约》"①即1858年,这一时间显然不同于其他著作中的常见观点。黄序鹓花费了大量篇幅对船钞征收制度进行介绍,②但基本是以抄录早期中外条约的相关规定和同治九年(1870年)总理衙门颁布的《各关征免洋商船钞章程十一条》等相关制度性文件内容为主;尽管未见具有创新性的论述,但作为较早出现涉及船钞的通论性著作,对于理解船钞的发展历程仍具有启发意义。高柳松一郎以对日本吨税制度的认识并参考美国的吨税情况,认为"吨税由出入本国港湾之船舶征收之,乃一种交通税"③,并以此为基础对中国船钞制度进行了分析。1932年出版的贾士毅著《民国续财政史》从文字上看参考了《中国关税制度论》,由此对前述船钞征收开始时间进行了修正,并将船钞从"关税"中划出,称为"行为税",意即因船只享受航路标识的服务而支付的费用;但进一步指出"船钞在通商之前已有成规,《江宁条约》因之"④,该观点也成为将明清船钞作为近代船钞制度渊源的较早版本。《财政年鉴》中对船钞的记录不多,但其中却明确指出"我国海关征课船钞,始于前清乾隆十八年(即西历一七五三年)"⑤,对海关船钞的渊源提出看法,认为近代海关船钞与清中前期的船钞一脉相承。1937年吴兆莘的《中国税制史》对船钞的起源问题进行了表述,明确指出吨税"本创始于明代宣德四年(一四二九年)之船钞,然现在纳税标准既以吨不以船,纳税手段既以币不以钞,故称吨税为是"⑥,这也是较早出现的、将船钞历史追溯至明代船钞的记载。莱特(即魏尔特,Stanley F. Wright)注意到了在近代早期船钞制度的形成中外国人所扮演的角色,⑦他在参考《中国丛报》的基础上对璞鼎查等人

---

① 贾士毅:《民国财政史(上册)》,上海:商务印书馆,1917年,第689页。
② 黄序鹓:《海关通志》,北京:共和印刷局,1921年,第752~770页。
③ [日]高柳松一郎著:《中国关税制度论》,李达译,上海:商务印书馆,1927年,第254页。
④ 贾士毅:《民国续财政史》,上海:商务印书馆,1932年,第582页。
⑤ 财政部财政年鉴编纂处:《财政年鉴》,上海:商务印书馆,1935年,第418页。
⑥ 吴兆莘:《中国税制史》,上海:上海书店,1989年,第202页。
⑦ [英]莱特著:《中国关税沿革史》,姚曾廙译,北京:生活·读书·新知三联书店,1958年,第37页。

物在船钞问题上的态度进行了分析。上述20世纪60年代之前的著作涉及船钞的内容多是对船钞相关制度变迁的叙述,而创新性的分析较为缺乏,同质性明显;但部分著作中对船钞历史渊源的分析则成为此后一系列论著中对船钞历史叙述的重要参考甚至直接来源。

20世纪60年代之后也有部分财政税收史的著作涉及近代中国海关船钞,但均未超出民国时期相关论述的范畴。对近代中国海关船钞的专门研究论文不多,且基本都在2008年之后出现。顾宇辉对船钞自明清至民国的沿革有较为细致的考察,[①]并指出近代海关船钞制度的形成还受到"国际通行"吨税制度的影响。任智勇的《三成船钞与同文馆》[②]则主要是运用中国社科院经济研究所藏资料《总理衙门及同文馆经费》对船钞中名义上用于同文馆建设的部分进行较为详细的分析。江涛对船钞部和船钞的税率沿革以及七成船钞的总体使用状况有较多的介绍;[③]李芳则大量引用《旧中国海关总税务司署通令选编》的内容介绍船钞的收入和使用情况。[④]陈勇就晚清海关洋税的分成制度研究特别指出,船钞的分成制度中,部分海关船钞是在扣除火耗的基础上进行分成;当然,这种扣除火耗也是一个变动的过程。[⑤]王瑞成认为包括船钞分成在内的分成制度并不存在,[⑥]而陈勇对此观点进行了反驳。[⑦]

上述关于中国船钞的论著多数将主要目光停留在晚清时段,而对民国时期的情况少有涉及。这些论著一般会将船钞的历史渊源追溯至明代,形成明清船钞到近代船钞的论述体系,实质上是将船钞和吨税作为关税的一部分;尽管常常会指出船钞制度也受到的中外条约和国际通行吨税的影响,但对影响

---

① 顾宇辉:《船钞稽考》,《国家航海》2011年第1辑,第34~47页。
② 任智勇:《三成船钞与同文馆》,《中国社会科学院近代史研究所青年学术论坛(2008年卷)》,北京:社会科学文献出版社,2009年。
③ 江涛:《近代福建沿海助航标志探析》,福建师范大学硕士学位论文,2012年。
④ 李芳:《晚清灯塔建设与管理》,华中师范大学硕士学位论文,2011年。
⑤ 陈勇:《晚清海关洋税的分成制度探析》,《近代史研究》2012年第2期。
⑥ 王瑞成:《何为"洋税分成":〈晚清海关洋税的分成制度探析〉一文辨正》,《中国经济史研究》2016年第2期。
⑦ 陈勇:《洋税为何分成:对〈何为"洋税分成"〉一文的回应》,《中国经济史研究》2016年第2期。

近代海关船钞的另一个因素即所谓"国际通行"的吨税则语焉不详,因此难以回答在中国灯塔资金制度形成过程中西方相关制度担负着何种角色的问题。日本(含朝鲜、台湾)相关论著亦存在同样问题,即多数论著并不涉及吨税的制度起源,而涉及吨税制度来源的往往也只是追溯至开埠时期;日本吨税制度及其之前的船税、标费等制度主要受到何种制度的影响具体并未详加说明。

在灯塔技术传播方面,对航道进行系统测量和调查并制作相关海图,在此基础上拟定灯塔建设计划,这是世界也是东亚各国海务部门进行灯塔选址、建设的最基本途径。近代航道测量和海图制作的知识最早来自西方特别是英国,日本最早翻译了英国人W. J. L. Wharton所著《水道测量书》①,井内金太郎在参考前书的基础上结合自身在航测测量方面的工作实践,完成《水路测量术》一书,②相关方法考虑了日本的自然环境特点以及航道测量和海图制作的具体需求。池内敏则将海图和水路志应用于历史领土纠纷的讨论,③其观点支持了日本对相关岛屿的领土主张。在近代中国的航道测量和海图制作方面,汪家君较早开展研究,他首先选择了浙江海域进行个案考查,整理了从晚清到民国乃至中华人民共和国成立后对浙江海域的海道测量和海图编绘的相关资料,④在此基础上对浙江海域海图涉及的内容指标和技术特点进行了分析。随后,他对中国传统海图、英国海道测量图以及中国海关测绘海图进行了较为全面的梳理,⑤并对各种来源海图之间的关系进行了分析,特别是指出了英国海道测量和海图在近代中国海图制作中的重要意义。在前述研究的基础上,汪家君提出了编制近代历史海图集的构想并初步展开了海图编制工作;⑥同时,将理论与实践相结合,对近代历史海图在港口航道工程建

---

① [英]W. J. L. Wharton著:《水路测量书》,水路部译,东京:水路部,明治三十年(1897年)。
② [日]井内金太郎:《水路测量术》,东京:水路部,明治三十年(1897年)。
③ [日]池内敏:《"海図"、"水路志"と竹島問題》,《名古屋大学附属図書館研究年報》2015年第12期。
④ 汪家君:《浙江海区近代历史海图的初步研究》,《测绘学报》1986年第2期。
⑤ 汪家君:《近代历史海图研究》,北京:测绘出版社,1992年。
⑥ 汪家君:《浙江海区近代历史海图研究与编集鉴定出版》,《中国航海》1990年第1期;汪家君:《近代历史海图集编制的特殊原则和方法》,《杭州大学学报(自然科学版)》1993年第1期。

设中的作用进行了颇为有益的尝试。①同一时期编写的《中国测绘史》第二卷对晚清民国时期的航道测量、海图编制进行了全面的叙述,②对于初步了解近代海洋测量颇有裨益。姚永超从历史地理的角度研究近代西方影响下中国海关所进行的海道测量,对其体制沿革和所编制的海图进行了系统的梳理,③进而分析了这些海图的时空特征。李鹏对晚清民国时期长江四川段的航道测量和地图编制进行了考查,④指出西方制图技术在相关地图编绘中的作用。而刘利民对水道测量的分析则以民国时期海道测量局为中心,⑤讨论了水道测量与国家主权的关系。

对日本灯塔建设的研究集中在灯塔建造技术传播和本土建造技术发展上。Kieran M. Rohan从外国雇员对技术交流的影响的角度,⑥对英国人Brunton在日本近代早期灯塔建设和灯塔技术发展中的作用进行了分析。五十畑弘同样是以Brunton为对象,分析了英国对日本灯塔技术发展的影响。⑦千叶大学的平塚四郎和佐藤建吉则以犬吠埼灯塔为个案,⑧讨论了Brunton在英国灯塔技术向日本转移以及日本灯塔建设中的作用。东京海洋大学的柿原泰首先分析了近代英国工程技术的发展历史和技术特色,并介绍了包括灯塔职员在内

---

① 汪家君:《近代历史海图与港口航道工程》,《海洋通报》1995年第3期;汪家君、汪晓燕、陈丽聪:《近代历史海图在港口航道工程中的应用例析——浙江虾峙门口外浅段航道的历史冲淤》,《海洋通报》1995年第3期。

② 《中国测绘史》编辑委员会:《中国测绘史(第二卷)》,北京:测绘出版社,1995年。

③ 姚永超:《中国旧海关海图的时空特征研究》,《历史地理》2014年第30辑。

④ 李鹏:《晚清民国川江航道图编绘的历史考察》,《学术研究》2015年第2期。

⑤ 刘利民:《近代中国水道测量事业的民族化进程述论——以海道测量局为中心的考察》,《晋阳学刊》2016年第3期。

⑥ Kieran M. Rohan:《明治初期の外人「雇い」:プラントンの灯台の建设》,《ソフィア:西洋文化ならびに东西文化交流の研究》1965年第2期。

⑦ [日]五十畑弘:《明治初期における英国からの技术移植》,《日本土木史研究发表会论文集》1987年第七回,第79~87页。

⑧ [日]平塚四郎、佐藤建吉:《犬吠埼灯台とプラントン——明治草创期における灯台の技术移转》,《机械技术史(3)——第三届中日机械技术史国际学术会议论文集》,云南昆明,2002年,第160~165页。

的英国雇员的情况,①进而讨论英国雇员在近代日本科技发展和社会变迁中的意义。池田龙彦在对近代以来日本以混凝土为材质的灯塔建设历史进行考查的基础上,②分析了日本混凝土灯塔的建造要求和技术特点。英国华威大学的Michael Gardiner指出,随着明治维新后日本对外贸易和航运事业的发展,灯塔建设成为政府规划的主要工作之一,英国的Robert Louis Stevenson及其家族的灯塔制造公司由此进入日本,③通过获得政府和精英阶层的认可从而在日本灯塔建设事业中发挥了重要作用。

在航道测量和灯塔选址方面,过往的许多研究相对注重灯塔事业初创的近代早期,特别是外国职员担任灯塔建设主要负责人的时期从西方到东亚的技术传播。对于通过吸收西方技术逐步实现灯塔技术本土化的日本而言,忽视20世纪上半叶灯塔相关技术发展和制度建设问题将导致对日本灯塔技术发展水平的误判;对于中国而言,20世纪上半叶的航道测量、灯塔选址和建设也包含着丰富的内容。

二、东亚航路开拓与航运发展研究

航路开拓和航运发展均为近代史研究的核心议题。从航海的角度来看,航路开拓、航运发展是与灯塔建设和航道完善紧密关联的两个方向,灯塔等航行安全设施的完善程度如何关系到航路开拓是否顺利、航运活动是否平稳。

近代东亚的航路和航运事业发展是目前研究较为成熟的两个领域。

就航路发展而言,日本关西大学的松浦章以日本、中国大陆、台湾地区为对象,分析了中国大陆和日本、日本和台湾等区域航路的发展变化,④松浦章

---

① [日]柿原泰:《お雇い外国人とイギリス帝国のエンジニア》,《Journal of the history of Tokyo University》2000年第18卷,第33~44页。
② [日]池田龙彦:《コンクリート灯标の建设》,《コンクリート工学》1978年第11期。
③ Michael Gardiner, "Robert Louis Stevenson and the Meiji Enlightenment," *The Yearbook of English Studies: Victorian World Literatures*, Vol. 41, No. 2, 2011, pp. 58-72.
④ [日]松浦章:《近代日本中国台湾航路の研究》,大阪:清文堂,2005年。

部分研究也涉及东南亚区域的航运状况,①并对温州与上海、台湾与福建、江南与长崎、山东与朝鲜半岛等区域内多条航运线路进行了专门研究;②在前述工作的基础上整理形成丰富的文献资料集,③这些论著和资料对于东亚航路研究的发展都有积极意义。新潟大学大宫诚的博士论文将关注点聚焦于日本海沿岸,对朝鲜东岸和日本本州西北岸各港口之间航运发展历史进行了梳理,进而对其运输的类型和贸易产品的特色进行了分析。④华东师范大学的王列辉也从航运网络的角度分析了以上海为中心的各个港口之间的贸易关系,⑤并进一步扩展研究视野,利用社会网络的分析方法考察了日本和英国在中国的航运发展。⑥杨蕾则以轮船公司社史和报刊资料为基础,分析了日本和中国华北各个通商口岸之间的轮船航路发展。⑦

---

① [日]松浦章著:《清代帆船对东亚东南亚、区域物流与人口流动的贡献》,孔颖译,中国航海博物馆编:《人海相依:中国人的海洋世界》,上海:上海古籍出版社,2014年,第118~128页。

② [日]松浦章著:《清末大阪商船公司开设长江航路始末》,徐建新译,《近代史研究》1992年第6期;[日]松浦章著:《清末山东半岛与朝鲜半岛的经济交流》,邹双双译,耿昇、刘凤鸣、张守禄编:《登州与海上丝绸之路国际学术研讨会论文集》,北京:人民出版社,2008年,第156~165页;[日]松浦章著:《日据时期台湾与福建的帆船航运》,卞凤奎译,《海交史研究》2010年第1期;[日]松浦章著:《清末上海的北洋汽船航路》,杨蕾译,《国家航海》2012年第1期,第59~83页;[日]松浦章:《大阪商船会社の瀬戸内海航路案内》,《或问》2013年第24号,第1~15页;[日]松浦章:《太平洋邮船公司从上海到美国的定期航班》,《近代中国》2013年第22辑,第101~119页;[日]松浦章著:《温州海上交通史研究》,杨蕾等译,北京:人民出版社,2016年。

③ [日]松浦章编著:《北太平洋航路案内のアーカイヴズ:船舶データベースの一端》,吹田:関西大学アジア文化研究センター,2015年;[日]松浦章编著:《近代日本の中国・台湾汽船航路案内:船舶データベースの一端》,吹田:関西大学アジア文化研究センター,2015年。

④ [日]大宫诚:《日本海横断航路の研究(1896—1945)》,新潟大学博士学位论文,2013年。

⑤ 王列辉:《航运网络与港口发展——以近代上海港为中心》,《史林》2014年第2期。

⑥ 王列辉、Theo Notteboom、杨蕾:《The British and Japanese Maritime Networks in China in the 1920s》,旧海关资料与近代中国学术研讨会(未刊稿),中国上海,2016年。

⑦ 杨蕾:《19世纪末20世纪初期における日本・中国华北间の汽船航路》,《或问》2014年第25号,第87~102页。

相对于航路研究,近代东亚航运发展的研究起步更早,分国别的研究成果十分丰富。费维恺(Albert Feuerwerker)早在1958年就在关于中国早期工业化的论述中将轮船招商局作为重点,①分析了这家中国轮船企业的发展历程和制度特色,同时通过与日本轮船企业的比较,分析招商局发展缓慢的原因。刘广京(Liu Kwang-ching)梳理了美国人创办轮船公司的历史,②通过与英国公司的比较,分析1867至1872年间美国人对中国航运的垄断地位,最后指出英国人逐渐在竞争中占据优势地位的情形及其原因。樊百川对19世纪中期至20世纪20年代中国的航运业发展进行了梳理,③分析了中国帆船业的衰落和轮船航运的发展,特别指出在这个过程中外国航运企业的影响和辛亥革命对此后航运业发展的意义。聂宝璋考察了近代中国轮船航运业的发展历程,④进而讨论了轮船业在中国近代化进程中的地位和作用。朱荫贵对其1927至1937年间取得较快速度发展的情形进行了讨论,⑤特别是对轮船招商局和民生轮船公司在发展中所呈现的不同特点和趋势进行了分析;进而对近代中外轮船公司的发展和经营状况,特别是对轮船招商局进行了重点考察,⑥并进一步讨论了轮船航运业对近代中国经济发展的影响。

研究近代东亚航运发展原因,有一个重要取向,即对国家干预的作用进行分析。广岛经济大学的辻冈正己分析了包括轮船航运业在内的多个日本近代产业,⑦指出政府在资金和政策上的强力支持是这些产业获得发展、形成与西方相关产业抗衡实力所必不可少的条件,而产业的发展又使得政府拥有更高的财政收入,国家继续发展有了更坚实的物质基础。朱荫贵在中国较早展开

---

① [美]费维恺著:《中国早期工业化》,虞和平译,北京:中国社会科学出版社,1990年。
② [美]刘广京著:《英美航运势力在华的竞争(1862—1874)》,邱锡鏻、曹铁珊译,陈曾年校,上海:上海社会科学院出版社,1988年。
③ 樊百川:《中国轮船航运业的兴起》,成都:四川人民出版社,1985年。
④ 聂宝璋:《轮船的引进与中国近代化》,《近代史研究》1988年第2期。
⑤ 朱荫贵:《1927—1937年的中国轮船航运业》,《中国经济史研究》2000年第1期。
⑥ 朱荫贵:《中国近代轮船航运业研究》,北京:中国社会科学出版社,2008年。
⑦ [日]辻冈正己:《日本资本主义成立過程における政府と政商との結合の必然性(四)》,《广岛经济大学研究论集》1973年第7号,第15~30页。

中日两国航运发展的比较研究,[①]在对两国近代早期开埠通商和航运发展历史过程进行梳理的基础上,指出随后两国在航运发展中所呈现出的明显差异与国家政权所发挥的作用有显著相关性,进而讨论近代化进程中国家政权的作用。朱荫贵在同年底出版的专著中对此问题做了进一步阐述,[②]并以轮船招商局与三菱、日本邮船会社为例,对中日国家政权的表现和轮船航运业的发展做了细致的个案分析。魏际刚也对中日国家政权对航运业发展的不同影响进行了讨论,[③]但他同时指出积极引入的现代企业管理制度是日本航运业快速发展的一个重要条件。

以航路和航运发展为中心的研究一般均未提及灯塔在其中的作用(如松浦章、朱荫贵等人的研究);尽管有不少以灯塔为主题的研究提及灯塔对航运发展的积极意义(如毕可思、张耀华等人的论文),但关于灯塔与航运发展关系的专门研究并不多见。江涛的《近代福建沿海助航标志探析》和李芳的《晚清灯塔建设与管理》两篇硕士论文是不多见的、有专门谈到灯塔在航运发展中作用的成果。不过,这两篇论文除提供了部分细节之外,与前述论著中所描述的"灯塔有利于航运发展"等语相比并无更多新意。众所周知,灯塔建设有利于航运发展,但却并未发现灯塔在航运格局的形成中有何种特殊价值,这应当也是前述航运史和灯塔史相关研究者没有进一步讨论灯塔与航运关系的缘故。由此可见,航路、航运发展的研究成果丰富而深入,灯塔史的研究成果也为数不少,不过到目前为止,并未有明确将灯塔建设和航道完善与航路发展和航运格局结合的、更深入的研究成果出现。

总的来看,在全球灯塔事业发展方面,已有成果对东亚灯塔体系的研究有所涉及,但远不如欧美灯塔事业的研究深入。在对东亚灯塔问题的研究中,已有成果对分国别、分地区的灯塔发展和灯塔发展过程中的资金问题、技术传播问题、建设运行问题都有所涉及,但除零星提及"灯塔体系"概念外,并未真正

---

① 朱荫贵:《从中日两国近代航运业发展状况的不同看国家政权在近代化过程中的作用》,《教学与研究》1994年第02期。
② 朱荫贵:《国家干预经济与中日近代化》,北京:东方出版社,1994年。
③ 魏际刚:《中日近代运输业发展的比较制度分析:以轮船运输为例》,《世界经济》2004年第2期。

将东亚灯塔作为一个整体进行观察,更未把西方对东亚灯塔的技术、制度等方面的影响和东亚各国由被动转而主动地学习西方技术、制度并将其本土化作为近代东亚灯塔体系形成过程中的两条线索进行充分讨论。尽管以灯塔体系为代表的公共基础设施建设与航运发展有着十分重要的关系,但已有研究并未对灯塔体系与航运格局形成之间的关系进行深入剖析。

第二节 关于本书

一、研究思路

从以上综述来看,关于灯塔的研究虽然谈不上汗牛充栋,却也为数不少。但已有研究却明显呈现出对东亚灯塔体系及其形成过程中的资金、技术、建设运行等问题以及灯塔体系与航路发展和航运格局关系的认识不足,归结起来,主要有三个原因。

(一)资料缺乏

日本相关资料丰富且开放程度较高,中国大陆、朝鲜半岛和台湾地区则面临明显的资料不足的问题。由于近代韩国长期处于日本控制和殖民之下,相当大比例的文献都是以日文呈现,对这些文献进行翻译和解读是一个艰难的过程,近年来这种情况才稍有改观;①台湾地区也着十分相似的问题。而以中国大陆的情况来看,没有外国政府和其他主体管理下灯塔连续的、系统的数据,甚至没有近代海关管理下灯塔的完整数据。近代中国海关有大量出版物,分为第一类统计丛书(Statistical Series)、第二类特种丛书(Special Series)、第三

---

① [韩]安雄喜:《李朝晚期开埠后釜山港的近代灯塔研究》,《韩国航海与港口研究杂志》2014年第38卷第5期,第541~547页。

类杂项丛书(Miscellaneous Series)、第四类公务丛书(Service Series)、第五类办公丛书(Office Series)、第六类督察丛书(Inspectorate Series)、第七类邮政丛书(Post Series),①此外还有"他类之书"(Customs Publications not Included in Any of the Foregoing Series)。其中对灯塔、税收等各类数据有详细统计,此外还有大量调查报告和专题著作。但这些出版物主要供海关内部使用,仅有少数赠送给相关机构或公开发行。长期以来,这些资料分散在全国各地以及国外的一些机构,且部分收藏相关资料丰富的机构开放程度较低,研究者常常难以通过公开渠道获取这些出版物。2001年出版的《中国旧海关史料(1859—1948)》②为相关研究提供了许多可贵的信息,但其只包括海关七类出版物中统计系列的一部分,尚有大量其他统计资料和更多专题研究著作未被发现和利用,特别是关于灯塔的资料仍然"藏在深山人不知"。

(二) 研究视角局限

由于近代东亚各个国家或地区的灯塔建设往往都有特定部门占据重要角色,这就使得灯塔历史的研究很有变成某个部门历史的可能。就日本本土而言,建设和管理灯塔数量最为丰富的是递信省灯台局(即航路标识管理所),且该局所管辖的灯塔常常地位都较为重要,而该局也保留有最为完整和丰富的资料,这就使得研究该局管辖下的灯塔有了很大的必要性和便利性;但灯塔历史变成部门历史的风险也随之而来。实际上,在递信省灯台局之外,尽管单个机构管理灯塔的数量均远不及该局,但由于其他机构数量众多,其数量总和也十分庞大。内务省、铁道省、海军省、陆军省、大藏省等多个中央部门以及各级地方政府均拥有部分灯塔的管理权限。以1939年的情况看,将递信省之外各机构管理灯塔的数量相加,其总数远远超过递信省管理灯塔的规模。此外,私人管理的灯塔也不能忽视,特别在近代早期,私人灯塔在日本灯塔格局中占有十分重要的地位。日本殖民之下的台湾地区和朝鲜半岛的情况也是如此,虽

---

① 吴松弟:《中国旧海关出版物评述——以美国哈佛燕京图书馆收藏为中心》,《史学月刊》2011年第12期。

② 中国第二历史档案馆、中国海关总署办公厅编:《中国旧海关史料(1859—1948)》,北京:京华出版社,2001年。

然由总督府递信部门管理着多数灯塔,但仍有为数不等的灯塔由其他部门或私人管理。

以中国为例,近代中国海关以其在多个领域不可或缺的中介者或参与者的角色,对近代中国历史进程产生了至关重要的影响。海关的工作内容涉及邮政、教育、外交、军事等,而其核心业务主要有两部分:征税和海务。就海务而言,具体负责的部门为船钞部(实际上,作为海关总税务司署内设机构的"船钞部"仅存在短短数年,1875年开始即已不复存在,"但人们仍习惯用'船钞项下'来称谓相关事务及人员职位"[①]),主要任务包括港务工作、灯塔建设和航道管理等。[②]自1865年起以一成船钞用于灯塔建设为主的改善航运事业,1868年增至七成船钞,实际支出远远超出此比重。[③]海关从欧洲采购最新式的灯塔,雇佣专业人士进行灯塔管理,并及时对灯塔相关设备更新换代。在海关主导下的灯塔建设是近代中国灯塔事业最重要的组成部分。基于以上认识,在相关讨论中,往往直接将灯塔建设与海关联系,甚至将海关所建设的灯塔作为近代中国灯塔事业的全部内容。但是,在近代中国沿海沿江地带,存在着许多归属海关以外的部门、地方政府甚至是私人管理的灯塔;近代中国还存在许多外国占领区或租借地,这些地方的灯塔建设和管理权往往掌握在相关国家手中。且由于战争和社会变动的影响,各个地方灯塔的管理权屡有更迭。这使得在近代的很长时间内,存在着一些非中国海关建设和管理的灯塔。令人遗憾的是,现有的关于近代中国灯塔的研究中,对外国政府和其他主体建设和管理的灯塔不够重视甚至缺乏关注。

尽管已有论著多以"近代东亚""近代日本""近代中国"为题或为研究目标,但实际往往是以主要部门管理下的灯塔为对象,对非主导部门管理下的灯塔较少涉及;这些论著的共同特点是,对待原本错综复杂的灯塔管理问题,仅

[①] 佘建明、徐立春:《中国近代海关总税务司署内设机构探究》,《海关研究(中国近代海关史研究)》2015年第2辑,第55~64页。

[②] 陈诗启:《中国海关的近代化设施及其对清政府的改造》,《中国近代海关史问题初探》,北京:中国展望出版社,1987年,第105页。

[③] 《为附送有关船钞使用之两件节略由》(1870年12月31日第25号通令),《旧中国海关总税务司署通令选编》第1卷,北京:中国海关出版社,2003年,第117、129页。

仅从主导部门的角度出发，难以兼顾其他组织机构发挥的作用，也就无法观察到各类主体共同建设和管理下的近代东亚灯塔的整体面貌。

(三) 灯塔地位认识不足

前述航路和航运发展变迁的研究部分倾向于讨论航运与贸易发展的关系，在原因分析上注重于西方影响和国家干预以及制度创新等方面，均未涉及灯塔等航路标识的建设和航道条件的改善在航路和航运发展中扮演的角色。实际上，对于航运线路的发展而言，不断建设完善的灯塔体系是与之直接相关的重要方面，但上述研究均未将灯塔作为需要关注的对象进行考察。

一个原因是自近代以来全球灯塔等航路标识的不断完善，到现在世界各个区域在航行基础设施方面的差距已经大大缩小，使得因灯塔建设和航道改善带来的收益逐渐为当代人所忽视。另一个重要原因是随着全球定位系统等新科技在船只导航上的应用，灯塔在当代的重要性确实已经大大降低，特别是中国的航标设施已经达到甚至超过西方先进水平，这都会导致人们对传统灯塔导航的关注度降低。三是对中国而言，作为传统的大陆国家，海洋在国家政权中的地位、在国民生活中的意义、在学术研究中的话语权和重要性都远不及西方海洋国家，这也导致对灯塔认识的不足；与此相对的是，日本、英国等海洋国家对灯塔有着更为丰富的认识和更多相关研究成果。

已有研究所面临的上述问题，在目前已经存在解决的可能。

一是针对已有研究所呈现出连续的、系统的灯塔数据缺乏的问题。日本《东洋灯台表》《递信省年报》等相关资料的整理，可以获取日本、朝鲜半岛的灯塔数据；而对于近代中国灯塔而言，《美国哈佛大学图书馆藏未刊中国旧海关史料（1860—1949）》[①]（以下简称《哈佛藏海关史料》）的出版提供了丰富的新资料，其中各个年份的《中国沿海及内河航路标识总册》（以下简称《航标总册》）不仅提供了更为详尽的海关管理下的灯塔信息，也包括大量外国政府和其他主体管

---

① 吴松弟整理：《美国哈佛大学图书馆藏未刊中国旧海关史料（1860—1949）》，桂林：广西师范大学出版社，2014年。

理下的灯塔数据。《航标总册》中并无日本殖民时期台湾的数据,利用台湾总督府①和日本水路部②、递信省③、航路标识管理所④等机构的文献则可以补全台湾的公私灯塔信息。多种来源的资料为本书进一步理清近代东亚灯塔的发展进程、勾勒灯塔体系的基本格局提供了可能。

二是从航海需求出发对灯塔体系进行研究可以解决已有论著存在的视角缺陷。已有对灯塔增长、机构变迁、技术传播等问题的研究存在的共同问题是往往以个案分析或特定国家的分析为主;但是灯塔的发展和技术的传播常常不是单线进行,也不会以国界为藩篱。实际上,许多事物发展中的制度建设、技术进步、社会影响往往都是多线并行且呈现出一定的区域特征;对于灯塔而言,航行船只注重的是灯塔本身在航行安全、船只定位等方面的意义,而非灯塔具体由某个国家建设、归某个主体管理,这就使得灯塔所体现出的区域特征更加明显。从航海需求的视角出发,可以将近代东亚沿海地区和主要内河流域的各类主体管理下的灯塔看作一个体系,作为航海活动的重要组成部分进行观察和分析,从而对灯塔的空间分布和不同主体管理下所呈现的灯塔区域差异有更为清晰的认识。但由于种种原因,灯塔在传统航海史和海洋史的研究中并非重点,⑤目前从这类视角出发的近代灯塔研究难以寻觅,甚至在相关综述当中也几乎不会提及。新发现的《航标总册》和《东洋灯台表》等资料可以提供详细的灯塔信息,包括灯塔所属关区、管理国家或机构类别、灯塔名称、地址、经纬度、灯光类型和射程、镜机等级、亮灯年份等。通过对不同国家和地区、各类主体管理下灯塔信息的整合,可得到较为完整的近代东亚灯塔分布信息。

三是关于近代灯塔地位认识不足的问题。实际上,不能以今天的眼光或

---

① 台湾总督府交通局递信部:《递信志·航路标识编》,台北:台湾总督府交通局递信部,昭和三年(1928年)。
② [日]水路部编:《东洋灯台表(昭和13年11月12日调查)》上卷,东京:水路部,昭和十三年(1938年)。
③ [日]递信省编:《递信事业史》第6卷,东京:递信协会,昭和十九年(1944年)。
④ [日]航路标识管理所编:《日本航路标识便览表》(大正十年五月改正),横滨:航路标识管理所,大正十年(1921年)。
⑤ 彭德清:《中国航海史(近代航海史)》,北京:人民交通出版社,1989年;章巽:《中国航海科技史》,北京:海洋出版社,1991年。

以大陆国家的眼光看待灯塔;在近代,对于世界各个主要国家的航运事业而言,灯塔是最为重要的航行安全设施,尽管近代后期已有无线电等导航设施的出现,但灯塔仍居于最主要的地位。

  灯塔研究的一个重要方面应当是灯塔空间体系的研究,但以目前的成果来看,这方面的研究尚未成为学者们的关注重点。究其原因,一方面是因为资料的限制,导致目前的研究在这方面显得无能为力;另一方面则是研究视角的局限,并未将不同主体建设管理的灯塔作为一个体系对待。对灯塔地位的认识不足则是未对灯塔与航路、航运发展进行深入分析的重要因素。以航海需求的视角代替海关史的视角,使得将不同主体建造和管理的各种类型的灯塔整合为一体有了理论上的支撑;而值得庆幸的是,哈佛图书馆藏旧海关出版物的面世和日本相关灯台表的发现、利用,也为运用Arcgis 10.2制作灯塔空间体系的专题地图提供了可能。灯塔在航行安全中地位最为重要且建造成本高、管理复杂,是航道完善和航运发展过程中最为重要的组成部分之一。故本书将利用这些新的资料,从航海需求的视角出发探索近代东亚灯塔体系的进步以及该体系与航运格局的形成和发展之间的关系。

二、技术路线

  第一,从《航标总册》《东洋灯台表》等灯塔表资料中选取恰当的字段制作长时段的灯塔信息数据库,具体包括初始编号、编号、国别、灯塔区、灯名、类别、亮灯年份、经度、纬度、烛光数、灯质、照明设备等级、晴天可见距离等13个字段;同时根据《中国旧海关史料(1859—1948)》《递信省年报》《主税局统计年报书》等制作吨税(包括中国近代海关船钞和日本标费、船税等)、船舶数量和船舶吨位相关数据库。

  第二,对东亚灯塔进行区域划分,以《航标总册》《东洋灯台表》等相关文献为基础提出"灯塔区"的概念,并对前述灯塔信息数据库中各项指标进行考察以确定合理的灯塔评价指标,再运用Arcgis 10.2制作专题地图分析近代东亚灯塔体系的基本格局。

  第三,分析灯塔体系形成的机制:以西方和东亚两种力量、两条线索,从灯塔资金来源和分配、航道测量与灯塔选址、灯塔的建设和运行三个方面分析西方如何基于其经济和军事优势在资金、技术、制度方面对东亚灯塔建设施加影响,而东亚各国在东亚灯塔体系形成中又是如何由被动而主动地推进灯塔建设以及推动相关技术和制度的本土化。

第四,认识西方和东亚建设灯塔的目的和在灯塔建设中的作用,在此基础上,通过与其他影响灯塔航运格局的因素相比较,进一步分析灯塔体系在东亚航运格局形成中所发挥的实际功效。

三、相关概念

灯塔:日文名为灯台。本书中"灯塔"一般指广义灯塔,包括狭义灯塔、导灯、灯船、挂灯立标、灯竿、灯浮等灯类航路标识;若与灯船、灯竿等并列时,"灯塔"则指狭义灯塔,即灯光射程较远且往往有人值守的大型灯类航路标识。

灯塔区:这是本书提出的灯塔区域划分概念。"灯塔区"是在综合考虑《东洋灯台表》和《航标总册》等灯塔表中区域划分的基础上提出的概念,即一定范围内灯塔向外扩展所及最远边界所形成的区域,其具体范围则是由当时各个方向上最远灯塔的位置决定,是一个变动的过程。整个东亚共划分为35个灯塔区(图8)。

货币单位:本书中,涉及中国的内容时,货币单位是海关两(又称"关平两""关平银",即Haikwan taels,简称HK.Tls.);涉及日本及日本殖民下的朝鲜半岛和台湾地区的内容时,货币单位为日元(円,即えん);有特别说明的除外。根据《中国旧海关史料(1859—1948)》中历年海关两与日元兑换比例看,1903年海关两与日元的兑换比例为1:1.28,1913年为1:1.47,到1923年这一比例为1:1.63;受到日本占领东北导致中日关系恶化以及世界经济危机等因素的影响,20世纪20年代末30年代初海关两兑日元汇率下跌,1931年降至1:0.69,而1933年又升至1:1.28,1936年海关两与日元的兑换比例为1:1.59(《中国旧海关史料(1859—1948)》中并无1933至1936年直接的海关两与日元兑换比例,故1933和1936年汇率依据海关两与海关金比率换算得出,即1海关金=1.558海关两)。

四、资料分析

（一）日文灯塔表资料

1.《日本灯台表》

历年《日本灯台表》由日本递信省灯台局出版，由于灯台局设于横滨，故《日本灯台表》也在横滨出版。该表在日本国会图书馆有收藏，目前所见包括大正十四年（1925年）至昭和十一年（1936年）共12个版本，每一版均于当年的五月更新。该表内容包括灯塔相关法令和布告，具体灯塔信息涉及日本本土、朝鲜半岛、台湾地区、南洋群岛以及辽东半岛，末尾附有各类航路标识的统计数字。

除《日本灯台表》之外，以提供日本航路标识列表信息为目的的出版物还包括1882年出版的《诸标便览表》，19世纪末20世纪初出版的《航路标识便览表》，20世纪20年代的《日本航路标识便览表》，上述灯塔表的编辑出版机构均标记为递信省灯台局或航路标识管理所，实际为同一个机构在不同时期的名称。另外，19世纪末20世纪初由海员俱乐部或海员协会编辑出版了多份《航海指针》，也是一种灯塔表。

2.台湾《递信志·航路标识编》

该书于昭和三年（1928年）由台湾总督府交通局递信部编辑并于台北出版，日本国会图书馆有收藏。该书首先分别综述了1895年之前和1895年之后台湾的灯塔发展情况。接下来，列表展示台湾和澎湖海域所有灯塔的各项指标，如名称、类型、地址、经纬度、亮灯年份、构造、等级、灯质、灯高、烛光数等，与同时期日本本土的其他灯台表记录模式保持一致。随后，该书分别对台湾和澎湖海域的33个灯塔进行详细介绍。以鹅銮鼻灯塔为例，相关介绍涉及该灯塔的建造历史、当地的气候特点和社会环境，也涉及灯塔本身的造价、灯塔构造、灯光射程等各项指标，还有灯塔的其他功能如气象观测和海洋观测；同时，记录有以灯塔为中心的重大事件编年史（包括灯塔设备和能源的改造、升级，新功能的增加，周边社会环境变化和气象灾害情况）。

3. 朝鲜《日用便览》

这是朝鲜总督府观测所(该所设于仁川,后改称朝鲜总督府气象台)编辑的年刊,从1909年开始在汉城出版发行,日本国会图书馆藏有1913至1944年间20个年份的《日用便览》。该刊是综合性的朝鲜地理和社会信息书籍,内容包括时刻、日历、节气、气温、风速、雨雪、潮汐、海水温度,朝鲜人口、警察署、宪兵队、教育机构等信息。当然,该刊还包括朝鲜沿岸灯塔表,表中内容包括灯塔名称、类型、位置、等级、灯质、灯高、灯光射程等信息;该表并没有灯塔的经纬度、亮灯年份、烛光数等信息,可见这类综合性图书因为需要兼顾各种资讯,因而在灯塔表的内容上明显比《日本灯台表》等简略。

4.《东洋灯台表》

与递信省灯台局(航路标识管理所)编辑的各类航路标识表不同,《东洋灯台表》是由水路部(最初为水路局)编辑发行的年刊。该刊在大正六年(1917年)之前一般更新至日本纪年的当年六月,后往往更新至下半年十月或十一月。该刊分为上下卷,上卷以日本本土、中国、朝鲜半岛、台湾地区和俄国远东沿海地区为主,随着日本的殖民扩张,20世纪20年代后期南洋群岛也收入上卷当中;下卷则以中南半岛和马来群岛相关海域为主。该表包括的灯塔具体指标,前期已较其他各类灯塔表更为丰富,后仍不断增加,到20世纪30年代末已多达19项,包括区域、番号、名称、种类、初点之年、位置、北纬、东经、灯光颜色、灯光数量、灯质、闪烁周期、烛光数、等级、灯高、光达距离、灯塔构造、灯塔高度、备注等,是日本国会图书馆所藏各类灯塔表中涉及指标最为丰富的。该刊总共涉及23个年份,大部分年份仅有上卷或下卷;以该书上卷而言,覆盖年份仅包括1908至1938年间的16个年份。

随着20世纪三四十年代日本进一步对外扩张和航运事业发展,水路部将《东洋灯台表》更名为《灯台表》继续出版,而规模由原来的上下两卷增为三卷,内容分为:第一卷仍包括中国、日本本土、朝鲜半岛、台湾地区、南洋群岛以及西伯利亚东岸;第二卷包括大洋洲、东南亚、南亚、西亚和非洲东海岸各海域;第三卷则为美洲西海岸、太平洋东部和北部各海域。

随着第二次世界大战的结束和日本的战败,日本水路局(即原水路部)对《灯台表》重新进行调整,原来属于第一卷的内容被大量调整至第二卷,第一卷仅剩下日本本土以本州、九州、四国和北海道为主的区域；第二卷则包括琉球群岛、南洋群岛、台湾地区、千岛群岛、库页岛、西伯利亚东岸、朝鲜半岛和中国沿海沿江地区。

(二)《中国沿海及内河航路标识总册》

涉及中国沿海沿江灯塔的建设、维护、分布的基本信息，主要通过《中国沿海及内河航路标识总册》(即《航标总册》)获取。《航标总册》是一份统计中国沿海沿江灯塔的连续出版物，属于海关出版物中第三类杂项丛书中的第六种小系列。《中国沿海及内河航路标识总册》为《海关出版图书目录》[①]提供的中文译名，其1872年时英文名为 List of the Chinese Lighthouses, Lightvessels, Buoys and Beacons[②]。《航标总册》第1版中的航标统计截至1872年8月，第2版截至1874年3月31日，第3版截至1874年21月1日，这三版均于统计当年发布；此后统计和发布的时间开始固定下来，各版统计截至头年12月1日，并于次年年初发布以供该年使用。[③]《航标总册》无1942年版，仅在1941年底发布了一份无期号的小册子，列出该年航标变动情况。1943至1946年停刊，1947年版和1948年版《航标总册》的统计和发行模式与停刊之前相同，1949年发布的第72版分为两卷，第1卷包括除吴淞以上长江各关区[④]之外的所有航标，第2卷为南京、汉口、长江中游、宜昌、重庆、宜宾6个关区的航标信息。

对于《航标总册》的收藏情况，目前主要藏于哈佛大学图书馆和上海图书馆徐家汇藏书楼。前者主要来源于近代中国海关洋员的赠予，而后者则来源于近代亚洲文会图书馆藏书。《哈佛藏海关史料》有第1期、第3~57期和第70期；而根据《前亚洲文会图书馆图书目录》来看，[⑤]徐家汇藏书楼有第1~8期、

---

① 《海关出版图书目录》，上海：海关总税务司署统计科，1936年。
② List of the Chinese Lighthouses, Lightvessels, Buoys and Beacons, Shanghai: Customs Press, 1872.
③ 除有特别说明外，本书中所称"某年灯塔数量"均指灯塔统计次年，即《航标总册》发布的年份。
④ 《航标总册》中称为 Customs District，本书中称作"关区"。
⑤ 《前亚洲文会图书馆图书目录·上册》(内部参考)，上海：上海图书馆，1955年，第A6~A11页。

第10～37期、第39～56期、第58～69期（还有第69期的补编）、第70～72期（第72期共两卷，徐家汇藏书楼仅藏有第1卷）。两相参照可以发现：《哈佛藏海关史料》所无的1874年出版的第2期和1929至1941年、1946年、1948至1949年出版的第58～69期、第71～72期均可以在徐家汇藏书楼中寻觅；而徐家汇藏书楼中所无的第9、38、57各期则都已被《哈佛藏海关史料》收入。故将这两种来源的资料结合，则基本可以获得《航标总册》的全貌。另外，《哈佛藏海关史料》尚收有1879至1892年历年出版的中文本《航标总册》，对于中文本和英文本的关系，1892年中文本扉页后特别说明：

> 本册所开通商各口之灯塔、灯船、灯竿、警船、浮桩等建置之处，一切情形系由初设以来截至光绪十七年十二月，即泰西一千八百九十二年正月止，经奉总税务司劄行各口巡工司查明，开报本造册处，照英文第二十册译印。①

历年中文本《航标总册》中均有相同表述，也就是说灯塔统计均更新至出版当年的西历1月；与此不同的是，历年英文本封面明确表示灯塔信息更新至出版前一年的12月1日。如上引文所说，既然中文本是照英文本译印，何以二者对灯塔信息更新时间的表述相差两个月。所谓灯塔信息"截至"某日，一般是指截止日期前已经亮灯者；由此可见，该问题的答案或许只能从灯塔实际亮灯时间来判断。检索1882年出版的第10期《航标总册》可以发现，该年列表中有1882年亮灯的灯塔，如打狗的Fort Zelandia灯塔；检索1906年出版的第34期《航标总册》灯塔列表可以发现，该年列表中有Green Island灯塔于当年更新设备的信息；1930年出版的第58期《航标总册》灯塔列表中，有福州Ockseu灯塔于该年更新设备的信息。以上仅仅试举几例，实际上这类情况在历年《航标总册》中十分常见，这说明灯塔信息更新截止时间确实是《航标总册》出版当年，且很可能是中文版《航标总册》中提及的一月；而英文版《航标总册》对灯塔信息更新截止时间的表述是不准确的。

---

① 《光绪十八年通商各关警船灯浮桩总册》，上海：中国海关总税务司署造册处，1892年。

从目录结构来看,1872年在"INDEX"之下包括"LIGHTS""BUOYS""BEACONS"三个类别,1874年增加"LIGHTKEEPERS"一项,不过在正文中的正式名称为"APPENDIX: LIST OF FOREIGN LIGHTS STAFF 1ST, MARCH 1874",说明这一时期尚未收录华员灯塔值事人名录;同时,《哈佛藏海关史料》中《新关题名录》出现的最早年份是1876年,故1874年3月和12月的两份洋员灯塔值事人名录亦可以部分补前者之缺。此后除1878年将"INDEX"改为"CONTENTS"外,多年目录无明显变化;但从1883年开始连续多年都有重要的新增内容。1883年,新增"Abbreviations and explanations"和"System of colouring buoys and beacons in Chinese waters"两项内容,涉及镜机类别、闪光类别以及灯光和其他标志的颜色代表的不同含义等,作为对中国沿海沿江灯塔的相关指标的介绍和灯塔使用指南;同时,将洋员灯塔值事人名录正式更名为"Appendix: List of Foreign Lights Staff"。1884年,新增"Description of the Limits of Customs Districts",尽管长期以来灯塔的管理都是以关区为基本单位,但这是首次将关区划分信息列入《航标总册》;随着华人灯塔值事人数量不断增加,地位也越来越重要,1880年(或者在之前一两年)《新关题名录》中已将华人灯塔值事人列入,而1884年《航标总册》的另一重要变化则是新增"Appendix II: List of Chinese Lights Staff"。1885年,新增"Three charts showing position and range of China lights, and limits of customs districts (opposite Title-page)",实际上单幅灯塔基本分布图早在1881年即已出现,而1885年则是进一步分为广东台湾一带、东海和黄渤海三幅图,且在图例上变得更加丰富和准确;该年同时新增"Appendix III: Memorandum on the tides at the southern entrance to the Yangtze and on the Woosung inner bar",用以记录长江口水道的潮汐情况,该表于1892年撤销。1894年,新增"Summary of Lights, Buoys, and Beacons in Chinese Waters",对各种类别的航路标识进行分关区的统计并置于详细列表之前,用以了解航路标识数量分布的基本情况;同年,各个关区分界线列表修改为"Limits of Customs Districts"。随着新式航路标识的不断出现,1897年附录中新增"Appendix I: Aberrations of Audibility of Fog Signals",指出海员在尝试获取雾号信息时的注意事项。1901年,随着灯塔数量不断增加,灯塔分布图相关的目录修改为"Charts of China coast, showing position of lights, and limits of customs districts"和"Seven charts showing position and kind of lights",分布图由原来的3幅变为8幅;同时,"System of colouring buoys and beacons in Chinese waters" 修改为 "System of colouring buoys and beacons and distinguishing signs of Wreck-marking boats in Chinese waters",反映了在原有航路标识类别基础上,沉船标志的增加和航路标识的不断完善。随着长江等流域中航标的增加,1902年版改名为 List of Lighthouses, Light-vessels, Buoys and Beacons on the Coast and Rivers of China①,将航路标识建设在区域上的扩展体现出来。1907年开始,由于与同期出版的《新关题名录》存在重复,洋员灯塔值事人列表和华人灯塔值事人列表从《航标总册》中撤销。1914年开始,撤销 "Nine charts showing position and kind of lights",刊物中所附的9幅精美彩色灯塔分布图也消失了;随着彩图的删除,《航标总册》印制成本明显降低,其售价也从1.5元降到1元。伴随着新式航标的出现,《航标总册》在1926年改名为 List of Lighthouses, Light-vessels, Buoys and Beacons, ETC., on the Coast and Rivers of China②,将航路标识种类不断丰富的事实在刊物标题中体现出来;从该年的目录上看,新增 "Signal Stations (Middle and Upper Yangtze River)"、"Aids to Navigation (Upper Yangtze River)"和 "Water Gauges (Upper Yangtze River)",反映了长江中上游航路标识和航道建设的不断发展,同时,目录所呈现的越来越多样化的航路标识也印证了刊物标题变化的合理性。1930年,目录中 "Summary of lights. Light-vessels, light-boats, buoys, and beacons in Chinese waters" 未发生改变,但其所对应表格在正文中的标题已加上 "and wireless telegraph direction-finding stations";目录中新增 "Wireless telegraph direction finding stations",反映自花鸟山无线电站启用后《航标总册》的变化;同时,"Aids to Navigation (Upper Yangtze River)" 一项在该年刊物目录中未出现。1931年,航路标识种类统计表在目录中的标题正式修改,增加 "and wireless telegraph direction-finding stations";另修改、新增 "Aids to navigation (lower, middle, and upper Yangtze river)" 和 "River gauges (lower, middle, and upper Yangtze river)",将其涵盖范围扩展至整个长江

---

① List of Lighthouses, Light-vessels, Buoys and Beacons on the Coast and Rivers of China, Shanghai: Statistical Department of the Inspectorate General of Customs, 1902.

② List of Lighthouses, Light-vessels, Buoys and Beacons, ETC., on the Coast and Rivers of China, Shanghai: Statistical Department of the Inspectorate General of Customs, 1926.

流域。1934年，将上年航路标识种类统计表标题中"wireless telegraph direction-finding stations"修改为"and radio beacons"，同时目录中新增"Signal stations（middle Yangtze districts, upper Yangtze river, and Haiho）"，反映无线电指向标的变化和发展。1938年，新增"Depth signals（upper Yangtze river）"，反映长江上游航路标识的不断发展和完善。由于战争原因，1942年《航标总册》并未出版第70期，但仍出版有 Addenda ET Corrigenda to List of Lighthouses, Light-vessels, Buoys, Beacons, etc., on the Coast and Rivers of China, 1941（List NO.1: Corrected to 1st December 1941），用以反映1941年的航路标识建设情况，此后停刊至1946年。1947年出版的第70期在目录结构上与停刊之前并无明显变化，仅有细微改动。1949年出版的第72期调整为两卷，其中第一卷为沿海各区域的航路标识相关信息，第二卷反映吴淞以上整个长江流域的航路标识情况。

就目录在时间序列上的变化来看，其结构调整过程可以分为三个阶段：从《航标总册》开始出版到1901年之前，其目录结构变化较为剧烈，从最初的3项内容增加到12项；1902至1925年，虽然个别条目的表述有一些细节上的调整，但并未进行条目的增删，总体上维持1901年的目录格局；1926至1949年，《航标总册》目录再次进入调整时期，条目增加和删除的情况都是频繁出现。目录结构的变化反映出不同时期海关对于《航标总册》在海务事业中具体功能的认识和定位的调整。

海关对灯塔等航路标识的管理是以关区为基本单位，故《航标总册》还包括历年分布有航路标识关区的变化情况。1884年，关区界限列表首次出现在《航标总册》中，称"Description of the Limits of Customs Districts"；1894年，名称改为"Limits of Customs Districts"，并沿用至民国末期。自1884至1895年，关区列表中关区数量和各个关区的界限保持不变。不过，随着中日《马关条约》签订，台湾关区（Taiwan Customs）和淡水关区（Tamsui Customs）从1896年列表中消失。1906年新增江门、三水、梧州关区；1908年新增三都澳和岳州关区；1909年增加长沙关区；1911年新增南京关区；1918年新增重庆关区；1919年新增沙市关区；1920年沙市和重庆关区未出现在关区界限列表中，1921年再次出现，此后至1941年底《航标总册》停刊时关区数量均无变化；1947年《航标总册》恢复出版，该年关区界限列表中雷州关区取代琼州关区，新增台湾关区、青岛关区、秦皇岛关区；1948年撤销三都澳关区。1949年，关区数量出现较大变化，撤销芜湖、九江、岳州、长沙、沙市五个关区，将其并入新的汉口关区和长江中游区；同时，新增宜宾关区，宜宾关区和宜昌、重庆关区均归属于新的重庆区。在关区的范围上，自1902年开始，许多关区界限的描述中新增"（for matters affecting the Marine Department）"内容，从最早出现这种描述的琼州、芝罘、牛庄关区到1947年的北海、雷州、汕头、台湾、青岛、天津、秦皇岛关区出现相关描述止，除厦门、宁波、上海、南京四个关区外，其余所有关区的描述中均已注明前述内容，表明由于海务部门工作内容的特殊性，各个关区实际管理的区域范围多是以海岸线为划分依据，普遍与海关征税或其他部门工作中涉及的关区范围不一致。从历年关区界限列表中还可以发现，关区与关区的边界也在不断地调整当中，1900年之前各个关区之间的边界几乎没有做任何调整，而1900年之后则经历了多个阶段的频繁调整。

每年《航标总册》的详细列表之前一般都有"航标数量统计表"，1896年之前的统计表中包括狭义灯塔、浮标、标桩，1896年表中新增灯塔船类型，1900年新增灯船类型，此分五种类型的统计表沿用至1929年。此后，花鸟山的无线电站启用，成为统计表中的第六种航标类型。1930年又将灯塔船与灯船合并为一项进行统计。1936年又新增水上标桩。航标数量统计表之后，有航标的详细列表，1872年的第1版《航标总册》即将详细列表中的航标分为灯塔、浮标和标桩三种，这一分类延续到了1949年。详细列表的分类方式与航标数量统计表并不一致，统计表中的狭义灯塔、灯船、灯浮标、灯竿等均列入详细列表中的灯塔（Lights）类型中。

以灯塔详细列表"LIGHTS"所涉及字段来看，1872年有"No."（编号）、"District"（关区）、"Name of Light"（灯名）、"Place"（地点）、"Latitude N"（纬度）、"Longitude E"（经度）、"No. of Lights"（灯数）、"Fixed, Fixed & Flashing, Revolving"（长明、长明放敛、明灭灯）、"Intervals between the Flashes"（闪烁间隔）、"Miles Seen in Clear Weacher"（晴天可见距离）、"Colour, or any Peculiarity of Light-tower"（颜色，或灯塔材质）、"Height in feet of Centre of Light above HW"（灯与满潮水面距离）、"Height in feet of Building from Base to Vane"（建筑物高度）、"Year Lighted"（亮灯年份）、"Character and Order of Illuminating Apparatus"（照明设备等级）、"Remarks"（附记）

共计16个字段,此后除"No. of Lights"字段在1874年之后的《航标总册》中取消之外,其余各个字段延续至1949年均无明显变化;当然,一处重要变化是从1899年第27期开始,灯塔详细列表将外国管理下的中国沿海灯塔也纳入统计,故注释中出现的相关灯塔的国别也相当于灯塔详细列表中的字段之一。2016年版《中国海区助航标志表》中各个灯塔的字段为"No."(编号)、"Name"(名称)、"Position"(位置)、"Characteristic"(灯质)、"Height"(灯高)、"Range"(灯光射程)、"Structure"(构造)和"Remarks"(附记)共8个。从相关航标表收录的字段变化中,可以发现不同时期灯塔的特点,反映出航海人员对于各种灯塔性能的需求和对相关技术指标的重视程度的差别。

(三)《航路标识报告》

Report on Lights, Buoys, and Beacons,海关总税务司署造册处出版的连续专刊,英文本,书名汉译为《航路标识报告》。该年报出版于1878年,反映1877年的情况。该专刊始创于1877年,反映1875年度,书名为 *Marine Department: Lights. 1875-Report*,中文译名为《海务报告:灯塔》。从其后的一期即1878年出版反映1877年的第9期始,直到1910年出版反映1908年的第95期,书名均为 *Report on Lights, Buoys, and Beacons*。1909年起,本刊更名为 *Report of the Marine Department*,继续出版(详见本系列第99期)。本刊除1877、1885、1903、1904、1908、1910年刊反映前年的情况以外,其余各年刊均反映上一年的情况,各年度专刊页数因当年航路标识事务的多少从20多页到100多页不等。

海关档案馆收藏有第 6、9、11、13、15、20、21、22、23、25、26、29、31、33、39、41、42、49、74、75、78、80、87、90、92、95期,共26份刊物,出版时间自1877至1910年。1877年刊物内容,首先是目录,接下来是一幅名为《中国沿海灯塔图》(*Chart Showing the Lights on the Coast of China*)的地图,反映中国沿海灯塔分布情况;随后是总营造司韩得善(D. M. Henderson)致赫德的信,说明本期内容。其后便是本刊正文,包括两大部分:第一部分为总营造司撰写的综合报告,内容是关于各个关区航路标识新建、撤销、地点改变的情况以及航路标识新建、地点改变、设备更换等方面的建议和对花费的估算;第二部分是各个关区的报告,内容格式相同,都包括一封该关税务司致总税务司赫德的信函,以及本关航路标识新建、撤销、地点改变的情况和航路标识新建、地点改变、设备更换等方面的建议。但到了第二年(1878年),与1877年相比,该刊虽然在总营造司所撰写的综合报告内容的模式上保持一致,但已有三点重要区别,第一是1878年没有总营造司韩得善致赫德的信;第二是综合报告中新增琼海关(Kiungchow)、瓯海关(Wenchow)、芜湖关(Wuhu)、宜昌关(Ichang)等关区的航路标识情况;第三是取消了各关税务司撰写的分关报告。1879年的结构无明显变化。1880年,该刊在综合报告之后新增一张名为《1879年中国灯塔的油、灯罩、灯芯消费表》("Table Showing the Consumption of Oil, Chimneys, and Wicks in the Chinese Lights for the Year 1879")的表格,用以反映上一年各个航路标识的亮灯时长、油料消耗量、油料每小时消耗量、灯芯消耗、油料类型等。1881年,正文改为两部分,第一部分是总营造司韩得善对全国各个关区航路标识情况的综合报告(附有一般性建议和评价),第二部分是厦门关税务司吴得禄(F. E. Woodruff)对南段(温州以南)航路标识情况的报告。1883年的扉页指出并无刊物反映1881年航路标识情况。1883年,该刊不再提供中国沿海灯塔分布图,正文调整为两部分:第一部分为巡工司毕士璧(A. M. Bisbee)撰写的综合报告,包括1882年航路标识撤销、新增、修缮和船只遇难(包括遇难船只编号、名称、旗别、日期、地点、关区、类别、结果)的情况,也包括1883年和未来的航路标识建设计划以及反映亮灯时长、油料消耗相关情况的表格;第二部分为各关税务司报告的各关航路标识变化情况。1885年出版两期,分别反映1883和1884年航路标识情况,其中1883年开始新增附录部分,包括洋员和华员灯塔值事人的中文名、英文名、职位等级、到任日期、工作所在区域。1886年新增一幅地图,内容为建议在东海关港口设置灯塔的具体地点和灯光射程。1890年,正文内容结构无明显变化,但内含牛山岛(Turnabout)、乌邱屿(Ockseu)、渔翁岛(Fisher Island)、南角(即南岬,South Cape of Formosa)、北碇岛(即北椗岛,Dodd Island)、青屿(Tsingseu)、东碇岛(即东椗岛,Chapel Island)、南澎岛(Lamocks High Lighthouse)、鹿屿(Sugar Loaf)、表岛(即表角,Cape of Good Hope)、石碑山(即赤澳,Breaker Point)等11座灯塔及其附属设施(包括宿舍、炮台等)的平面结构图。1891年内含曹妃甸(Tsao-fei-tian)、猴矶岛(Howki Island)、芝罘(Chefoo)、成山角(North-east Shantung Promontory)、镆铘岛(Southeast Shantung Promontory)、吴淞(Woosung)、佘山(Shaweishan)、花鸟山(North Saddle)、白节山(Bonham Island)、小龟山(Steep Island)、大戟山(Gutzlaff)、鱼腥脑(West Volcano)、洛迦岛(Loka Island)、虎蹲山(Tiger Island)、七里屿(Square Island)等15座灯塔塔身的纵剖面图和塔身及其附属设施(包括宿舍、炮台等)的平面结构图。1892至1894年各年份,该刊结构无明显变化。1895年刊海关档案馆未收藏。1896年内含老铁山(Lao T'ieh Shan Promontory)、九段(Kiutoan Small Beacon)、北鱼山(Pei-yü-shan)、横栏洲(Waglan Island)、海口湾(Hoihow Harbour)、关滘尾(Cape Cami)、临高(Lamko Point)等7座灯塔塔身的纵剖面图和塔身及其附属设施(包括宿舍、炮台等)的平面结构图。1897和1898年,该刊结构无明显变化。1899至1902年各刊海关档案馆未收藏。该刊出版至1910年,后更名为 Report of Marine Department(《海务报告》)继续出版。

五、篇章结构

本书共分为七个主要部分。

首先是绪论,对本项研究直接相关的全球灯塔事业研究、东亚灯塔资金收支研究、灯塔技术传播研究、近代东亚灯塔建设研究、灯塔与航运发展研究等已有成果进行评述,后介绍本书的基本思路、分析框架和核心资料等内容。

第一章为"航海之要:近代东亚灯塔空间体系",在理解东亚灯塔发展历程的基础上,提出更为恰当的对东亚灯塔进行区域划分的概念,随后考察各类灯塔表中灯塔相关指标以探寻合理的指标对近代东亚灯塔的分布格局进行分析和展示。

第二章为"镜鉴英美:东亚灯塔资金的征集与分配",在对近代东亚灯塔资金的性质进行重新认识的基础上,分析不同灯塔资金的来源和分配,由此理解灯塔体系形成中灯塔资金制度和资金收支中东亚和西方所担负的角色。

第三章为"西学东渐:近代东亚航道测量与灯塔选址",分析西方航道测量发展的历史及其对东亚航道测量的影响,对作为灯塔选址基本途径的航道测量及其他选址途径进行考察,以认识灯塔如何选址以及西方和东亚各国各地区在灯塔选址中的作用。

第四章为"技术革命:东亚灯塔的建设与运行",以东亚各国各地区海务部门的资料为基础,讨论灯塔建设中的相关流程和灯塔运行、更新中的相关问题,以及灯塔建设运行过程中面临的问题和所涉及各方之间的关系。

第五章为"产业策略:灯塔体系对航运格局的影响",在对灯塔建设和航道条件改善之间关系认识的基础上,考察东亚的航运和贸易发展情况,并进一步分析东亚灯塔体系的建设对航路发展、航运格局的形成和变迁的影响。

最后为本书结论,在总结全书核心观点的同时指出本书存在的不足并提出改进计划。

第一章 航海之要：近代东亚灯塔空间体系

灯塔包括狭义灯塔、灯船、灯桩、灯浮等灯类航路标识，由于灯塔在为船只提供安全、经济、便利的航行条件中地位最为重要且建造成本高、管理复杂，故而成为航标体系中最为重要的组成部分。对东亚以外各大区域的灯塔发展情况已有较为丰富而深入的研究成果，[①]故东亚灯塔体系的研究对理解19世纪以来整个世界灯塔的发展历史具有重要意义。以东亚区域而论，已有研究对中国大陆沿海沿江、日本列岛、朝鲜半岛、台湾岛等地区的灯塔均有涉及，且出现了部分具有代表性的成果，[②]但相关论著一般未从航海需求的视角将东亚灯塔作为一个体系进行考察；且相关论著往往将灯塔数量、类型和灯塔镜机等级

---

① Roy M. MacLeod, "Science and Government in Victorian England: Lighthouse Illumination and the Board of Trade, 1866−1886," *Isis*, Vol. 60, No. 1, 1969, pp. 4-38; Frederick J. Cox, "The American Naval Mission in Egypt," *The Journal of Modern History*, Vol. 26, No. 2, 1954, pp. 173-178; Michael Brian Schiffer, "The Electric Lighthouse in the Nineteenth Century: Aid to Navigation and Political Technology," *Technology and Culture*, Vol. 46, No. 2, 2005, pp. 275-305; Eric Tagliacozzo, "The Lit Archipelago: Coast Lighting and the Imperial Optic in Insular Southeast Asia, 1860-1910," *Technology and Culture*, Vol. 46, No. 2, 2005, pp. 306-328.

② ［英］毕可思：《石碑山——灯塔阴影里的生与死》，孙立新、吕一旭主编：《"殖民主义与中国近代社会"国际学术会议论文集》，第8～43页；叶嘉囊编：《中国航标史》，北京：中华人民共和国海事局，2000年；王淑慧、蔡明坤：《清末恒春地区涉外事件与鹅銮鼻灯塔兴建之关系（1867—1883）》，（台湾）《美和学报》2016年第1期；［韩］金宗宪：《大韩帝国时期的灯塔研究》，《大韩建筑学会论文集》2005年第21卷第6期，第85～96页；［韩］安雄喜：《李朝晚期开埠后釜山港的近代灯塔研究》，《韩国航海与港口研究杂志》2014年第38卷第5期，第541～547页；［日］海上保安厅灯台部编：《日本灯台史 100年の步み》。

作为评价灯塔发展情况的关键指标,①故在灯塔重要性的评价标准上也留下了可以讨论的空间。在较为充足的资金保障和西方技术支持之下,于东亚特定的自然条件和社会环境中发展起来的数以千计的灯塔,其空间分布特征如何,这种分布是否存在某种内在的关联,将是下文所要厘清的问题。

第一节 近代东亚灯塔发展历程

就近代东亚而言,中国大陆、日本、朝鲜半岛和台湾地区等拥有越来越多建设完成并投入运行的灯塔。灯塔的建设和维护都是由特定的国家机构或其他主体负责,故在讨论东亚灯塔的发展历程时,将首先依据所有者的不同把灯塔分为中国(除台湾)、日本本土两个主要部分和台湾、朝鲜等在近代长期被日本殖民的区域进行讨论。对于航行于海上的船只而言,最重要的不是灯塔的归属和维护主体,而是灯塔是否处在适当的位置,发挥着指示航道、维护安全的最好效果,故下文将在理清灯塔发展历史的基础上,将东亚灯塔作为一个系统进行分析。

一、中国大陆沿海的灯塔事业

中国灯塔的发展可以分为两条线索。一方面,随着近代西方势力的进入和船钞被规定为灯塔建设的资金来源,中国海关对近代中国沿海沿江的灯塔建设计划逐渐被提上日程。目前已知中国海关早在1855年开始将船钞投入灯塔建设,而中国第一座近代灯塔即上海铜沙灯船就在该年亮灯,此后逐渐增加,到1872年8月,灯塔数量已达到44座,这些灯塔均在海关管理之下,主要分

---

① 陈诗启:《中国近代海关海务部门的设立和海务工作的设施》,《近代史研究》1986年第 6 期;Robert Bickers,"Infrastructural Globalization: Lighting the China Coast, 1860s-1930s," *The Historical Journal*, Vol. 56, No. 2, 2013, pp. 431-458;叶嘉畲编:《中国航标史》,第24~25页。

布在上海、宁波、广州、镇江、九江、汉口、牛庄、芝罘等关区。另一方面,出于航运发展和航行安全的需要,近代中国的外国租借地和占领区的灯塔建设也同时展开。最早出现的非海关管理下的灯塔是葡萄牙人建造、1865年亮灯的澳门NOSSA SENHORA DA GUIA灯塔。以《航标总册》提供的数据来看,尽管非海关管理的灯塔出现时间并不算晚,但这类灯塔在近代早期增长缓慢,占灯塔总数的比重长期低于5%;直到19世纪末20世纪初,非海关管理的灯塔才迎来高速增长时代:从1886至1911年,以5年为单位的累计增长率达到惊人的50%以上,最高的时候甚至达到164%。1901至1941年间,年均新增非海关管理的灯塔近3座,直到1942年之前,海关管理的灯塔数量长期约占80%,各外国政府等非海关主体管理的则占20%。

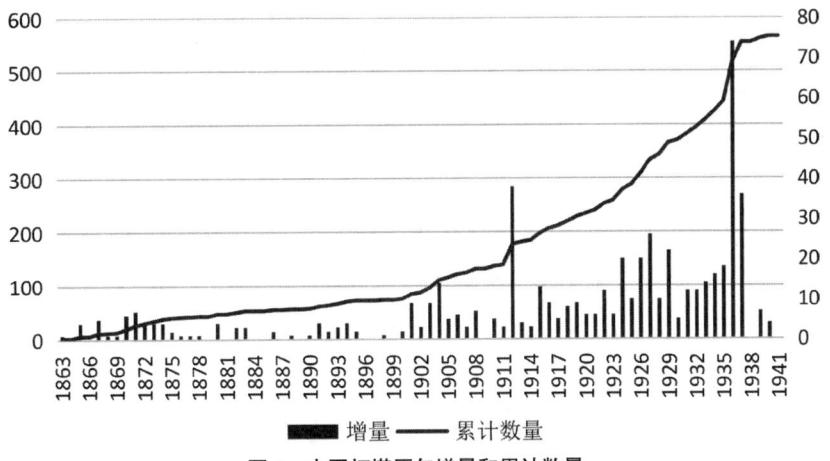

图1 中国灯塔历年增量和累计数量

数据来源:据《航标总册》历年灯塔统计资料整理、计算所得。

从中国灯塔历年增量和累计数量看1863至1941年近代中国灯塔数量总的变化轨迹,可以发现中国灯塔的增长可以分为四个阶段。第一阶段为1863至1874年,该阶段的12年间共建成灯塔37座,年均建设灯塔超过3座,这是在近代早期、灯塔资金拨款比例尚不高、技术手段和建设经验也显不足的情况下取得的成就。此时的灯塔建设除芝罘的两座灯塔外,其余全部集中在长江中下游和长江以南的沿海地区,而远光灯塔则全部位于江海关、厦门关、福海关、芝罘关、汕头关、香港、澳门等沿海重要地区。第二阶段为1875至1900年,该阶段26年间建设灯塔的数量与第一阶段同为37座,年均建设灯塔仅为1.4座,不及前阶段的一半,表明第二阶段的灯塔建设明显减速;这种情况也与阶段内多次因经费不足导致灯塔建设暂缓的情况相符合,①而阶段内发生的中法战争和中日甲午战争等对于灯塔建设进程也产生了明显的负面影响。这一时期长江以北地区的灯塔建设获得明显进展,芝罘、天津、青岛、威海卫、大连均有灯塔建成,长江以北地区由此在灯塔事业上与长江中下游、长江以南区域形成齐头并进的局面。第三阶段为1901至1937年,该阶段37年间建成灯塔478座,年均建设灯塔高达13座,年均建设灯塔数为第一阶段的4倍以上、约为第二阶段的10倍,可见这是近代中国灯塔的大发展时期。其中,有两个建成灯塔数量极高的年份,一是随着1910年河捐作为哈尔滨关区的灯塔建设资金来源的确定,该关区的灯塔建设迅速展开,1912年即建成灯塔38座;二是在"七七事变"爆发前后的1936年和1937年,随着国民政府备战工作的展开,长江流域的灯塔事业获得重大进展,两年间建成的110座中有94座位于长江流域。第四阶段为1938至1941年,该阶段4年时间建成灯塔11座,其中两座为葡萄牙于澳门所建,4座为日本在大连所建,由于国民政府的内迁和对沿海地区大片领土控制权的失去,灯塔建设工作大大放缓、几近停滞。实际上,由于担心灯塔为敌对方所利用,各方不仅不会在战争时期大规模推进这类基础设施建设工程,甚至还会主动对灯塔等航行安全设施进行破坏,以期限制敌方船只航行。

由此可见,近代中国沿海沿江地区的灯塔建设,既包括海关主导下的灯塔建设,也包括外国租借地和占领区的外国政府、中国的其他机构等非海关主体主导下的灯塔建设,这两类灯塔建设事业在近代均获得明显的进展。两类灯塔建设事业均受到资金充裕程度、战争等因素的影响,由此产生建设进程的阶段性波动;但就灯塔建设的总体进程而言,中国沿海沿江的灯塔建设长期保持增长趋势。

---

① 陈霞飞主编:《中国海关密档——赫德、金登干函电汇编(1874—1907)》第1卷,北京:中华书局,1996年,第575页。

二、日本列岛的灯塔增长

作为一个岛屿国家，灯塔在日本经济社会生活中的地位尤其突出。日本最早的近代灯塔出现在明治二年（1869年），①这一年设置有观音埼灯塔、野岛埼灯塔和横滨波止场灯竿，其中观音埼灯塔于明治二年正月元日（1869年2月11日）亮灯，为日本最早的近代灯塔，而野岛埼灯塔则在该年年底亮灯。与近代中国最早的灯塔（1855年的上海铜沙灯船）相比，日本近代灯塔出现无疑较晚。但日本政府通过引进欧洲技术人员、效仿英国灯塔制度，鼓励私人投资灯塔，使灯塔事业获得快速发展；与此同时，中央政府也大力投资灯塔建设，亦取得不错的效果。通过图2可知，日本私设灯塔在1892年之前长期是数量最多的类型，而官设灯塔居于其次，公设灯塔数量增长平稳而缓慢。此后，1889年所颁布的取缔私设航路标识条例的作用进一步凸显，私设灯塔数量开始持续减少，到1905年仅余5座；伴随着大量私设灯塔收归官方和政府对灯塔投资的提高，官设灯塔数量快速上升，公设灯塔数量也有一定的增加。

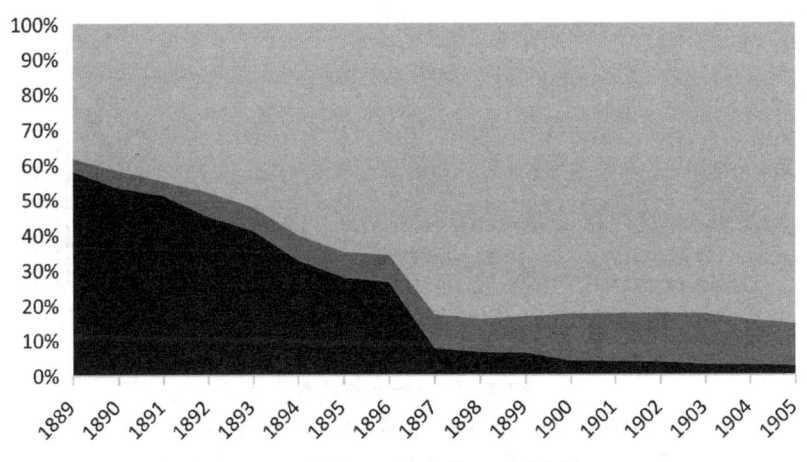

图2　日本各类主体管理灯塔数量变化图

数据来源：据相关年份《递信省年报》各类主体管理的灯塔统计数据整理、计算所得。

---

① ［日］灯台局编：《诸标便览表》，横滨：灯台局，明治十五年（1882年），第2～3页。

就灯塔总数来看,日本在整个明治时期灯塔数量不断增加、技术更新较快,到明治四十五年(1912年)已有近300座灯塔,此后仍以较快的速度发展,且在建造技术和能源结构上不断更新和优化。到1938年日本本土灯塔数量为972座,剔除112座未记载时间的灯塔(同时也未提供其他相关信息,原因应当是尚未建成或地位不重要),尚有860座。以此为基础,可以得到日本1869年至1938年间的灯塔年增长数量和灯塔累计数量情况(该数据未考虑到期间消失或停止工作灯塔的情况,所幸这种案例很少出现)。通过对日本灯塔数量年际变化曲线的观察可知(图3),日本近代灯塔自明治二年开始设置后,在明治初期出现第一个发展小高潮,到明治六年(1873年)已有24座灯塔投入使用,发展速度之快,也说明了航运发展对灯塔建设提出了较高的要求。1894年日本灯塔猛增14座,为1869年以来增长最多的,这一单年增长的记录也一直保持到1912年。接下来,在20世纪二三十年代,日本灯塔均保持高速增长,尤其是1926至1938年间灯塔的年均增长数达到惊人的40座,增长总数达525座,远超之前50多年增长数量的总和。

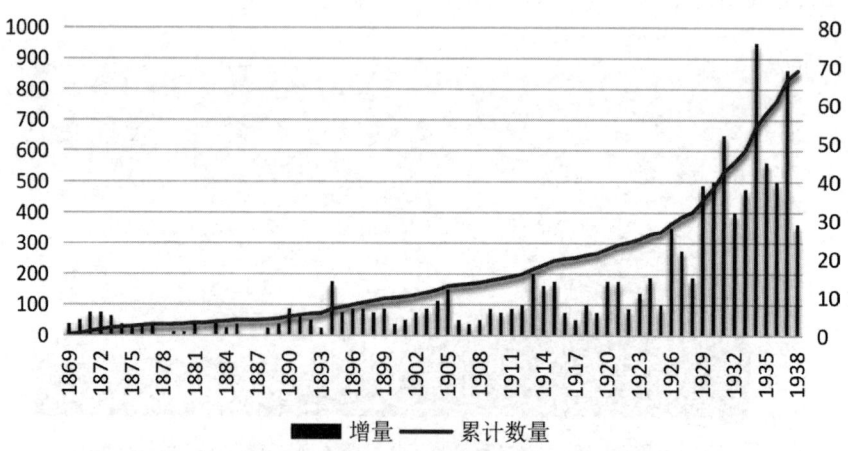

图3　日本灯塔数量变化趋势图(1869—1938)

数据来源:据相关年份《东洋灯台表》灯塔统计数据整理、计算所得。

与中国的灯塔分类模式一致,日本的灯塔包括灯塔(狭义)、灯标、导灯、灯船、挂灯浮标、灯竿等多种类型。图4为日本广义灯塔中各主要类型的增长情况(其他类型还有潮流信号塔和灯船,但数量极少,故在此图中未列出)。其中各种灯塔的年际增长情况差异巨大,以1869至1938年的情况来看,狭义灯塔在绝大多数年份的增长数量都是最多的,这在1938年广义灯塔中各种类型所占比重也可以窥见,除去类型未知的部分外,狭义灯塔占灯塔总数之比达到46.4%。但广义灯塔的其他类型在部分年份仍然有惊人的增长出现。如挂灯浮标的数量增长在1905、1913和1915三个年份是各种类型中最多的,其在1937年的增加数量为20座,仅次于该年狭义灯塔的增长数量(22座);而在大部分年份中增长均不明显的灯竿,在1929至1934年连续六年获得空前的增长。灯竿通过这一阶段的增长,到1938年在数量上一跃而成为仅次于狭义灯塔的类型,排名第三的挂灯浮标数量与灯竿数量差距明显。

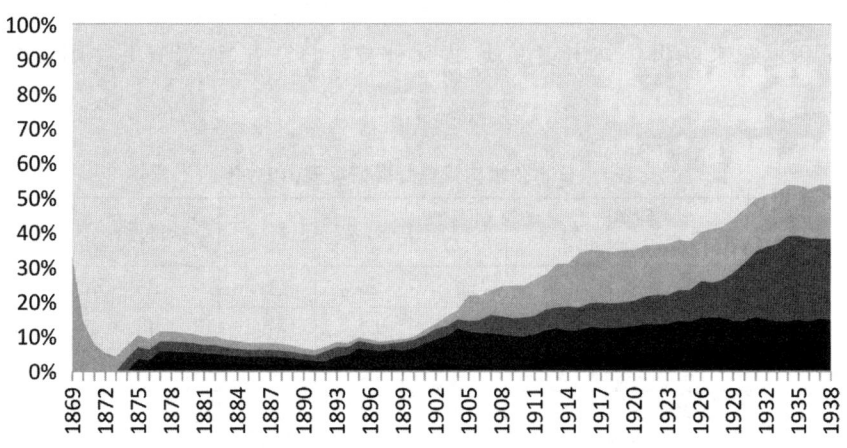

图4　日本灯塔各主要类型占比变化图(1869—1938)
数据来源:据相关年份《东洋灯台表》灯塔类型统计数据整理、计算所得。

在灯塔的管理上,不像中国沿海的灯塔管理权长期分属多个国家,日本的灯塔均归本国管理;但与英国灯塔由领港公会独立负责管理不同,日本灯塔管理的主体类型异常多样,甚至比中国的多国管理情形还要复杂。中国到1911年底,非海关管理的灯塔占纳入《航标总册》统计灯塔的18.6%,[1]在太平洋战

---

[1] *List of Lighthouses, Light-vessels, Buoys and Beacons on the Coast and Rivers of China, 1912*, Shanghai: Statistical Department of the Inspectorate General of Customs, 1912, pp.12-39.

争爆发、灯塔暂停统计之前,一直维持在20%左右;尽管此数量已属不少,但海关管理下的灯塔仍占绝对多数。而日本的情况是,虽然递信省在灯塔管理格局中占有最重要的位置,其他单个机构管理灯塔的数量均远不及递信省,但由于其他机构数量众多,其数量总和也十分庞大。内务省、铁道省、海军省、陆军省、大藏省等多个中央部门以及各级地方政府均拥有部分灯塔的管理权限。以1939年的情况看,将递信省之外各机构管理灯塔的数量相加,其总数远远超过递信省管理灯塔的规模。不过,递信省所管理的灯塔仍是最为关键的,毕竟作为灯塔事业中最重要组成部分的狭义灯塔超过一半仍由递信省管理。另外,桦太有10座私设灯竿,而该统计中并未出现桦太之外的私设灯塔。实际上,日本本土也曾有私设灯塔,这类灯塔甚至在近代早期日本灯塔事业中占有重要地位(如图2所示);1884年四国和本州均已有私设灯塔亮灯,[①]但这些灯塔在19世纪末20世纪初出现变动,大部分被收归官方,而另有一些则不再继续工作。

表1 日本各机构管理灯塔情况表(1939年)

机构	种类	灯塔	导灯	灯竿	灯标	挂灯浮标	总计
官设	递信省	218	7	5	31	35	296
	内务省	9	0	7	0	18	34
	铁道省	1	3	0	2	14	20
	海军省	3	0	4	0	5	12
	陆军省	0	0	1	0	1	2
	大藏省	0	0	0	0	1	1
内地公设	道府县立	107	7	56	14	43	227
	市町村立	71	17	101	8	15	212
桦太	桦太厅	2	1	8	0	0	11
	公设	1	0	16	0	0	17
	私设	0	0	10	0	0	10

数据来源:据《递信事业史》中1939年(昭和十四年)灯塔管理主体信息整理所得。

[①] [日]水路局编:《东洋灯台表(明治41年调查)》上卷,东京:水路局,明治四十一年(1908年),第80~81页。

/ 第一章 /
航海之要：近代东亚灯塔空间体系

由此可见，日本近代灯塔的建设起步虽然较中国而言稍晚，但很快表现出作为一个海岛国家对灯塔建设的强烈需求，经过发展中的几次小波动之后，在20世纪二三十年代迎来发展的高潮，其灯塔数量甚至远远超过中国。在灯塔的管理上，尽管递信省占据着主导地位，但多个中央政府部门、多级地方政府以及私人主体都参与其中，这使得日本灯塔管理呈现出较为复杂的景象。

三、朝鲜半岛、台湾海域的灯塔事业

在近代东亚范围内，台湾和朝鲜的情况较为特殊，二者分别在19世纪末和20世纪初成为日本的殖民地，灯塔的管理权和建设事业相应地也转移到日本派驻当地的总督府等新机构的手中。由于台湾和朝鲜的灯塔管理机构在前后两个时期完全不同，特别是台湾的灯塔建设在成为日本殖民地之前已经开始，前后的资金来源、建设进程、管理模式等均存在明显差异，将台湾放入中国部分或日本部分均存在较大问题；尽管朝鲜的灯塔建设是在被日本殖民之后启动的，但与日本本土仍有所差别，将朝鲜归入日本部分亦显得不适合。故在此将台湾和朝鲜分别单列，分析各自的增长过程和空间分布。

《航标总册》最早在1876年出现台湾地区的灯塔，记录的是打狗的Fisher Island（渔翁岛）灯塔。该灯塔于1875年亮灯，镜机等级为4级，灯光射程达15海里，可见其地位是较为重要的。台湾的灯塔初设时间并不算晚，1876至1881年之间却再无新的灯塔出现，灯塔建设进程缓慢在一定程度上也说明台湾在当时贸易格局中的地位并不突出。1888年整个台湾地区的灯塔达到6座（均分布在台南、淡水），到1895年日本接管台湾之前再无新灯塔出现。日本治下的台湾，灯塔建设循序推进，到1938年共有灯塔55座（其中5座的投用时间未知）。以1938年《东洋灯台表》中台湾部分灯塔为对象进行纵向分析（图5），可以发现台湾灯台建设先后经历了两次发展高潮，均发生在日本殖民时期：第一次是1909至1916年，每年平均有一到两座灯塔投入使用；第二次是1927至1938年，平均每年亮灯的灯塔更是超过两座。在灯台建设高潮的背后，一方面是台湾地区航运线路的重要性增强，另一方面则是高雄、基隆等日益成为东亚贸易格局中的重要港口。台湾灯塔在管理上较为简单，1895年之前与大陆沿海沿江的灯塔一样归地方海关相关机构管理；1895年后，管理主要分为总督府和私人两种类型，以1939年的情况看，归私人管理的为4座，而总督府管理着绝大多数的灯塔，总数达45座。①

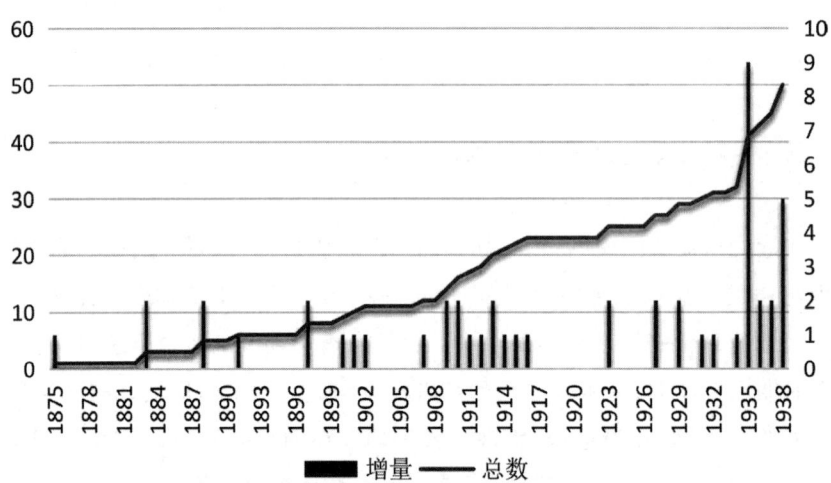

图5 台湾灯塔数量变化趋势图（1875—1938）

数据来源：据相关年份《东洋灯台表》灯塔信息整理、计算所得。

作为东亚的重要组成部分，朝鲜半岛区域灯塔的出现明显晚于其他地区。朝鲜海关在19世纪80年代初已经建立起来，②虽然航运活动逐渐变得频繁，但长期没有明确的灯塔建造计划。在《东洋灯台表》的统计中记录的朝鲜半岛最早的灯塔是1903年的八尾岛灯塔（即Palmido Lighthouse，也有人认为朝鲜半岛出现现代灯塔明显早于这个时间③），此时朝鲜早已沦为日本的势力范围。仅这一年朝鲜即出现4座灯塔，以此为起点，每一年都有灯塔亮灯；所以说尽管朝鲜灯塔建设起步最晚，但却取得了十分快速的增长。1938年《东洋灯台表》

---

① ［日］递信省编：《递信事业史》第6卷，东京：递信协会，昭和十九年（1944年），第1930页。

② 张建华：《穆麟德与朝鲜近代海关的建立》，《韩国学论文集》第8辑，北京：民族出版社，2000年，第186～196页。

③ ［韩］安雄喜：《基于草梁港口旧地图的分析看釜山航标的起源》，《韩国航海与港口研究杂志》2014年第38卷第5期。

第一章
航海之要：近代东亚灯塔空间体系

中共有朝鲜灯塔246座，除去27座亮灯时间未知的灯塔外，尚有219座灯塔，以此为基础可得到图6（分类型统计中不包括仅有的两座位于仁川的导灯），以此观察朝鲜灯塔数量的纵向变化趋势。可以发现，朝鲜灯塔数量增长存在两个明显的高潮，第一个高潮是从1903至1916年，年均新增灯塔接近6座；第二个高潮是1924至1938年，年均新增灯塔超过8座。朝鲜灯塔数量增长在一定时期内甚至不弱于日本本土，若考虑到朝鲜半岛海岸线只是日本本土的五分之一弱，则朝鲜灯塔的增长更显得惊人。

从广义灯塔中不同类型的发展特点而言，狭义灯塔的增长是最突出的，其实际数量在各个阶段亦明显高于其他类型灯塔，同时也可以发现狭义灯塔与广义灯塔在累计数量变化的节奏上保持一致，这一点明显区别于其他类型灯塔。灯竿的增长趋势也值得一提，1929年之前朝鲜半岛并未设置灯竿，但自1930年开始灯竿即以不可思议的速度增长，到1938年灯竿在数量上已发展成为仅次于狭义灯塔的类型。

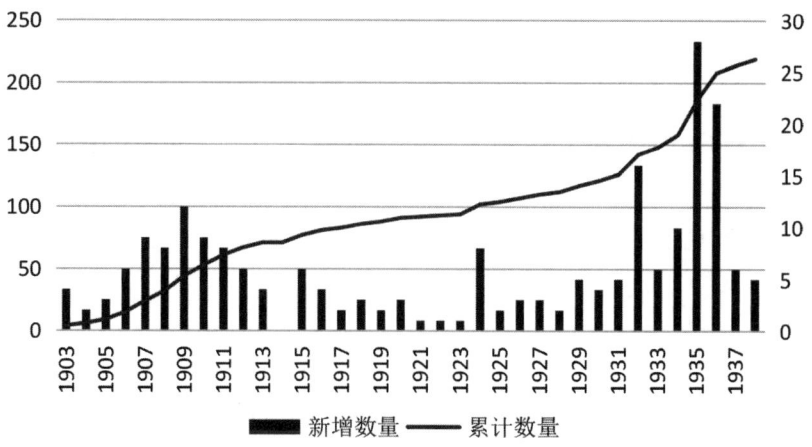

图6 朝鲜广义灯塔数量变化趋势图（1903—1938）

数据来源：据相关年份《东洋灯台表》灯塔信息整理、计算所得。

在灯塔的管理上，日本治下的朝鲜分为总督府、公设、私设三种类型。截至昭和十四年（1939年），共有私设灯塔6座，公设灯塔46座，而与台湾一样由总督府直接管理的灯塔占据绝对多数，达到171座。而在灯塔高速增加的背后则是航运线路的延伸和港口贸易的发展,仁川、丽水、罗津等朝鲜半岛港口的重要性日益提升。

由此可见,台湾的灯塔在发展初期时数量增加并不明显,但随着日本殖民时期台湾区域航路在东亚贸易格局中地位的提升和台湾港口的开发,如何使得航线更为安全、便利、经济成为更高的要求,故地区内灯塔在20世纪上半叶获得较快增长。而朝鲜半岛灯塔的建设虽然起步较晚,但发展速度远超东亚大部分区域,在短短三十多年时间里设置完成超过两百座灯塔。其间,朝鲜在灯塔建设上先后出现两个高潮,这两个发展高潮与前述台湾灯塔的两个发展高潮均出现在殖民时代,而且台湾与朝鲜在发展高潮的时间上有着良好的一致性。

总的来看,近代东亚各地区在灯塔事业发展的初期节奏不一,中国从19世纪50年代起步,日本从60年代末起步,而朝鲜半岛则晚至20世纪初起步;且由于资金、战争、管理等方面的原因导致各地区灯塔数量在19世纪中后期经历了不同水平的增长和波动。但在20世纪前期,东亚各国各地区的灯塔建设事业纷纷迎来发展的高潮。这一情形的出现与灯塔资金政策变动和航运事业发展使资金变得相对充裕以及各类主体重视灯塔建设密切相关;也与东亚各地区在这一时期面对的历史背景有关,即在20世纪前期东亚各国总体上政治稳定且拥有相对和平的外部环境;同样与世界资本主义各国的发展进入新阶段后,对航行条件的改善、航运事业的发展提出新的要求有着不可忽视的关联。

第二节 近代东亚灯塔的区域划分

灯塔的分布不是均匀的,不同地区存在差异甚至巨大差别。建设灯塔的目的是为船只在该地区航行提供安全、便利、经济的条件,而一定区域内建设灯塔的数量特别是不同类型灯塔的数量某种程度上可以反映该地区在航行条件方面的需求和为保障航行条件所做的工作,故最为简单、直接的灯塔数量分布某种程度上可以呈现各个地区灯塔建设和航行安全的基本状况。在获得对灯塔基本分布的认识的基础上,考查各种影响因素和灯塔统计资料的优缺点,最终实现以统一的标准对东亚灯塔进行整合。

一、近代东亚灯塔的基本分布

(一)近代中国大陆灯塔建设的空间状况

以下对灯塔分布的论述中涉及的基本单位是关区(Customs Districts),即各个海关所管辖的区域范围。1868年沿海灯塔管理被划分为南、中、北三段,各段巡工司"分别常驻上海、福州与芝罘"[①]。各段分别管理多个关区:

> 北段包括奉天、直隶与山东之海岸,自北纬41°至34°,包括条约规定之通商口岸牛庄、天津及芝罘。中段包括江苏与浙江之海岸,自北纬34°至27°,包括上海与宁波两口岸以及长江之商埠镇江、南京、九江及汉口。南段包括福建、广东之海岸,自北纬27°至20°,包括福州、厦门、淡水、基隆、台南、打狗、汕头、广州及琼州。[②]

1878年将灯塔管理由三段合并为两段,"南段系指温州以南之海岸,北段系指温州以北之海岸"[③],巡工司分别驻上海和厦门。在"关区"概念的具体应用中,需要说明的是,香港、澳门等外国租借地或占领区也分别作为独立的关区对待。截至1881年,灯塔分属12个关区,包括广州、汕头、厦门、福州、宁波、上海、镇江、九江、汉口、芝罘、天津、牛庄。若以单个关区的灯塔数量而论,上海、镇江、九江处于领先地位,这些关区均分布于长江流域,反映出这一时期长

---

① 《为船钞部巡查司之任命及其职责事》(1868年5月25日第15号通令),《旧中国海关总税务司署通令选编》第1卷,第64页。
② 《为发船钞部编制事》(1868年4月25日第10号通令),《旧中国海关总税务司署通令选编》第1卷,第56~57页。
③ 《为南北两段沿海灯塔分由厦门上海两关管理由》(1878年1月15日第38号通令),《旧中国海关总税务司署通令选编》第1卷,第222页。

江沿线区域灯塔发展要快于沿海其他区域,这与同时期船钞支出的区域分布一致。到1901年,上海、镇江、九江仍然保持着在灯塔数量方面的优势,但广州关区内的灯塔建设却突飞猛进,一跃而成为灯塔数量最多的区域。从1902至1921年间的灯塔数量增长看,上海、镇江的灯塔建设进展缓慢,以致香港、大连、芜湖、青岛、天津均达到与前二者并驾齐驱的行列;九江、汉口继续增长,广州也取得一定发展,此四个关区均领先于前述各区。但最引人注目的还是哈尔滨及其属关构成的关区,该区1913年首次出现在《航标总册》中,但一举成为灯塔数量最多的关区。[①] 从1941年的情况看,哈尔滨关区继续保持数量上的领先优势,[②] 九江、汉口持续发展继续保持仅次于哈尔滨的位置,大连关区发展较快并紧随前述三区之后,广州湾、广州、上海、镇江、芜湖、芝罘、沙市、岳州则又次之。

由此可见,近代中国沿海灯塔保持着平稳较快增长。但灯塔在不同时期不同关区的分布则差异较大,部分早期在灯塔数量上占优势的关区,其灯塔数量在后期的灯塔总量中的比重下降很多甚至已显得微不足道。

(二)近代日本灯塔的分布

对灯塔空间体系的认识不仅关系到对灯塔发展脉络和空间差异的基本理解,更重要的是关系到以灯塔为节点的航运网络的形成、发展和基本结构。以1938年《东洋灯台表》中对日本本土灯塔的区域划分为基础,并参考其他年份的灯台表的区域划分,可将近代日本本土划分为19个灯塔区,由此可得各个灯塔区的灯塔分布数量。以1938年的数据看,本州南岸的灯塔数量达到162座,为日本本土灯塔分布最多的区域;但若将内海东部和内海西部相加,则总数又远远超过本州南岸。实际上,本州南岸、内海东部和内海西部均位于本州

---

① *List of Lighthouses, Light-vessels, Buoys and Beacons on the Coast and Rivers of China*, 1913, Shanghai: Statistical Department of the Inspectorate General of Customs, 1913, pp. 40-41.

② *List of Lighthouses, Light-vessels, Buoys, Beacons, ETC., on the Coast and Rivers of China*, 1941, Shanghai: Statistical Department of the Inspectorate General of Customs, 1941, pp. 8-83; *Addenda ET Corrigenda to List of Lighthouses, Light-vessels, Buoys, Beacons, etc., on the Coast and Rivers of China*, 1941, Shanghai: Statistical Department of the Inspectorate General of Customs, 1941.

南部一带,可见以此三个灯塔区为核心的区域是日本灯塔分布最为密集的地带。从东京湾到北九州的绵长地带,以海岸线曲折、分布着众多优良港口而著称,是日本对外贸易最为繁荣的地区之一。其次是本州北西岸,该区域分布的灯塔数量虽远不及前述本州南部地带,但亦为数众多。再次,则是由北海道南岸和北海道西岸构成的北海道西南部区域,亦有大量灯塔分布。千岛列岛和南方诸岛等区域的灯塔分布稀少,最重要的原因则是这些区域并无重要港口分布,也非位于重要航运线路之上,对于灯塔的实际需求较小,故而灯塔建设较少。

表2 灯塔数量区域分布表(1938年)

灯塔区	数量	灯塔区	数量	灯塔区	数量
本州南岸	162	北海道西岸	58	南西诸岛	12
内海东部	135	桦太	43	九州南岸	10
本州北西岸	131	九州东岸	40	北海道北岸	8
内海西部	105	四国	24	南方诸岛	7
九州西岸	66	九州北岸	22	北海道东岸	4
北海道南岸	64	本州北岸	16	千岛列岛	3
本州东岸	62				

数据来源:据相关年份《东洋灯台表》灯塔信息整理、计算所得。

由此可见,从日本本土灯塔的发展过程来看,数量增长集中在20世纪二三十年代,管理权则主要集中在递信省手中,而空间分布上则以东京湾到内海西部为最密集的区域。对日本灯塔这些特点的认识,是接下来进行灯塔分布水平评估的基础,也将为进一步认识灯塔事业发展与航运网络的关系提供可能。

(三)台湾海域和朝鲜半岛的灯塔分布

台湾在灯塔数量的基本分布上,1895年之前,《航标总册》一般将台湾灯塔划分为台南和淡水两个关区进行统计,而1895年后的日本殖民时期,不同阶段、不同机构对台湾的灯塔的区域划分很不一样,如《日本航路标识便览表》

分为"台湾北岸及东岸"、"台湾南岸及西岸"和"澎湖列岛",①而《东洋灯台表》则分为"台湾北岸"、"台湾西岸"和"台湾东岸"三个区域进行灯塔编号和统计,②部分年份还将台湾作为一个整体来统计。表3是以1938年的《东洋灯台表》的区域划分为标准,统计1908至1938年间台湾北岸、西岸、东岸三个区域的灯塔中各个类型的数量情况。根据对不同年份的观察发现,台湾东岸的灯塔建设起步较晚且进展缓慢,可知海岸线较为平直、缺少优良港口的台湾东岸历来不是灯塔建设的重点区域。北岸和西岸灯塔初设时间早且发展平稳,尤其是西岸在狭义灯塔的建设上取得较快发展,而明显多于其他两个区域的导灯则主要是为了适应高雄港的发展、保障船只进出港的安全需要而设置。

表3 台湾灯塔中各种类型分时段统计表

类型	区域	1908	1918	1930	1938	类型	区域	1908	1918	1930	1938
狭义灯塔	北岸	4	4	6	6	灯竿	北岸	0	0	0	1
	西岸	6	9	11	11		西岸	0	1	1	6
	东岸	0	2	3	6		东岸	0	1	1	2
导灯	北岸	0	0	2	2	灯标	北岸	1	0	1	2
	西岸	0	0	0	7		西岸	0	1	2	2
	东岸	0	0	0	0		东岸	0	0	0	0
挂灯浮标	北岸	0	1	2	4	类型未知	北岸	0	0	0	2
	西岸	0	0	0	0		西岸	0	0	0	3
	东岸	0	1	1	1		东岸	0	0	0	0

数据来源:据相关年份《东洋灯台表》灯塔信息整理、计算所得。

近代日本出版的部分灯台表将朝鲜作为一个整体统计,但多数情况下则是将朝鲜灯塔划分为朝鲜东岸、西岸和南岸三个区域进行统计。对1938年《东洋灯台表》中朝鲜灯塔统计数据进行分区域的纵向比较(除27座亮灯时间未知的灯塔外),可以发现1903年朝鲜新出现的数座灯塔均位于朝鲜西岸,至

---

① [日]航路标识管理所编:《日本航路标识便览表》(大正十年五月改正),第106~112页。
② [日]水路部编:《东洋灯台表(大正15年10月15日调查)》上卷,东京:水路部,昭和元年(1926年),第84~93页。

1905年,灯塔基本都分布在朝鲜西岸,可见在20世纪初期朝鲜西岸在整个朝鲜航运发展中的重要性。1907至1909年,朝鲜西岸的灯塔继续保持高速增长,并在此后近三十年的时间里均为朝鲜灯塔数量分布最多的区域。与西岸形成对比的是,东岸和南岸的建设进程较为缓慢,1903至1933年间两片区域的增长趋势基本保持一致。但从1932年开始,东岸却迎来了一轮建设浪潮,自此到1938年,年均新增灯塔近7座,远远超过西岸和南岸的增长。以至于到1938年,东岸的灯塔数量已经以微弱的优势超过了长期居于领先地位的西岸。

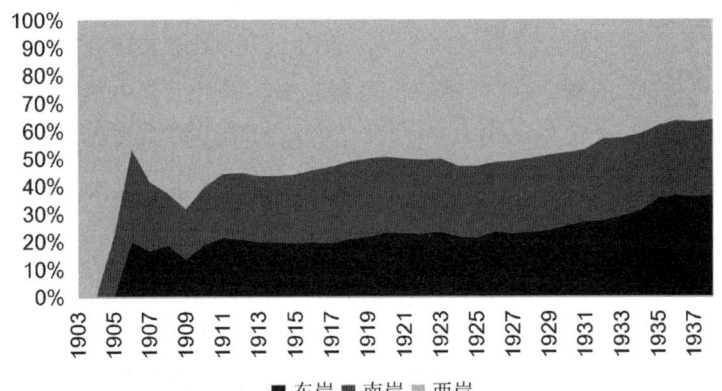

图7　朝鲜各区域灯塔增长情况图（1903—1938）

数据来源:据相关年份《东洋灯台表》灯塔信息整理、计算所得。

由此可见,台湾灯塔在20世纪上半叶获得较快增长,特别是在台湾西岸以及北岸拥有优良港口的区域,灯塔增长尤其明显。这些使得台湾日益成为东亚灯塔空间体系中重要的一环。而在朝鲜内部,各区域的发展节奏存在显著不同,其背后则是不同时期各个区域在航运线路中地位的变化和港口贸易发展中的差异。

二、"灯塔区"概念的提出

近代东亚贸易的发展和航运线路的增加对灯塔建设提出了更多的要求,这直接导致东亚各地区灯塔的发展在20世纪上半叶迎来一波又一波高潮,灯塔在各个国家或地区的海岸或江岸上越来越密集地分布开来。以1938年为例，从桦太到台湾，从海南岛到朝鲜半岛，该年东亚灯塔总数达到1908座，[①]其中包括中国大陆635座、日本本土972座、台湾55座和朝鲜246座。前述"近代东亚灯塔的基本分布"已按照各个国家和地区原有的管理区划和统计习惯对灯塔分布的基本情况进行了分析。但各个国家或地区的灯塔管理主体各不相同，管理中的区域划分也标准各异，如何对这些灯塔进行整合并呈现是最为直接的问题。

以中国而言，尽管海关在管理上将全国灯塔划分为南、中、北三段，分别由巡工司负责，[②]这种划分显得简洁明了且易于应用；但海关在灯塔的统计中却又使用了"关区"的概念，让问题变得复杂起来。而且近代中国的灯塔不仅包括海关管理下的部分，还存在大量归外国政府或本国政府其他部门或私人管理的灯塔，以何种标准将这些灯塔与海关管理的灯塔进行对接，乃至与日本、朝鲜和日据台湾的灯塔囊括到一个标准之下，则是更为重要的问题。

日本的灯塔管理结构甚至远较中国复杂。近代日本有多种提供灯塔表的出版物，但几乎每一种对灯塔区域的划分都不相同，如1901年的《航海指针》[③]和1908年的《东洋灯台表》[④]在粗略的大区域划分之下提供灯塔所处的行政区作为依据，1882年的《诸标便览表》[⑤]和1889年的《航路标识便览表》[⑥]甚至没有对灯塔做出任何区域划分。更重要的是，日本及其殖民地的灯塔在实际管理上，尽管递信省占据着灯塔管理的主导地位，但内务省、海军省、陆军省、大藏省、铁道省等多个中央部门和各地各级地方政府以及私人主体往往都参与其中，且这些非递信省的主体所管理的灯塔数量之和远超递信省。这种复杂的

---

① 其中，中国大部分地区数据来自该年《航标总册》，日本本土、朝鲜半岛、台湾地区、辽东半岛则使用的是该年《东洋灯台表》的相关部分数据。
② 《为船钞部巡查司之任命及其职责事》（1868年5月25日第15号通令），《旧中国海关总税务司署通令选编》第1卷，第64页。
③ [日]海员俱乐部：《航海指针》，神户：海员俱乐部，明治三十四年（1901年）。
④ [日]水路局编：《东洋灯台表（明治41年调查）》上卷。
⑤ [日]灯台局：《诸标便览表》，横滨：灯台局，明治十五年（1882年）。
⑥ [日]递信省灯台局编：《航路标识便览表（明治22年1月改正）》，东京：递信省，明治二十二年（1889年）。

管理结构导致递信省的划分标准难以应用到其他主体管理的灯塔中，故在对日本灯塔进行区域划分时，特别是还要考虑如何与中国灯塔区域划分对接时显得极为困难。

从船只航行和船员认识的角度考虑，不对管理主体和管理区域进行区分，而将灯塔按照航线和航行过程进行划分是更为合理的选择；实际上，作为船员航海必备参考书志的 China Pilot 和 China Sea Directory 也都是根据航行的方向和航段进行编排的，这在思路上对灯塔区域划分具有重要的参考意义。

综合考虑各种因素和统计资料，对东亚灯塔划分专门的区域，有两种来源的标准可以参考，一是中国海关的《航标总册》，另一是日本灯台局出版的《东洋灯台表》。这两种灯塔表的共同特点是：第一，由官方发布，具有权威性和可靠性；第二，在整个近代以年为单位长期出版，具有很好的连续性；第三，这两种灯塔表的统计数据侧重点不同，且均存在一定的缺点，但将两种统计数据结合，则可以获得近代东亚灯塔发展和分布的基本面貌。具体而言，《航标总册》拥有关于中国灯塔的精确的、长时段的数据序列，尽管其中对中国灯塔的记录详细而可靠，但并无日本、朝鲜以及1895年之后台湾的数据。且其对灯塔划分区域是依据关区而进行，各国各地区官方管理模式差异较大，即便获得日本、朝鲜等区域的灯塔数据，亦难以与中国这种官方的行政区域划分相匹配。《东洋灯台表》中对日本、朝鲜半岛、台湾地区灯塔的划分模式较为一致，都是以"本州东岸""朝鲜南岸"这种自然地理方位划分区域，以此为划分东亚灯塔区域的标准，似乎较为容易统一；但《东洋灯台表》多数年份对中国灯塔区域仅仅划分为"扬子江以北""扬子江""扬子江以南"三部分，这一粗略的划分显然与对日本、朝鲜、台湾的划分标准并不一致。且《东洋灯台表》中对中国灯塔的统计并不完整，如温州在1906年已有一座灯塔亮灯，①但1908年的《东洋灯台表》并未记录温州的灯塔，即是一例；该年《东洋灯台表》在将香港单列的同时，却将澳门归入广东的灯塔之列。②同时，各个年份《东

---

① *List of Lighthouses, Light-vessels, Buoys and Beacons on the Coast and Rivers of China, for 1907*, Shanghai: Statistical Department of the Inspectorate General of Customs, 1907, pp.16-17.
② ［日］水路局编：《东洋灯台表（明治41年调查）》上卷，第108页。

洋灯台表》中的灯塔经纬度与《航标总册》中的经纬度也存在一定差异,灯塔总数也存在差额,而中国灯塔的经纬度和数量显然应当以《航标总册》的记录为准。

故《东洋灯台表》中关于中国的数据记录和划分方式都存在问题,难以直接应用。基于对以上两种资料优缺点的认识,本书将结合《航标总册》和《东洋灯台表》两种资料的数据。日本、朝鲜和1895年之后台湾的灯塔数据以《东洋灯台表》为主,将1938年《东洋灯台表》的区域划分作为标准;中国的灯塔数据以《航标总册》为主,参照1938年《东洋灯台表》中的区域划分模式对中国沿海沿江灯塔区域重新划分。由此,可得到东亚灯塔分布的35个区域(图8),本书称之为"灯塔区",即为一定范围内灯塔向外扩展所及最远边界所形成的区域,其具体范围则是由当时各个方向最远灯塔的位置决定,是一个变动的过程。以区域内灯塔分布的中心点来代表各个灯塔区,则明显简洁且易于理解。

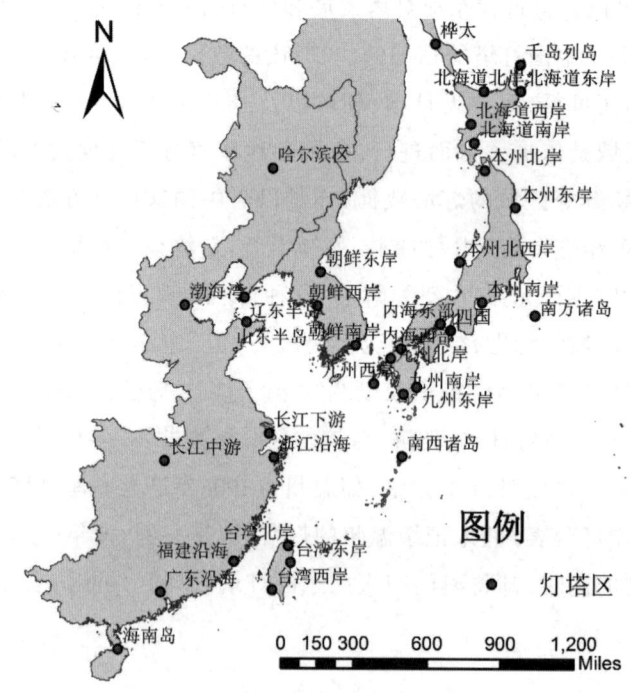

图 8 东亚灯塔区分布图

数据来源:据《航标总册》《东洋灯台表》等灯塔相关信息综合、调整所得。

总的来看,尽管东亚各国各地区的灯塔建设的主要资金类型、技术来源和增长节奏存在着若干共同特征,但近代东亚不同区域的灯塔发展相差甚远,各地区管理主体多样、区域增长差异明显,如何选择恰当的标准对区域内灯塔进行统一划分,对于认识灯塔整体状况进而研究其空间结构和区域差异都具有重要意义。通过对不同来源资料中划分标准的比较分析发现,"灯塔区"概念可以兼顾东亚各个国家和地区对灯塔进行区域划分的历史和灯塔分布的实际特点。以灯塔区为基础,可以整合不同来源的灯塔统计数据,在同一标准之下建立覆盖整个东亚的灯塔信息库以分析东亚范围内各个灯塔区的基本分布。而对于东亚各区域灯塔的镜机等级、灯火高度、烛光数、灯光射程等相关指标的分析和灯塔区域发展水平的研究也可以灯塔区为基础展开。

第三节 近代东亚灯塔空间体系的评价指标

讨论近代东亚灯塔的基本分布只是灯塔空间体系研究的第一步,灯塔空间体系研究重点并不在于对成百上千灯塔点的简单复原,而是要探究不同区域的灯塔到底存在何种实质差异。显然,不同的灯塔在航行船只和船员眼中的重要性存在差别,一座普通挂灯浮标与一座镜机等级为1级、灯光射程超过20海里的灯塔在航海活动中的地位显然是不可同日而语的。既然灯塔之间存在差异,就涉及如何选择适合的指标以评估灯塔的空间体系,从而准确反映近代东亚灯塔的布局特点和灯塔在各个区域的差异。

以往常见的对于灯塔空间体系的考查分为两种类型,一种是基于灯塔数量的分析,另一种是基于镜机等级的分析。前者以陈诗启为代表,在《中国近代海关史问题初探》中均有相关表述;[1]而后者则在《中国航标史》中明确提出。[2]

---

[1] 陈诗启:《中国近代海关海务部门的设立和海务工作的设施》,《近代史研究》1986年第6期。
[2] 叶嘉畲编:《中国航标史》,第24~25页。

下文将对已有研究中的评价标准进行分析,以期得到对灯塔差异和区域灯塔布局更为合理的认识。

一、基于灯塔数量的分析

陈诗启将数量作为判断灯塔发展情况最核心的依据,如在引用了1894年《各关警船灯浮桩总册》的各类灯塔数量信息后,他认为"沿海助航设备的建设,至此大体就绪"[①]。尽管他在灯塔之后的发展阶段中提到了一些其他信息,但在整个灯塔发展的论述中,灯塔数量本身无疑是他最为核心的判断依据。这其中包含两种标准,一是以包括狭义灯塔、灯船、灯竿、挂灯浮标等在内的广义灯塔总量作为判断灯塔空间体系的核心指标;另一种是以灯塔中不同类型的数量作为判断依据。

在第一种标准之下,以中国海关管理的灯塔为例,会发现哈尔滨关区在1912年兴建灯塔多达33座,由此成为1913年灯塔数量最多的关区。[②]从1913年直到1941年,哈尔滨关区继续保持数量上的领先优势,[③]九江、汉口持续发展继续保持仅次于哈尔滨的位置,大连关区发展较快并紧随前述三区之后,而广州、上海、镇江等重要关区的灯塔数量却远不如前述关区。哈尔滨关区的灯塔数量长期处于遥遥领先的位置,但若由此判断哈尔滨关区在近代中国灯塔空间体系中的地位最为重要,显然是不符合常识的。因为一般认为,由于灯塔建设经费的有限,"为确保航行安全并力求节约资金,建造灯塔之位置务必认真测定、选择"[④],海关会优先选择航运最繁忙且较为危险的航段设置灯塔,或

[①] 陈诗启:《中国近代海关海务部门的设立和海务工作的设施》,《近代史研究》1986年第6期。

[②] *List of Lighthouses, Light-vessels, Buoys and Beacons on the Coast and Rivers of China, 1913*, pp. 40-41.

[③] *List of Lighthouses, Light-vessels, Buoys, Beacons, ETC., on the Coast and Rivers of China, 1941*, pp. 8-83; *Addenda ET Corrigenda to List of Lighthouses, Light-vessels, Buoys, Beacons, etc., on the Coast and Rivers of China, 1941*.

[④] 《为发船钞部编制事》(1868年4月25日第10号通令),《旧中国海关总税务司署通令选编》第1卷,第56页。

者可以说,灯塔的空间布局与贸易发展存在明显正相关。但作为内河流域的哈尔滨关区,其贸易额显然远远不如大部分沿海通商口岸,更遑论追赶长期占全国对外贸易额30%左右的上海了。仅仅1860至1870年间,上海的船钞支出占用于改善航运船钞支出总数的83%,①即便有如此大量的船钞投入,上海的灯塔总数在20世纪上半叶的大部分时间里,仍然是被许多关区远远甩在身后的。这种现象只能说明,灯塔总数并不是用以判断灯塔空间体系的适合指标。

第二种标准出现的原因是部分观点认为狭义灯塔的重要性超过其他类型灯塔,以狭义灯塔的数量分布判断灯塔的空间体系是一种恰当的选择。这种观点有一定的合理性,表4选取日本灯塔数量排名前九位的灯塔区,对各个灯塔区内部的狭义灯塔、灯竿、挂灯浮标、导灯、灯标及类型未知(null)等各类灯塔的数量进行考查,可以发现本州、九州和北海道西南一带,由于海上贸易的发展,对灯塔建设需求较高,故这些区域的灯塔以成本较高、一般需要专人看守的狭义灯塔为最主要的形式。而北方的桦太在这方面的需求较小,故设置狭义灯塔的数量并不多,而是以成本较低的灯竿为主。这个分析结果看似支持以不同类型灯塔数量分布判断灯塔空间体系的观点,但实际上存在两个明显的问题。第一,灯竿相较于狭义灯塔确实成本较低,但仍然存在地位十分重要的灯竿,如1934年本州北西岸设立的津居山港灯竿,②采用电力能源,灯光射程为26.5英里,这一数据远超大部分的灯塔。第二,即便不考虑其他类型的情况,数量众多的狭义灯塔内部也存在巨大差别,如镜机等级分为一等至六等(日本),能源类型有时有、瓦斯、电灯等各不相同,灯光射程有的灯塔低至1海里、有的高达40海里,这些都说明以狭义灯塔的数量判断灯塔空间体系同样是不可靠的。

---

① 《为附送有关船钞使用之两件节略由》(1870年12月31日第25号通令),《旧中国海关总税务司署通令选编》第1卷,第121~122页。
② [日]水路部编:《东洋灯台表(昭和13年11月12日调查)》上卷,第96~97页。

表4 主要灯塔区的不同类型灯塔分布表(1938年)

灯塔区 \ 类型	狭义灯塔	灯竿	挂灯浮标	导灯	灯标	类型未知
本州南岸	62	42	34	6	3	14
内海东部	57	20	20	2	13	21
内海西部	37	9	30	2	17	10
本州北西岸	54	39	9	14	1	14
九州西岸	26	9	9	9	5	8
北海道南岸	34	3	10	8	1	8
本州东岸	26	17	3	6	5	5
北海道西岸	30	13	1	6	0	8
桦太	9	22	0	3	1	8

数据来源：据相关年份《东洋灯台表》灯塔区域和类型信息整理、计算所得。

总的来看，以灯塔总量或灯塔各种类型的数量为基础所得到的灯塔分布情况，于增加对东亚区域灯塔的基本认识有一定意义。但由于灯塔分为不同类型且影响灯塔重要性的各类指标较多，若仅仅考虑数量而不对灯塔内部各种具体参数进行分析，难以获得近代东亚灯塔空间体系的准确认识，甚至可能产生认识上的重大误差。

二、基于镜机等级的分析

不同类型、处于不同地理位置的灯塔的重要性并不相同，故灯塔总量和狭义灯塔数量本身都掩盖了灯塔之间的差别，从而无法真实反映东亚灯塔的空间体系。故进一步深入认识灯塔的性能参数，对灯塔的关键指标进行分级以评估各区域灯塔的布局成为更合理的选择。

其中，《航标总册》和《东洋灯台表》中分级清晰的镜机等级成为这种思路之下用作判断灯塔空间体系核心指标的首选。查中国沿海沿江灯塔的镜机最初分为一至六级，1894年增加为一至七级，1934年和1935年的《航标总册》中汉口甚至出现了第八等级的镜机，此外还有大量未分级的镜机(表5)。镜机等级的意义,正如《中国沿海灯塔志》所言,"各处灯塔及其地位之重要如何,或可由其镜机等级推而知之"①;而《中国航标史》的表格"海关建造及管理的沿海主要灯塔"②中也仅列出镜机等级一项指标,可见相关著作在确定灯塔重要性时将镜机等级置于何种关键地位。

表5 中国灯塔镜机等级和数量表

等级		直径	1911年	1941年
英文	中文	单位:厘米	单位:个	单位:个
D.1st Order	特等灯	2 660	14	9
D.2nd Order	头等灯	1 840	0	6
D.3rd Order	二等灯	1 400	5	5
D.4th Order	三等灯	1 000	17	22
D.5th Order	四等灯	500	1	1
D.6th Order	五等灯	375	67	67
D.7th Order	六等灯	300	21	42
D.8th Order	七等灯	未知	0	1
Unclassed	未分级	未知	55	210

数据来源:[英]班思德:《巡工司及总工程司之灯塔释例》,《中国沿海灯塔志》,第4页;*List of Lighthouses, Light-vessels, Buoys and Beacons on the Coast and Rivers of China*, 1912, pp. 12-39; *List of Lighthouses, Light-vessels, Buoys, Beacons, ETC., on the Coast and Rivers of China*, 1941, pp. 8-83; *Addenda ET Corrigenda to List of Lighthouses, Light-vessels, Buoys, Beacons, etc., on the Coast and Rivers of China*, 1941。

镜机等级在反映灯塔重要性和灯塔空间体系的解释力,确实可以从一些案例中得到证实。前述上海区域获得大量船钞投入,但区域内灯塔在数量上却远不及哈尔滨区的情况,用镜机等级进行分析,则可以发现其中的缘故。通过统计上海区和哈尔滨关区的镜机等级发现,哈尔滨关区的灯塔镜机均属于未分级类型,这类灯塔成本低、建造相对简单;而上海关区安装高等级镜机的灯塔数量所占比重不仅远远高于哈尔滨关区,也高于一般关区。投入上海关

---

① [英]班思德:《巡工司及总工程司之灯塔释例》,《中国沿海灯塔志》,第4页。
② 叶嘉畲编:《中国航标史》,第24~25页。

区的大量船钞被用于购买高等级镜机,用于建设质量更高、地位更重要的灯塔。这也就是上海等贸易繁荣口岸所在的关区虽然有大量船钞投入,但灯塔数量却不占优势的原因。

尽管前述案例证明可以根据镜机等级判断灯塔的重要性和区域格局,这实际上仅仅是在灯塔建设的早期阶段成立。原因在于,一方面,通过对《航标总册》历年各个灯塔镜机等级的分析发现,从亮灯开始,一座灯塔的镜机等级在此后基本不会发生变化。但随着时间进入20世纪后,灯塔建造技术不断革新;能源方面,石油的出现取代了蜡烛的地位,随后瓦斯又被大量采用,而电力被引入灯塔又引领了一波灯塔内的能源革命。在这种背景下,一些使用新技术和新能源的灯塔以较低的镜机等级也可以达到原来较高镜机等级的灯塔所发挥的作用;大量原有灯塔在经过技术的更新和能源的改造后,各项性能的提升也使得这些灯塔变得更重要。而灯塔的这些变化很难在固定不变的镜机等级中体现出来。另一方面,随着时间推移,未纳入镜机分级系统的灯塔越来越多,如浙江沿海的Peiyüshan(北鱼山岛灯塔)①烛光数为89万枝、灯光射程达26海里,但《航标总册》中并未提供其镜机等级信息;日本管理的大连、法国管理的广州湾、葡萄牙管理的澳门等均分布着不少这类未纳入镜机等级系统但性能优良、地位重要的灯塔。故镜机等级标准覆盖面不足、信息完整性缺失,将导致通过镜机等级判断灯塔格局的准确性大为降低。

由此可见,镜机等级在近代早期的灯塔建设和评价中具有重要意义,镜机等级某种程度上可以作为评估灯塔地位的关键指标;但随着灯塔制造技术的改进、能源类型的变化和对灯塔功能认识的深入,镜机等级在判断灯塔地位和灯塔分布区域差异中的重要性不断降低,其越来越难以作为分析灯塔空间体系的可靠依据。基于对镜机等级在近代早期和后期的灯塔评估中地位变化较大的考虑,有必要通过其他更全面、更合理的指标来观察近代灯塔的空间布局和区域差异。

---

① *List of Lighthouses, Light-vessels, Buoys and Beacons, ETC., on the Coast and Rivers of China*,1929,Shanghai: Statistical Department of the Inspectorate General of Customs,1929,pp. 22-23.

三、基于灯等级的分析

灯等级是近代灯塔建设管理中常用的概念,但相关研究中对此较少提及。日本历年《东洋灯台表》的"解说"中均有"灯等级"表格,根据该表格可知,灯等级的影响因素包括镜机内径、镜机高度、能源类型和烛光数,依据前述影响因素,可将日本灯塔分为6个等级(其中第三等级分为"大""小"两类,另有"等外"类型)。1892年中文版《航标总册》提到,"灯之分等,以光而言,光大照远者为头等,以次至六等"①(1908年《东洋灯台表》也有几乎完全相同的表述)②,"光大"显然是由镜机尺寸的大小所决定,而"照远"则是指灯光射程,显然与能源类型、烛光数大小、大气能见度紧密相关(在灯光射程的计算中,大气能见度数据往往是给定的);即是说灯等级的划分是以镜机尺寸、能源类型和烛光数等为依据。由此看来,中日灯等级的确定都考虑多种重要影响因素、划分标准基本一致,唯一的不同是"中华民国灯塔分为七级,扬子江沿岸灯塔大半属于这类"③,而日本《东洋灯台表》则分六级(表6)。

表6 日本灯等级表(1938年)

名称 \ 等级	Ⅰ等	Ⅱ等	Ⅲ等 大	Ⅲ等 小	Ⅳ等	Ⅴ等	Ⅵ等	等外
折射器内径(米)	1 840	1 400	1 000	750	500	375	300	<300
折射器高度(米)	2 590	2 117	1 576	1 250	722	541	433	270
光源烛光数千枝 石油灯	—	—	—	—	—	—	—	18
光源烛光数千枝 石油蒸发白热灯	1~1.5	1~1.3	0.6~1	0.6	0.6	0.6	—	—
光源烛光数千枝 ピンチ瓦斯	—	—	—	—	—	0.045	0.032	0.008
光源烛光数千枝 アセチリン瓦斯	—	—	—	—	—	0.036	0.018	0.018
光源烛光数千枝 电灯(千瓦特)	1~2	1	1	0.75	0.5~0.75	0.3~0.5	0.3	—

表格来源:"解说",[日]水路部编:《东洋灯台表(昭和13年11月12日调查)》上卷,第2页。

---

① "凡例",《光绪十八年通商各关警船灯浮桩总册》,第1页。
② "凡例",[日]水路局编:《东洋灯台表(明治41年调查)》上卷,第4页。
③ "解说",[日]水路部编:《东洋灯台表(昭和13年11月12日调查)》上卷,第2页。

历年《东洋灯台表》的灯等级表格中镜机内径、烛光数等在不同等级灯塔中的分布是相对稳定的。约自1913年灯等级表格出现开始,到20世纪30年代之前,表格中并没有"电灯"的瓦数信息,其间镜机内径、烛光数等在不同灯等级中的分布保持不变。1936年电灯瓦数首次出现在该表格,直到1949年(二战后《东洋灯台表》内容缩减,只包含日本本土灯塔信息,改称《灯台表》),"灯等级"表格的格局维持不变。然而,其间灯塔各项指标的情况变化很大,这些指标与灯等级的实际关系并非如表格中规定的那样固定。

以1938年的日本灯塔的情况看,烛光数和灯等级的实际关系与日本灯等级表的划分存在巨大差异。例如本州东岸的尻矢埼灯塔[①]使用电灯,烛光数达2.5千瓦、灯光射程为18.5海里,但是该灯塔却没有明确的灯等级,其实以烛光数为标准,该灯塔2.5千瓦的电灯甚至已超出Ⅰ等灯塔的配置。同处本州东岸的銚子港龟岛灯塔[②],烛光数达1.1千瓦,但其同样没有灯等级信息。1938年共有56座既是以电力为能源,同时拥有明确等级的灯塔,将这些灯塔的烛光数信息与灯等级结合,可得到如下散点图(图9)。表6中Ⅰ等灯塔的电灯瓦数为1~2

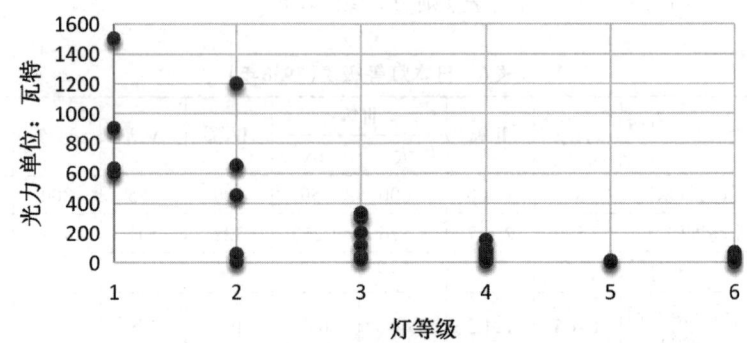

图9　日本本土灯塔灯等级与光力图(1938年)
数据来源:据相关年份《东洋灯台表》灯等级和光力信息整理、计算所得。

千瓦,但图9中多数Ⅰ等灯塔的真实瓦数都在1千瓦以下;表6中Ⅱ等灯塔的电灯瓦数为1千瓦,但图9中Ⅱ等灯塔的真实瓦数大都低于600瓦;表6中Ⅲ等灯

---

① [日]水路部编:《东洋灯台表(昭和13年11月12日调查)》上卷,第43页。
② [日]水路部编:《东洋灯台表(昭和13年11月12日调查)》上卷,第33页。

塔为0.75千瓦以上、Ⅳ等灯塔为0.5至0.75千瓦、Ⅴ等灯塔为0.3至0.5千瓦,但从图9可以发现这三个等级灯塔的真实瓦数分别低于0.4千瓦、0.2千瓦、0.1千瓦,都远远没有达到灯等级表格中的标准。

由此可见,尽管灯等级的划分具有一定意义,且《航标总册》《东洋灯台表》等均明确提出了灯等级的影响因素和划分标准,但灯等级表中的灯等级与影响因素的划分和灯塔真实的情况并不匹配。这说明灯等级表所提供的等级划分更多只是理论上的设想,并未完整应用到历年灯塔的等级划分和统计中;同样重要的问题是,划分灯等级的各项具体指标的权重并不明确,不仅难以推测未给出灯等级年份的情况,更难以应用到中国沿海沿江灯塔的等级划分之中。

总的来看,灯塔数量、狭义灯塔数量、镜机等级均可以呈现区域灯塔格局和灯塔重要性的某一个侧面,但灯塔数量分析忽视了狭义灯塔、灯浮、挂灯浮标等不同类型灯塔的差别,狭义灯塔数量分析忽视了其他灯塔类型的地位和意义,镜机等级虽然一定程度上可以反映各类灯塔的差异,但能源结构的变化使得灯光射程越来越远,原有镜机等级与增长的灯光射程越来越不一致,特别是对中国沿海而言,这一指标对大部分非中国海关管理下的灯塔难以适用。通过灯等级分析灯塔分布格局的方法相对比前述三种评价方法而言有一定的合理性,但由于这一标准在日本灯塔系统中也并未真正得到应用,更难以借此标准对中国沿海沿江灯塔进行评估,故以上数种指标均无法成为评估东亚区域内各个灯塔重要性和灯塔空间分布格局的可靠依据。

第四节　灯光射程与东亚灯塔空间体系分析

通过对灯塔数量、镜机等级、灯等级的分析,可知用以判断灯塔地位和准确呈现灯塔空间差异的不是单一的灯塔数量或镜机等级,也不是尚未在灯塔统计中实际应用的灯等级。在前述认识的基础上对各类灯塔表中大量指标梳理发现,有数种能够决定灯塔地位的关键因素,但这几种因素的作用和关系并不明确,仍有待进一步厘清。

一、灯光射程指标的意义

各类灯塔表的历年灯塔统计中涉及的指标有很多种,如1938年《航标总册》中包括编号、关区、灯名、地点、纬度、经度、灯光类型、闪烁间隔、晴天可见距离、颜色或灯塔材质、灯与满潮水面距离、建筑物高度、亮灯年份、照明设备等级、备注共15项;而同期的《东洋灯台表》包括区域、番号、名称、种类、初点之年、位置、北纬、东经、灯光颜色、灯光数量、灯质、闪烁周期、烛光数、等级、灯高、光达距离、灯塔构造、灯塔高度、备注,更是多达19项。一般来说,灯塔表中各种指标对于理解灯塔的地位和作用都有其独特的价值,但每种指标的意义或价值仍然存在差别。

尽管第三节中基于镜机等级、灯等级探究灯塔空间体系的方法并不可行,前述分析仍具有不能忽视的意义,即由此认识到在灯塔表所统计的众多指标中有数种指标更为重要。再结合近代灯塔的技术发展历史,可知镜机等级、烛光数(或电灯瓦数)、光力、能源类型、灯塔高度、灯光射程是影响灯塔地位的几种关键指标。

第一,镜机等级、烛光数和光力。镜机等级即镜机大小,是镜机的决定因素;烛光数,或称电灯瓦数,也就是当代所称的光源亮度;光力则是指灯塔的发光强度,近代各类灯塔表中并未直接统计此项指标。班思德曾以镜机等级与烛光数相比,称"镜机等级所能暗示于吾人者,仅光力大小之轮廓耳,挽近世界新式灯塔,率多设二等镜机,而二等镜机,仅有镜片数块,以视头等镜机镜片为少,然所发闪光之烛力,则较头等灯为强烈也"。[①]班思德认为,尽管镜机等级自有其重要性,但固定不变的镜机等级一项指标难以反映灯塔发光强度(光力)的变化;而光源亮度(烛光数)则随灯塔技术的发展和新式能源的利用而不断提高,并反映到灯塔的发光强度中。光源亮度与灯塔的发光强度成正比;镜

---

① [英]班思德:《巡工司及总工程司之灯塔释例》,《中国沿海灯塔志》,第4~5页。

机等级与灯塔发光强度也成正比。可以说，镜机等级和光源亮度是影响灯塔发光强度的两项关键因素。

第二，能源类型，包括先后出现的植物油或煤油、平楚瓦斯、电石瓦斯、电力等。植物油为近代早期灯塔的主要发光燃料，其灯烛光数较低；煤油灯烛光数高于植物油灯，而植物油和煤油一般不用于重要灯塔；平楚瓦斯由煤油制炼压缩而成，常用于灯浮等不太重要的灯塔类型；电石瓦斯也是一种压缩气体燃料，在20世纪二三十年代应用较广；而随着时间的推移，电力则越来越占据主流地位，较为重要的灯塔往往以电力为能源。能源类型差异会反映到烛光数上，不同能源的灯可提供的烛光数上限差别巨大（表6），对烛光数有不同需求的地点选择不同的能源种类。

第三，灯塔高度。《航标总册》的统计中涉及建筑物高度和灯与满潮水面距离两个概念，此处指的是后者，即灯的海拔高度。

第四，灯光射程。日本《东洋灯台表》、《日本航路标识便览表》和《诸标便览表》等均称为"光达距离"；英文版《航标总册》称"Miles Seen in Clear Weather"，单位均为海里；中文版《航标总册》称"晴时应照若干里"，单位为里，具体里数是按海里的三分之一计算所得。在灯光射程的计算上，《航标总册》认为"凡言灯光晴照若干里者，系以人立之处高于水面一丈三尺计算，又光照之远近应依灯之等数、置之高低核计，然间有光力不足照至应得之里数者，则按其灯光实在照及之里数查明入册"①，可以发现《航标总册》中的灯光射程包括两类，一类是于"水面一丈三尺计算"（《东洋灯台表》将高度规定为5米②）所得的距离，称为"地理视距"；另一类则是"光力不足照至应得之里数"时，根据灯光实际照射远近所得的距离，称为"光力射程"。

在镜机等级、烛光数（或电灯瓦数）、光力、能源类型、灯塔高度、灯光射程几项指标中，能源类型最终是反映到光源亮度（烛光数）之中，而光源亮度和镜机等级共同决定了灯塔发光强度（光力）。故根据这些关键指标分析灯塔的地位问题时，重点就在于厘清灯塔高度、灯塔发光强度与灯光射程（光力射程和

---

① "凡例"，《光绪十八年通商各关警船灯浮桩总册》，第1页。
② "凡例"，[日]水路部编：《东洋灯台表（昭和13年11月12日调查）》上卷，第2页。

地理视距)的关系。

计算光力射程的公式如下①：

$$I = 3.43 \times 10^5 \times Ed^2 \ T^{-d} \qquad 公式1$$

公式1中：

E——照度阈值(lx)，即对于给定背景照度，点光源引起人眼视觉反应的最小照度值；

I——灯塔的发光强度(cd)，即近代所说的光力，与光源亮度成正比，镜机等级与发光强度也成正比；

T——大气透射率，是一光源的光沿海平面通过大气中规定的距离后所保留的比率；

d——光力射程(n mile)，即在给定时间内观察者眼睛能够看见给定灯光信号的最大距离。

公式1是当代计算光力射程的一般方法，虽然不能轻易套用于近代光力射程计算，但二者基本理念是一致的。在公式1所涉及各个变量中，国际航标协会规定将大气透射率定为0.74，②同时建议将0.1lx作为夜间照度阈值的上限，③也就是说，一般情况下大气透射率和照度阈值是给定的；此时，灯塔的发光强度(光力)就成为光力射程的唯一决定因素，这一关系同样适用于近代。可以发现，镜机等级、能源类型、烛光数对灯塔的影响在于决定了灯塔的发光强度，而发光强度最终表现为光力射程。

又知计算地理视距的公式如下④：

$$d = 2.078(\sqrt{H} + \sqrt{h}) \qquad 公式2$$

公式2中：

---

① 王英志主编：《航标学》，大连：大连海事大学出版社，1997年，第42页。
② 《国际航标协会助航指南》，中华人民共和国海事局译，北京：人民交通出版社，2003年，第18页。
③ 《国际航标协会助航指南》，第35页。
④ 王英志主编：《航标学》，第42页。

d——地理视距(n mile)，指目标或来自光源的光当只受地球曲率、大气折射、目标或灯标的海拔高度和观察者的眼高限制时，理论上能被观察者看到的最大距离；

H——目标或灯标的海拔高度(m)；

h——观察者的眼高(m)。

公式2为当代计算地理视距的一般方法，其中观察者的眼高在近代和当代的地理视距计算中均规定为5米或相当于5米；当观察者眼光是一个给定值时，目标或灯标的海拔高度(即灯塔高度)就成为地理视距的唯一决定因素。也就是说，灯塔高度的影响表现为灯塔的地理视距。

综合来看，由公式1可知发光强度决定了光力射程，公式2表明灯塔高度决定着地理视距，而光力射程和地理视距是灯光射程在不同条件下的应用形式；也就是说，灯塔各类关键指标对灯塔的作用最终都以灯光射程距离来呈现。

其实，船只在航行中迫切需要的正是尽早、距离危险处比较远时能看见灯塔发出的光线，同时也需要依据灯光的引导选择最便捷的航行线路，故对于船只而言，最重要的就是灯光可见距离，即灯光射程。灯光射程的远近往往决定了一座灯塔在灯塔空间体系中的地位。基于同样的原因，当代《中国海区助航标志表》[①]亦以灯光射程为核心指标(如将灯光射程在15 n mile以上的灯塔进行特别标注)，同时不直接统计镜机等级、光源亮度(烛光数)、灯塔发光强度等信息。

前述讨论解决了选择灯光射程作为分析灯塔空间体系指标的必要性问题，而选择灯光射程指标的可行性则是相对于其他指标而言的。

从数据的完整性看，近代有大量灯塔并未纳入海关镜机分级系统，大部分年份和许多地区的统计中并没有提供灯的烛光数，故除了考虑这些指标与试图解决的问题之间的匹配度外，数据完整性的缺失也阻碍了这类讨论的展开。看似相对合理的灯等级划分也没有根据镜机等级、烛光数等具体指标的年际变化而进行等级的更新，以此指标讨论灯塔的空间体系会因数据的不准确而

---

① 中华人民共和国海事局：《中国海区助航标志表(东海海区)》，北京：人民交通出版社，2016年。

存在明显的风险。但灯光射程则非如此,除特殊情况外,《航标总册》和《东洋灯台表》可以提供比例更高的灯塔灯光射程信息,且各个年份的灯光射程信息会及时更新。所以,从数据完整性和可靠性看,灯光射程也要优于其他一些常见指标,据此分析灯塔空间体系可以获得更为准确的结果。

二、灯光射程的基本分析

作为镜机等级、能源类型、烛光数(或电灯瓦数)、光力等重要指标作用于灯塔的最终呈现形式,灯光射程将担负起评估各个灯塔地位和灯塔空间分布格局的角色。通过梳理不同灯光射程灯塔的总量变化过程和不同类型、不同灯塔区的变化情况,分析不同灯光射程的灯塔发展的基本脉络。对不同灯光射程灯塔的划分存在多种标准,如在讨论狭义灯塔的性能时,一种观点认为其"灯光射程通常在 10 n mile 以上"[①],《中国海区助航标志表(东海海区)》和英国 Admiralty List of Lights and Fog Signals 均规定对灯光射程在 15 n miles 以上的灯塔特别标注,中国海关《航标总册》并未对灯光射程进行划分,而日本《灯台局年报》按照距离将灯光射程分为 6 个部分。下文作为对灯光射程的基本分析,且日本《灯台局年报》的划分涉及了不同灯光射程之间更为细致的差异,故以《灯台局年报》的划分方式为基础,将 1908 至 1938 年间东亚灯塔按照灯光射程的距离远近分为 6 个组(表 7)。从各个年份的灯光射程来看,1908 年灯光射程在 10 海里以下的灯塔占比高达 59%,尽管之后的年份有所下降,但仍然是数量最多的;同时,射程未知的灯塔在 1908 年仅有 16 座,此后保持高速增长,到 1938 年已经达到 580 座,占该年灯塔总数的比重达到 30%。从 1908 年至 1938 年,灯塔总数增长了三倍多,其中,灯光射程未知和灯光射程在 10 海里以下的灯塔的数量增长最为惊人。10~15 海里的灯塔占总数的比重稳中有增,从 1908 年的 12% 上升到 1938 年的 21%。射程未知和灯光射程小于 15 海里的灯塔合计占各个年份灯塔总数的比重均在 75% 以上,这些灯塔从数量上仍然占多数。而 1908 至 1938 年间,灯光射程在 15 海里以上的数量占灯塔总数的比重从 1908 年

---

① 王英志主编:《航标学》,第 65 页。

的24%降至1938年的14%,可见这类灯塔增长缓慢、增长率低于东亚灯塔增长的平均水平。

表7 不同灯光射程的东亚灯塔数量表

年份 \ 射程	射程未知	≤10海里	10~15	15~20	20~25	25~30	≥30	总计
1908	16	246	49	60	38	5	0	414
	4%	59%	12%	14%	9%	1%	0%	100%
1918	181	261	116	88	56	10	0	712
	26%	37%	16%	12%	8%	1%	0%	100%
1928	271	311	215	119	78	16	3	1013
	27%	31%	21%	12%	8%	1%	0%	100%
1938	580	687	387	135	84	28	7	1908
	30%	36%	20%	7%	4%	2%	1%	100%

资料来源:据《航标总册》《东洋灯台表》历年灯塔统计数据计算所得,1938年辽东半岛数据来自该年《东洋灯台表》的关东州和辽东半岛部分。

从不同类型灯塔的灯光射程来看,[①]狭义灯塔、灯竿、挂灯浮标、灯标、灯船、导灯六种类型的灯光射程有明显差异(表8)。灯船数量不多,几乎全部灯船的射程都属于未知;148座导灯,大都也属于射程未知或射程在10海里以下的类型;灯标也仅有119座,大都属于15海里以下的类型。前述灯船、导灯和灯标的共同特点是灯光射程均为超过15海里。在这些灯塔类型中,狭义灯塔的数量最多,其次是灯竿和挂灯浮标,三者数量都远远领先于其他类型,但灯竿和挂灯浮标主要都属于灯光射程未知和灯光射程小于10海里的情况;而狭义灯塔中,灯光射程未知的仅5座,大部分狭义灯塔的灯光射程属于10~20海里之间。另外,灯光射程在15海里以上的灯塔中,挂灯浮标、灯标和灯船三种类型灯塔的数量均为零,而灯竿和导灯的数量也非常少;狭义灯塔有238座,约占狭义灯塔总数的三分之一,而占灯光射程在15海里以上灯塔数量的比重达93%。

---

① 由于《航标总册》未提供灯塔的具体类型,故表7关于中国不同灯塔类型的数据与东亚其他地区的数据一样来自《东洋灯台表》,而非本书常用的《航标总册》;同时,表7不包括日本的两座潮流信号塔和其他类型未知的灯塔。

表8　东亚各类灯塔的灯光射程表(1938年)

类型\等级	射程未知	≤10海里	10~15	15~20	20~25	25~30	≥30	总计
挂灯浮标	64	178	1	0	0	0	0	243
灯标	14	59	46	0	0	0	0	119
灯船	64	3	5	0	0	0	0	72
灯竿	113	202	58	4	3	1	0	381
导灯	49	63	26	9	1	0	0	148
狭义灯塔	5	175	238	125	80	26	7	656

资料来源:据1938年《东洋灯台表》灯光射程和灯塔类型相关信息计算所得。

总的来说,各种不同距离灯光射程的灯塔在不同时期的增长和不同灯塔类型中的分布存在巨大差别,这一方面说明讨论不同灯光射程灯塔之间时间和空间差异有很重大的意义,另一方面也说明选择适当灯光射程距离用以进行灯塔内部划分的必要性。通过对表7、表8的分析发现,在灯光射程的六个分组中,灯光射程在15海里以下和15海里以上的灯塔之间存在一条明显的分界线;而灯光射程在15海里以上的灯塔也正是《中国海区助航标志表(东海海区)》和英国 *Admiralty List of Lights and Fog Signals* 特别标注的。以15海里为分割点,可将不同灯光射程的灯塔分为近光灯塔和远光灯塔。近光灯塔虽然数量占比高,但多数近光灯塔成本较低、设置简单且往往无人看守,单个近光灯塔在灯塔空间体系中的地位并不突出;而远光灯塔往往建造成本高、建造的位置重要且一般有人看守,这类灯塔在航运网络中占有十分关键的地位。以下对不同灯光射程灯塔的重要性和空间体系的分析,也将以15海里灯光射程所划分出的近光灯塔和远光灯塔为主要对象展开。

三、不同灯光射程灯塔的分布格局

自1855年上海铜沙灯船设置开始,东亚灯塔不断新建,从1908年的414座上升到1938年的1908座,增长了近四倍。其中,近光灯塔在1908年占了四分之三,此后占比还不断提高,到1938年占比达到86%;而远光灯塔占灯塔总数

/ 第一章 /
航海之要：近代东亚灯塔空间体系

的比重则相应地出现持续下降的情况。近光灯塔和远光灯塔在增长趋势上呈现的差异，也同样表现在两种灯塔的区域分布上。下文将以第二节所划分的东亚35个灯塔区为基础，分析近光灯塔和远光灯塔的区域分布差异，并进一步探讨这种现象所反映出的近光灯塔和远光灯塔之间重要性的差别和灯塔空间分布格局的特点。

从东亚的灯塔分布来看，由于近光灯塔具有成本较低、易于建设和管理的特点，故早在1908年东亚35个灯塔区绝大部分都已建设有近光灯塔，接下来数十年时间里，各个灯塔区的近光灯塔总体上都呈现出增长的趋势（图10）。

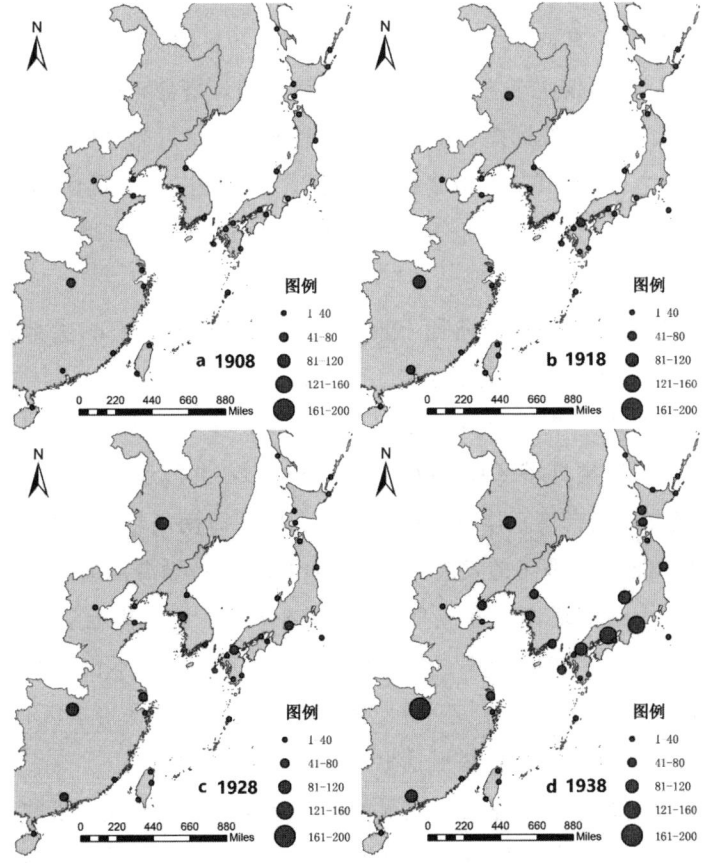

图10　东亚近光灯塔分布图

资料来源：据《航标总册》《东洋灯台表》历年灯塔统计数据整理、计算所得，1938年辽东半岛数据来自该年《东洋灯台表》的关东州和辽东半岛部分。

但各个灯塔区近光灯塔的增长节奏则存在明显差异。1908年时长江中游地区的近光灯塔数量已呈现一枝独秀,并且将这种增长优势长期保持,到1938年该灯塔区的近光灯塔数量达到194座,远远超出其他灯塔区。哈尔滨区的情况与长江中游类似,近光灯塔的建设高潮在1912年已经到来,并且在1924年左右迎来第二波发展高潮。但长江中游和哈尔滨区所建设的灯塔几乎全部是灯光射程未知的类型,截至1938年二者共建设灯光射程未知的灯塔达310座,占该类型灯塔的一半以上,可见即便与近光灯塔在其他灯塔区的建设相比,同属于内河流域的哈尔滨和长江中游灯塔区对灯塔性能的要求也并不高。另一类灯塔区的近光灯塔建设则表现出后发优势,最典型的是日本内海东部,该区在1928年近光灯塔数量仅有36座,此后十年以年均增长9座的速度增长,到1938年总数已达126座,成为仅次于长江中游和本州南岸的灯塔分布密集区。若考虑到内海东部拥有的海岸线远短于多数灯塔区且该区一半近光灯塔的灯光射程都在8~15海里之间,则其近光灯塔的发展水平更显得惊人。同时,本州北西岸和本州南岸的近光灯塔发展也表现出后发优势,这类后发灯塔区的近光灯塔普遍射程较远。

与前述近光灯塔在某个阶段出现高速增长的灯塔区相比,大部分的灯塔区的建设进程较为平稳或偏于缓慢。如长江下游、广东沿海和日本内海西部等,其增速并不高,但却长期保持增长。而许多灯塔区的近光灯塔建设呈现发展缓慢的特点,这类灯塔区数量众多,如千岛群岛、北海道北岸、北海道东岸、海南岛、福建沿海、台湾东岸、南方诸岛等。其中,海南岛早在1894年已建成2座近光灯塔,经过40多年的发展,到1938年也仅4座;渤海湾的灯塔初建为时更早,1880年大沽灯塔即已建成亮灯,到1908年渤海湾沿岸已有10座近光灯塔,1918年这一数字变成12座,但到1938年该区近光灯塔不仅没有增长反而减少了1座。截至1938年,东亚近光灯塔数量在10座以下的灯塔区有10个,近光灯塔数量在40座以下的灯塔区达19个。

东亚近光灯塔的发展呈现出明显的区域差异。中国近代灯塔的出现远早于日本,近光灯塔的发展高潮也较早出现在中国的长江中游、哈尔滨等区域;但呈现出后发优势的灯塔区则普遍分布在日本太平洋沿岸区域;此外,日本东北、南方和中国东南部的许多灯塔区的近光灯塔发展较为缓慢。各个灯塔区近光灯塔的发展变化反映了不同区域、不同时期航运事业的发展水平的差异。就单个灯塔的重要性而言,近光灯塔是无法与远光灯塔相比拟的;但在许多地理环境复杂、船只航行频率较低的区域,一个个近光灯塔却发挥着其独有的作用。尽管灯光射程往往不远,但大规模近光灯塔的建设仍是近代航运事业的重要保障。

由于建造成本和功能等方面的差异,东亚远光灯塔的分布与近光灯塔颇为不同。远光灯塔最多时占灯塔总数的四分之一,到1938年降至六分之一;1938年,远光灯塔分布最多的灯塔区也仅有20个左右,数量上与近光灯塔差距明显。1908年尚无远光灯塔分布的灯塔区有8个,此后有所减少,到1938年仍有5个灯塔区无远光灯塔,分别是北海道东岸、渤海湾、海南岛、长江中游和哈尔滨区。除北海道东岸位于日本东北部外,剩下4个均位于中国;而位于中国的4个灯塔区中有2个的近光灯塔分布数量排名前列,可见远光灯塔与近光灯塔的不同分布规律。从不同阶段远光灯塔的增长节奏看,中国沿海的山东半岛、福建沿海、广东沿海,朝鲜西岸,日本本州北西岸、本州南岸、内海西部的远光灯塔建设数量在1908年已领先于其他灯塔区。朝鲜西岸在此基础上,率先迎来发展高潮,到1918年其远光灯塔已达18座,领先于中国和日本本土的其他灯塔区,足可见这一时期朝鲜总督府在灯塔建设上的重视程度。也有部分灯塔区的远光灯塔在早期发展并不顺利,在后期却出现爆发型增长,如九州西岸到1918年都还没有远光灯塔,但1928年猛涨至14座,年均有1座以上的远光灯塔亮灯,成为这一阶段增长最为突出的灯塔区。

有一些灯塔区远光灯塔的发展颇为缓慢,甚至出现停滞或倒退。长江下游在近代航运和贸易中的重要性是不言而喻的,东亚最早的近代灯塔即出现在该灯塔区。长江下游在1908年已建成5座远光灯塔,但此后增长缓慢,到1918年时有8座,而1928年却出人意料地降至6座,此后长期维持这一数量,远光灯塔的建设陷入停滞状态。日本内海西部也属于这种类型,其在1908年已建成8座远光灯塔,1918年为11座,这一数字保持到1928年,但到1938年时,该区的远光灯塔不增反减,降至10座。增长缓慢甚至停滞的灯塔区远不止于此,北海道北岸、台湾西岸的远光灯塔均发展缓慢,而千岛群岛、南西诸岛、台湾北岸、浙江沿海的远光灯塔发展则长期陷入停滞。

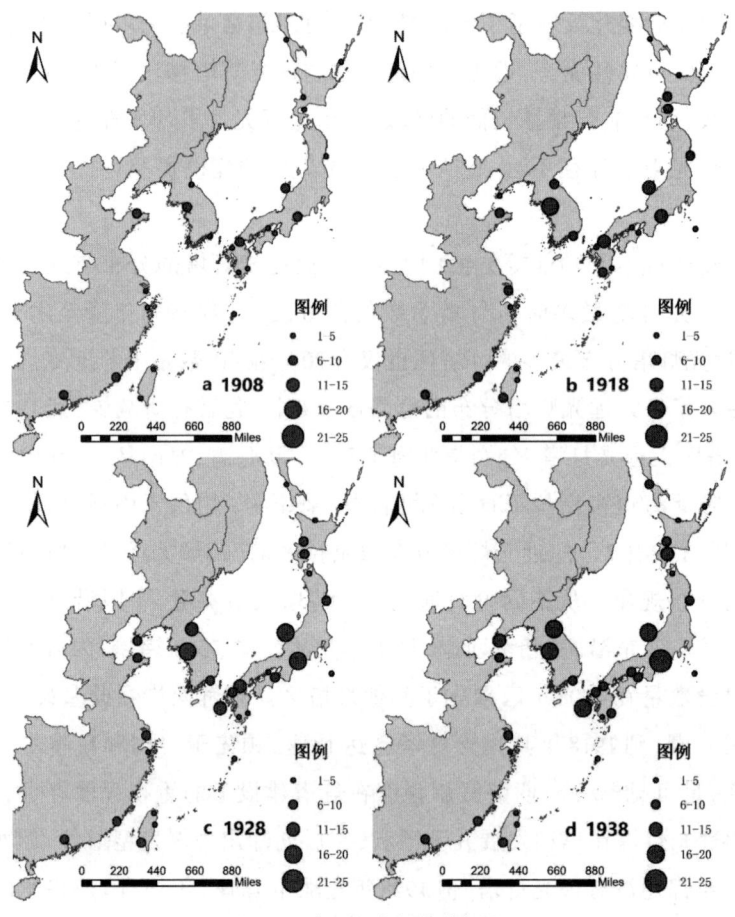

图 11　东亚远光灯塔分布图

资料来源：据《航标总册》《东洋灯台表》历年灯塔统计数据整理、计算所得，1938年辽东半岛数据来自该年《东洋灯台表》的关东州和辽东半岛部分。

就东亚近光灯塔和远光灯塔发展和分布的总体态势来看，近光灯塔的分布从19世纪下半叶开始即大量分布在中国长江流域，而哈尔滨区的近光灯塔建设则在20世纪初取得重大发展，1934年以来，"海关在长江之助航设施，以上游为中心"①，长江沿线的宜昌、重庆的近光灯塔数量又迅速增加。这些发展使得以哈尔滨区和长江流域为主的中国内河流域成为东亚近光灯塔分布数量最

---

① 财政部海关总税务司署编：《十年来之海关》，重庆：中央信托局印制处，1943年，第24页。

第一章
航海之要：近代东亚灯塔空间体系

多、最具代表性的区域。此外的近光灯塔一般分布在各个港口内,为船只进出港提供安全保障。远光灯塔的发展则呈现出以日本主导的态势,在日本本土和殖民地均有明显增长。在日本占领之前,台湾地区灯塔极少,但到1938年台湾仅远光灯塔就有18座;朝鲜灯塔的建设起步于20世纪初,但发展比台湾更快,1918年就已建成远光灯塔36座,1938年达到45座;日本本土的远光灯塔在1938年更是高达147座。与此相对的是中国大陆沿海区域的远光灯塔建设十分缓慢,即便是长江下游的远光灯塔数量到1938年也仅停留在个位数。中国沿海共有远光灯塔44座,而这些灯塔大量分布于外国占领区或租借地,最主要的原因是作为近代科技革命的发源地,"欧美各处灯塔,比来相率设置电灯……惟中国灯塔,则尚未采用之耳"①。西方国家在其位于中国的租借地或占领区内率先采用了较为先进的设备和能源,特别是电力的使用对于灯光射程的增加有极大的推动作用,所以可以发现远光灯塔密集分布于外国管区的特点。以日本管理下的辽东半岛为例,1938年有79座灯塔,其中35座已采用电力作为能源,其中11座都属于远光灯塔,刚好占中国沿海远光灯塔的四分之一。

总的来看,灯塔类型多种多样,各种灯塔的地位和作用各不相同。以各个灯塔区的灯塔数量而论,仅能观察到灯塔分布的大致轮廓,而无法准确得出各个区域的具体差异。相对灯塔数量而言,镜机等级在灯塔发展早期是分析灯塔在不同关区分布的重要指标。但镜机等级划分的主要依据是镜机的尺寸而非更为关键的灯光射程,20世纪开始瓦斯、电力等新式能源的大量采用使得灯塔灯光射程明显增加,而镜机等级划分标准却没有改变,故镜机等级也越来越难以反映灯塔的发展水平。理论上可行的灯等级划分体系则长期未能实行,故相关等级划分与灯塔的真实情况并非保持一致。而根据近代灯塔的特点并结合当代灯塔的评判标准进行分析,可知镜机等级、能源类型、烛光数(或电灯瓦数)、光力等重要指标对灯塔分布和灯塔地位的影响最终都是通过灯光射程来呈现。通过对以灯光射程为标准划分的远光灯塔和近光灯塔的观察,发现在近代东亚的灯塔体系中,不同射程灯塔的发展存在明显的区域差异,中国内河流域的近光灯塔数量众多,而远光灯塔的发展则是在日本主导下的区域表现得更为成功。

---

① [英]班思德:《巡工司及总工程司之灯塔释例》,《中国沿海灯塔志》,第9页。

小　结

本章主要利用历年日本《东洋灯台表》和英文版《航标总册》所统计的东亚各个灯塔的位置、类型、镜机等级、亮灯年份、灯光射程等相关信息进行分析。第一节通过贯穿近代的灯塔数量变化,简述了中国大陆、日本、台湾地区、朝鲜半岛的灯塔发展历程。第二节在对东亚各地区灯塔有了基本认识的基础上,对各种材料中灯塔分布的区域划分标准进行比较,提出了东亚"灯塔区"的概念。第三节是以灯塔区的划分为基础,对部分常见指标如灯塔数量、镜机等级、灯等级在分析灯塔空间体系中的价值和不足进行评价。第四节则是通过对灯塔灯光射程的评估,认为相对于第三节中各项指标而言灯光射程是分析灯塔空间体系更为适合的指标;并对不同灯光射程的灯塔进行了观察,进一步分远光灯塔和近光灯塔进行灯塔空间体系的探讨。

本章有以下两点认识,一是结合东亚灯塔分布和灯塔相关统计的特点,提出"灯塔区"概念。在对日本《航海指针》《东洋灯台表》《诸标便览表》《航路标识便览表》和中国海关《航标总册》《中国沿海灯塔志》进行对比分析后发现,以1938年《东洋灯台表》和英文版《航标总册》提供的信息为基础,可将东亚灯塔划分为35个灯塔区,灯塔区的划分打破原有的以不同管理主体为界限的区域划分(如《中国沿海灯塔志》中即不会涉及非中国海关管理下的灯塔和区域),让区域划分与实际航海活动的船只关注灯塔本身而非灯塔管理主体的情况更为符合;同时东亚的各个灯塔区的区域大小适中、规模趋于一致,便于展现东亚灯塔的分布格局。

二是通过对比发现灯塔灯光射程是用于分析灯塔空间体系相对合理的指标。通过对狭义灯塔数量、灯塔总量、镜机等级和灯等级的分析可知,单纯的数量统计无法反映各类灯塔的近代化水平和重要性的差异;而以镜机等级分析则可能因镜机等级重要性在近代前期和后期的差异而产生认识偏差。分别以上述指标对灯塔进行分级以评价其空间体系和区域差异的方法有着单一指

/ 第一章 /
航海之要：近代东亚灯塔空间体系

标通常所存在的缺陷，无法兼顾其他重要指标；相对而言，通过灯等级分析灯塔分布格局的方法相对比前述三种评价方法而言有一定的合理性，但由于这一标准在日本灯塔系统中也并未真正得到应用，更难以借此标准对中国沿海沿江灯塔进行评估。实际上，灯塔各类关键指标对灯塔的作用最终都以灯光射程距离来呈现，而灯光射程也是航行于水上的船只最为关心的灯塔信息，并且，灯光射程还是一种可以将不同管理主体、不同类型的灯塔普遍纳入评价体系中的指标。基于灯光射程的分析则可以更加准确地呈现近代东亚的灯塔空间体系，灯光射程是观察近代东亚灯塔发展更恰当的选择。就东亚区域而言，日本和其他外国政府管理下的灯塔较早采用新式设备和电力等新式能源并逐步推广，与此相对，中国海关和其他主体管理下灯塔的能源结构相对传统。中国大陆沿海远光灯塔中属于外国政府特别是日本政府管理的比例较高，而在日本本土、朝鲜半岛和台湾地区则更是有大量日本管理之下的远光灯塔。

第二章　镜鉴英美：东亚灯塔资金的征集与分配

充足的资金是灯塔建设运行得以顺利进行的基本保障。对于近代东亚的灯塔发展而言，首先需要理清的就是各个国家和地区是否拥有一套行之有效的制度以进行灯塔资金的征集和分配；如果有，这套制度是如何产生的。相关制度又是如何对灯塔资金的征集和分配进行规范，从而使得资金的征集变得合理且资金的分配变得有效率。这些问题都与近代东亚灯塔事业进程紧紧联系，与灯塔建设进程中东西方各个国家不同主体担负的角色、发挥的作用密切相关。但是，由于对以近代中国船钞为代表的主要灯塔资金的制度起源的判断不够准确（如顾宇辉认为近代中国海关船钞与明清时代的船钞存在制度上的继承关系，同时又与一种"国际上通行"的吨税具有共同特征）[1]，同时对日本主要灯塔资金的起源缺乏深入探讨，导致已有研究在灯塔资金问题乃至对东西方在灯塔建设进程中角色的认识方面产生了误解。

第一节　近代东亚灯塔资金的制度背景

近代东亚的灯塔建设和管理的主体类型多样，相应地，灯塔资金来源也各不相同。各国家或地区内，灯塔建设往往由某个特定机构主导。海关主导下

---

[1] 顾宇辉：《船钞稽考》，《国家航海》2011年第1辑，第34～47页。

的中国灯塔资金主要来源称船钞(吨税),递信省主导下的日本灯塔资金主要来源前有标费、船税,后基本为吨税所替代;早期台湾与中国其他区域同是船钞,日本殖民下的台湾和朝鲜同日本本土一样是吨税。以上各类税费的制度来源和相互关系如何,是一个尚未理清的问题。以中国近代海关船钞而言,对其制度起源和性质的研究存在多种不同看法。故以下对中国海关船钞的分析可以明确其制度特征,以更好地理解近代海关船钞的制度渊源,同时也将有助于加深对日本吨税及其他税收种类的认识。

一、中国船钞的已有认识

船钞以其自明清以来在中国税收结构中的重要地位,成为税收制度史关注的重点;同时,船钞也是近代中国一个重要的税收概念,由此成为近代税制史研究的对象。目前,已有部分学者对明清船钞和近代船钞进行研究,但两种研究各不相通:研究明清船钞的论著并不涉及近代船钞,[①]而研究近代船钞的论著罕见述及其与明清船钞的关系。[②]陈诗启《中国近代海关史(晚清部分)》也只是提到"近代中国的国际条约一般都规定,华洋商人洋式船只出入通商口岸,都由海关征收船钞,船钞的征收数额,都由条约规定;连船钞的使用,也受条约的限制"[③],从中可知近代船钞与条约规定有关,但仍难以获知船钞的制度渊源。相关记载和研究的缺乏,使得对近代船钞的制度起源难以有清晰的认识。当然,对于被忽视的近代船钞制度起源问题,也有少部分论著有所涉及,如《中国税制史》认为吨税"本创始于明代宣德四年(1429年)之船钞,然现在纳税标准既以吨不以船,纳税手段既以币不以钞,故称吨税为是"[④];《财政

---

① 魏林:《明钞关的设置与管理制度》,《郑州大学学报(哲学社会科学版)》1986年第1期,第94~102页;李金明:《清代海关的设置与关税的征收》,《南洋问题研究》1992年第3期,第78~90页。
② 贾士毅:《民国财政史》,第469页;胡钧:《中国财政史》,上海:商务印书馆,1920年,第354页;黄序鹓:《海关通志》,第752~770页。
③ 陈诗启:《中国近代海关史(晚清部分)》,北京:人民出版社,1993年,第171页。
④ 吴兆莘:《中国税制史》,第202页。

年鉴》指出"我国海关征课船钞,始于前清乾隆十八年即(西历一七五三年)"①,而1843年中英《五口通商章程:海关税则》中对船钞的规定只是一次税率调整而已;顾宇辉的《船钞稽考》一文对此问题进行了更为专门的探讨,文中提到《望厦条约》生效后,"清代沿袭明代以丈量船梁的方式进行交纳船钞的方式正式废止……船钞正式以吨税的形式进行征收,后来也一直延续了下去"②,"船钞肇事于明宣德年间,清前期得以承袭,鸦片战争后,逐渐等同于吨税"③。《中国税制史》《财政年鉴》《船钞稽考》等论著均认为近代船钞在制度上与明清船钞存在明确的继承关系,区别主要在于丈量方式、纳税手段等形式上的不同。顾宇辉更进一步讨论了船钞与吨税的关系,认为尽管历次中外通商条约中将船钞"等同于当时国际上通行的吨税",且许多"后来的学者"将船钞等同于吨税,但"船钞与吨税还是有所区别的"。④

其实《中国税制史》《财政年鉴》等近代著作对明清船钞与近代船钞的关系只是简单提及;从这一角度看,顾宇辉对明清船钞到近代船钞的贯通性研究颇具创新意义。但令人遗憾的是,《船钞稽考》的论述似乎让船钞发展的历史变得更加迷雾重重。第一,顾宇辉称"船钞与吨税还是有所区别的",这里的"船钞"指向不明,若是指明清船钞与吨税仅仅"有所区别",何以在近代早期以英国人为代表的西方贸易者为此问题与清政府争论不休?第二,若是指近代船钞与吨税仅仅"有所区别",何以民国时期各国纷纷要求取消船钞税,而1931年方裁撤民船船钞,1945年却又开始征收吨税?第三,作者在没有任何关于其他国家吨税资料的情况下认定船钞"等同于当时国际上通行的吨税",19世纪四五十年代是否存在国际通行的吨税?

对前述问题的考察可以分为两步,一是明清船钞与近代海关船钞的关系;二是近代海关船钞与各国相关税种的关系。下文将以传统史料和多种来源的新资料为基础,在理清近代海关船钞(吨税)与明清船钞关系问题的基础上,结合各国相关税收制度分析近代海关船钞的制度特征。

---

① 财政部财政年鉴编纂处:《财政年鉴》,第418页。
② 顾宇辉:《船钞稽考》,《国家航海》2011年第1辑,第41页。
③ 顾宇辉:《船钞稽考》,《国家航海》2011年第1辑,第46页。
④ 顾宇辉:《船钞稽考》,《国家航海》2011年第1辑,第41页。

二、近代中国海关船钞与明清船钞比较

明清船钞和近代海关船钞系中国历史上先后出现的税费种类,且征收对象都是船只(商船),这种关系容易让人理所当然地认为二者存在继承关系。但先后关系与因果关系有着巨大的不同,真实关系如何需要在对两者特点和历史进行深入观察和比对的基础上得出。本书发现,在相同的"船钞"名称之下,明清船钞与近代海关船钞在测量方式、税收的额度与税种的地位、管理方法、税收用途上均有不同。

(一)测量方式不同

关于明清船钞征收中对船只的测量方式,《万历会计录》记载"原以货物多寡为率,后从简便,仍验船梁阔狭定收料银"①,《明史》也提到"始时钞关估船料定税,既而以估料难核,乃度梁头广狭为准,自五尺至三丈六尺有差"②,即最初是计算实载货物确定税额,后出于便利改为丈量梁头尺寸确定税额。清中前期沿袭明代之制,"丈量各船时梁头长阔丈尺,将应征银数递增递减"③。在对船只吨位的测量上,不论是计算货物重量还是丈量梁头,古代的标准并不能得到每艘船的准确吨位。

1877年,总税务司给各海关税务司的通令规定了十分明确的测量标准和步骤。④通令中将船只最上层甲板规定为量吨甲板,由量吨甲板获得船长,根据船长的不同将船只划分为多个等份(表9),量吨甲板的面积和船只的深度、宽度也被划分为多个等份分别进行测量,由此得到船只的总容量。在此基础上,还应减去引擎室的容量和其他需要扣除的部分,最终得到船只的净吨位。同时,通令还提到"由于所有亚麻和大麻制品都会缩水,所以必须使

---

① 《万历会计录》卷四十二,《钞关船料商税》。
② 《明史》卷八十一,《食货五》,第1977页。
③ 《粤海关志》卷八,《税则一》。
④ 《Tonnage Measurement Instructions》(1877年2月19日第15号通令),《中国近代海关总税务司通令全编》第2卷,北京:中国海关出版社,2013年,第64~72页。

用防水卷尺;而只有那样的卷尺不会因膨胀或偏斜或者因长期连续使用导致延长出现实际误差"①,可见该条款下对船只吨位测量的周密程度。通过对比还可以发现,通令中的吨位测量规则与现在通行的《1969年国际船舶吨位丈量公约》②总体保持一致,这也从一个侧面反映出该规则的科学性和合理性。

表9 船只长度分级表③

等级	长度L(英尺)	长度L(米)	等份
1	L≤50	L≤15.24	4
2	50＜L≤120	15.24＜L≤36.58	6
3	120＜L≤180	36.58＜L≤54.86	8
4	180＜L≤225	54.86＜L≤68.58	10
5	L＞225	L＞68.58	12

数据来源:《Tonnage Measurement Instructions》(1877年2月19日第15号通令),《中国近代海关总税务司通令全编》第2卷,第65页。

可以说,从测量的形式、内容和测量结果的精确度看,明清船钞与近代海关船钞确实存在明显的不同,近代海关船钞征收中对船只测量的科学性、合理性是明清时期丈量梁头所不及的。

(二)税收额度与税种地位的悬殊

明代船钞最初是因"船料不便查验"④,所以改为测量梁头尺寸,即明代征收船钞时开始丈量船的尺寸只是统计货物重量烦琐而采取的变通方法,故此时的船钞实质上就是货物流通税,是针对货物征收的基本税收。清代前期"各

---

① 《Tonnage Measurement Instructions》(1877年2月19日第15号通令),《中国近代海关总税务司通令全编》第2卷,第69页。
② 国际海事组织:《1969年国际船舶吨位丈量公约》,伦敦:国际海事组织,1969年。
③ 《Tonnage Measurement Instructions》(1877年2月19日第15号通令),《中国近代海关总税务司通令全编》第2卷,第65页。
④ 《万历会计录》卷四十二,《钞关船料商税》。

关抽征税料,俱照明季旧例"①,开埠之前粤海关征收的船钞即为海关正税,是海关关税最主要组成部分。故明清船钞在税收体系中占有举足轻重的地位。

与明清船钞不同,近代海关船钞税率很低,1843年所定船钞税率"比较以前减少约十有二倍"②,"与往昔极度沉重之船捐及丈量费形成鲜明对比"③。近代海关船钞征收的直接目的是用于航标建设和航道维护,故其税率低、实际征收额度较小,在海关征收的主要税收(即进口税、出口税、船钞等海关历年稳定征收的基本税收)中比重不高,长期来看,其占海关税收额之比在2%到5%之间波动,到1948年,所占比重甚至低至0.08%,在海关税收总额中已经微乎其微。

表10 船钞占海关税收比重表
(表中1868—1928年的税收单位为海关两,1948年为金圆)

年份	船钞	税收	比重
1868	203766.535	9307347.476	2.19%
1888	323312.023	16129625.901	2.00%
1908	1264915.222	27239513.273	4.64%
1928	2965928.176	79222088.802	3.74%
1948	186777.890	239626054.190	0.08%

数据来源:根据《中国旧海关史料(1859—1948)》相关年份税收统计数据整理所得。

可以发现,作为货物流通中主要税种之一的船钞和以航标建设、航道维护为直接目的的船钞在税收额度和税种地位上均存在明显差别,这是在判断二者关系时需要特别注意的情况。

(三)管理模式的差异

明代规定"所榷本色钱钞则归内库""折色银两则归太仓",④即船钞的收

---

① 《户部尚书巴哈纳等题为九江湖口抽税事本(顺治六年十月十八日)》,《历史档案》1982年第4期,第26~27页。
② 财政部财政年鉴编纂处:《财政年鉴》,第418页。
③ 《为船钞历史沿革及税率由每吨关平银0.4与0.1两改为每吨国币0.65与0.15元并取消甲板船钞事》(1933年3月14日第4584号通令),《旧中国海关总税务司署通令选编》第3卷,第217页。
④ 《大明会典》卷三十五。

/ 第二章 /
镜鉴英美：东亚灯塔资金的征集与分配

入和支出都由中央财政统一安排。清中前期赋税仍归户部，"顺治初，定各省关税，专差户部司员督征"①，而粤海关征收的税收中，不止船钞和货物税等正税，规银等其他杂税也要"随同正税解部"②，由户部统一管理。

与明清船钞不同，近代海关船钞并不是归入中央财政统一分配的，这其中有个变化的过程。1865年，总税务司通令提出"自本季度即第18季度始，于各季末向本口岸海关监督申请拨发本季度所收之一成船钞。拨到后，如未接到其他处理办法之指令，应以最省俭办法汇交香港或上海之丽如银行，存入总税务司账户C"③。1868年，这项支出又有增加，赫德通令各关"不再将船钞中之一成汇往丽如银行本总税务司账户。总理衙门已饬令各海关，将尔口岸所征收之船钞改按七成照惯例汇至上述银行之总税务司账户C"④，此后"总税务司份额的吨位税记入'C'帐（账）"⑤成为定制。根据1868年通令，此划拨入总税务司C账户的只是外国船只缴纳的船钞，而不包括中国船只的部分；随着华商洋船的增多，1877年，总理衙门同意赫德的请求，"按月将华商船钞七成拨交各关税务司代收"⑥。对于另有三成船钞长期用于同文馆的花费，总税务司认为"该款每年不过6万银两之数，而灯标部门使用之大巡船四艘，原价即值20万银两，每年供养尚须花费7万银两以上，由此可理解为两者相冲抵"⑦，也就是说，船钞实际已全部归总税务司管理和支配。1917年，海关总税务司通令，正式要求各海关"将全部船钞作为常规项下收入存

---

① 《清史稿》卷一三一，《食货志六》。
② 《粤海关志》卷八，《税则一》。
③ 《船钞之一成于每季征收后记入总税务司账户C》（1865年1月6日第1号通令），《旧中国海关总税务司署通令选编》第1卷，第35页。
④ 《七成船钞按月收取并按季汇出》（1868年3月13日第2号通令），《旧中国海关总税务司署通令选编》第1卷，第55页。
⑤ [英]魏尔特著：《赫德与中国海关》上册，陈敖才、陆琢成等译，戴一峰校，厦门：厦门大学出版社，1993年，第378页。
⑥ 《华船七成船钞归入总税务司账户C》，《中国近代海关总税务司通令全编》第2卷，第91页。
⑦ 《为附送有关船钞使用之两件节略由》（1870年12月31日第25号通令），《旧中国海关总税务司署通令选编》第1卷，第129~130页。

到账户C"①。

故从税收收入的管理看,明清船钞最终与其他税收一样纳入国家预算统一安排;而近代海关船钞是由海关总税务司以专门账户负责收支,管理模式更接近于当代专款专用的预算外资金。

(四)税收收入用途的区别

明代规定"所榷本色钱钞则归内库,以备赏赐;折色银两则归太仓,以备边储"②,即船钞用于"赏赐"或作为"边储";又"船料七千四百余两,专供各卫修造漕船之用"③;而嘉靖时期铸造货币,"芦课不敷之数,尽于船料内取用"④,隆庆二年(1568年)货币停铸后,这些船料银"照数并解户部济边"⑤。清代和明代一样,关税归户部管理,⑥且以船钞"供成造漕船之用"⑦。直到光绪之前,户部"入款不过地丁、关税、盐课、耗羡数端,出款不过京饷、兵饷、存留、协拨数事"⑧(这里当是指常关关税),船钞等关税仍归户部管理,作为中央财政的一部分用于各种支出,用途变化不大。由此可以说,明清船钞的主要用途中并无航道维护和航标建设的相关选项。

近代海关船钞从出现开始,其制度设计者就以将船钞用于航标建设经费为目标。1858年,中英《通商章程善后条约:海关税则》明确规定"浮桩、号船、塔表、望楼等经费,在于船钞项下拨用"⑨。但此后数年内,船钞的实际用途并不明确,清政府为了对付太平军,一度"大量挪用为欧洲人称做(作)'船钞'之

---

① 《船钞:全部数额归入账户C;账户C余额的汇解》,《中国近代海关总税务司通令全编》第15卷,第160页。
② 《大明会典》卷三十五。
③ 《度支奏议·云南司卷八》。
④ 《大明会典》卷一百九十四。
⑤ 《大明会典》卷一百九十四。
⑥ 《清实录·世祖章皇帝实录》卷八十四。
⑦ (清)顾炎武:《天下郡国利病书·淮徐》。
⑧ 《清史稿》卷一三一,《食货志六》。
⑨ 中英《通商章程善后条约:海关税则》,王铁崖编:《中外旧约章汇编》第1册,北京:生活·读书·新知三联书店,1957年,第118页。

第二章
镜鉴英美:东亚灯塔资金的征集与分配

款项"①。直到1865年方经总理衙门核准,"每季得自各口岸海关监督收取当季征收取之一成船钞,用于改善港口之用"②。伴随着近代海关船钞逐步归入总税务司C账户由其统一管理,船钞用于航标建设和航道维护的比例和数额也逐渐增加。虽然三成船钞拨予同文馆,但根据1871年总税务司的说法,"船钞实已全部用于改善航运之各项工程"③。此后船钞分配比例又经历了多次变动,但用途均以航标建设和航道维护为主。1934年交通部召集航政讨论会,试图将海关船钞用作交通部航政局的航政建设费,其理由就是船钞征收的目的和航政局的主要职能是一致的,"酌拨船钞,以供航政建设之用,实属正当"④,这也可以看作是民国政府对船钞功能的认知。可以发现,明清船钞的用途较为复杂,但各种用途中并无航标建设和航道维护的选项;而近代海关船钞从出现开始就预设有航标建设和航道维护的用途,其制度的设计者认为这是船钞的基本职能。在近代大部分的时段里,船钞的主要用途即是航标建设和航道维护。

(五)近代中国海关船钞的性质

通过前述分析可知,除了"船钞"之名,明清船钞和近代海关船钞在具体制度上的关联性和传承性并不明显;实际上,二者在船只测量方式、税收额度与税种地位、资金管理模式、税收收入用途方面存在不可忽视的差异。这预示着明清船钞和近代海关船钞的关系并非如《船钞稽考》和《中国税制史》所观察到的那样仅仅是"有所区别",而是可能存在性质上的不同。依据近代海关船钞与明清船钞存在的这些迥异特征并不能直接得出二者存在性质区别的结论,对近代海关船钞性质的认识还须从国家所征收的税收和收取的费用的特

---

① 《为附送有关船钞使用之两件节略由》(1870年12月31日第25号通令),《旧中国海关总税务司署通令选编》第1卷,第110页。
② 《船钞之一成于每季征收后记入总税务司账户C》(1865年1月6日第1号通令),《旧中国海关总税务司署通令选编》第1卷,第35页。
③ 《为附送有关船钞使用之两件节略由》(1870年12月31日第25号通令),《旧中国海关总税务司署通令选编》第1卷,第130页。
④ 《为咨请拨付船钞以供航政建设之用由》,《交通公报》1934年第552期,第30~31页。

性考查。

　　首先要明确的是,近代海关船钞与明清船钞的关系是替代还是改革？中英《五口通商章程:海关税则》规定,新的船钞制度实行后,"纳钞旧例及出口、进口日月规各项费用,均行停止"①;魏尔特认为"璞鼎查废除了这些于商人们毫无价值的苛捐杂税,但是,他知道,中国有权征收港口费和停泊费"②;莱特在《中国关税沿革史》中也指出,船钞开征的同时"清除了对每艘船征课的那种人尽皆知的丈量费(按即船料)"③。也就是说,不论从制度上还是人们的观念里,在实行新船钞制度之时,原有明清以来的船钞制度已经在海关税收体系中被废除;近代海关船钞是对明清船钞制度的替代而非改革与继承。此后,明清船钞制度仍延续于常关税收中,外国雇佣华船"此海口往彼海口者应纳钞,长江此口往彼口者应输船料"④,即被外国雇佣的华船在沿海港口视同洋船、缴纳船钞(吨税),进入长江各口则视同华船、缴纳船料(性质与明清船钞同),这也说明近代海关船钞与明清船钞制度已被明确区分开来。

　　清政府在建立近代海关船钞制度的同时,英国人在航标建设、维护航行安全方面对清政府提出了明确要求。1843年,当英国人发现清政府"迄今在建造灯塔、安放浮标或系船工具、设置立标以促进商务交流方面没有任何作为"⑤后,英国全权谈判代表璞鼎查要求降低船钞税率且订定清楚。19世纪中期,外国船舶对船钞负担过重产生抱怨,提出船钞征收不应多于每六个月一次,产生不满的真正原因"乃是航道无灯塔及助航设施,港口不见改善又缺乏设施"⑥。到1870年,灯塔设施初步建立起开,英籍海关总税务司赫德在讨论船钞税率与税额时,认为"沿海贸易船舶于灯标及沿海改善之中得益最大,中国方面理应

---

① 中英《五口通商章程:海关税则》,王铁崖编:《中外旧约章汇编》第1册,第41页。
② [英]魏尔特:《赫德与中国海关》上册,第393页。
③ [英]莱特:《中国关税沿革史》,第37页。
④ 《Cargo-boats; Tonnage Dues Question: I.G.'s Memo. For Yamen》(1883年8月11日第230号通令),《中国近代海关总税务司通令全编》第3卷,第113页。
⑤ 《中国丛报》第12卷,1843年,第45页。
⑥ 《为船钞历史沿革及税率由每吨关平银0.4与0.1两改为每吨国币0.65与0.15元并取消甲板船钞事》(1933年3月14日第4584号通令),《旧中国海关总税务司署通令选编》第3卷,第218页。

就此类船舶较之偶来贸易之商船更多科税"①。也就是说,近代海关船钞是因建设航标的需求而收取,船只则因使用航标的行为而需要支付船钞;这种特征显然与国家强制征取的税收大不相同。实际上,近人对近代海关船钞的性质早已有所认识,高柳松一郎的《中国关税制度论》即指出"吨税由出入本国港湾之船舶征收之,乃一种交通税,与自货物征取之关税异其性质"②,民国政府也曾表示"征收船钞,原为便利航业之设备,本属海事行政之收入,为交通税之一种"③。前述观点均将近代海关船钞称作"交通税",民国政府更将其明确解释为海事行政收费,究其实质,应当是一种特殊税收,或者说是一种船只因享用助航设施而缴纳的服务费(也正是基于对近代海关船钞的此种认识,当代台湾地区已将吨税改称助航服务费)。

学界对明清船钞和近代海关船钞的关系认识偏差,认为两者存在明确的继承关系和共同特征,首先是由于对近代海关船钞与常关船钞的关系认识不清甚至将二者混为一谈造成的。实际上,近代常关"船钞"是直接延续明代至清代中前期的"船钞"概念,而近代海关"船钞"是自1843年中英《五口通商附粘善后条款》开始使用的,等同于吨税的概念。由此,依据时间和内容的不同可将船钞分为明清船钞(船料)和近代海关船钞(吨税),传统船钞是指明代至清中前期的船钞(包括粤海关所征收的船钞,这也正是鸦片战争后对船钞的争论声中所直指的对象)和近代常关船钞,近代海关船钞则包括1843年开始、晚清和民国时期征收的海关船钞。

通过对测量方式、税收额度、管理模式、资金用途等方面的对比分析可以认识到,传统船钞与近代海关船钞存在明显差别。就税费收入的性质而言,明代船钞是一种关税,清代中前期海关和常关征收的船钞以及近代常关船钞均属于关税的范畴,是主要的关税税种之一。尽管近代海关船钞是由税务部门即海关征收,且在海关统计报告中与其他海关正税并列,但近代海关船钞仅仅是从形式上由海关代征,实际支配权则在于负责灯塔等航标建设的海务部门,

---

① 《为附送有关船钞使用之两件节略由》(1870年12月31日第25号通令),《旧中国海关总税务司署通令选编》第1卷,第130页。
② [日]高柳松一郎:《中国关税制度论》,第254页。
③ 《为咨请拨付船钞以供航政建设之用由》,《交通公报》1934年第552期,第30~31页。

实际用途是灯塔建设与航道维护,实质是一种因使用航标而支付的费用,这与传统船钞等以国家名义强制征取的税收存在本质区别。

三、近代中国海关船钞制度的形成

比较近代海关船钞(吨税)和传统船钞,船只测量方式、税收额度与税种地位、资金管理模式、税收收入用途等特点的差异和性质的不同,都使得近代海关船钞制度与传统船钞制度存在明确继承关系之说难以成立。对于一些具体问题,近代以来的学者均未予以解释,如近代海关船钞制度施行之初即拥有如此完善的框架体系,其制度蓝本源于何处?既然传统船钞制度并非近代海关船钞制度的源头,那近代海关船钞制度的依据是什么?是否如部分研究成果所论,船钞"等同于当时国际上通行的吨税",即其制度的形成与这种"国际上通行的吨税"存在密切关联?

(一)中国海关船钞与英国灯塔税制度

从1843年近代海关船钞出现开始,参与税则制定的英国人(如璞鼎查等)即将航标建设作为其用途中的应有之义。[①]清政府早在1855年即开始以船钞进行航标建设(1855—1860年共支出六万元),[②]1858年中英《通商章程善后条约:海关税则》明确规定,灯塔等航标设施的建设经费在船钞项下拨付,这些与英国灯塔税征收与使用原则是一脉相承的。领港公会是管理英国灯塔的主要机构,海关总税务司与领港公会有着长期、密切的合作关系,在船钞使用和灯塔建设中,经常可以发现英国领港公会的身影。如金登干评价领港公会的道格拉斯[③],称"关于灯塔事务,没有人比道格拉斯懂得更多"[④],因而经常让他参与到中国在英国的灯塔相关事务中。海关英籍职员柏卓安还曾向赫德提供

---

① 《中国丛报》第12卷,1843年,第45页。
② [日]高柳松一郎:《中国关税制度论》,第255页。
③ 道格拉斯,即James Nicholas Douglass,英国领港公会总工程师。
④ 陈霞飞主编:《中国海关密档——赫德、金登干函电汇编(1874—1907)》第1卷,第256页。

了与英国商业部、海关的统计制度类似的海关制度设计建议。①可以说,英国人对近代中国海关船钞制度和灯塔事务产生了十分重要的影响,这些影响中国的英国人最熟悉的显然是本国的领港公会和灯塔税制度。

更为直接的证据是1853年《英国商船法案》,其中对英国领港公会管理灯塔税并利用灯塔税建设灯塔有详细规定,而该法案中这些规定也被中国海关总税务司作为展开工作的依据。从船钞测量和征收上看,中国海关总税务司要求各地税务司"在海关用于测量的项目方面,关于测量方法和以此计算的总吨位,你们应要求职员以《英国商船法案》条款Ⅰ为指导原则"②,而船钞正是基于这一测量结果征收。在船钞管理上,《英国商船法案(修订案)》规定灯塔税由领港公会征收并应建立专门的账户进行管理;③总税务司设置独立账户C对船钞进行管理,这与英国对灯塔税的独立管理是一致的。在征收范围方面,《虎门条约》规定,船只"但使有一担之货,其船即应按吨输纳船钞"④,该条款也符合《英国商船法案(修订案)》中关于征收范围的规定,即使用灯塔设施的所有商船均需要负担相关赋税。可以说,《英国商船法案》等与灯塔税相关的制度在近代中国船钞制度形成过程中有重要意义。

(二)中国海关船钞与美国吨税制度

1937年刊行的《各国海关行政制度类编》⑤详述近代英国、美国、德国、法国、比利时、日本、澳大利亚、加拿大等八个世界主要国家的海关制度,而其他著作也详述有近代印度⑥、澳大利亚⑦等国的航标收费制度。从中可以发现,

---

① 陈霞飞主编:《中国海关密档——赫德、金登干函电汇编(1874—1907)》第3卷,第83页。
② 《Tonnage Measurement Instructions》(1877年2月19日第15号通令),《中国近代海关总税务司通令全编》第2卷,第64页。
③ *Merchant Shipping Law Amendment Act 1853*, The National Archives, UK, p. 1647.
④ 中英《五口通商附粘善后条款》,王铁崖编:《中外旧约章汇编》第1册,第38页。
⑤ 《各国海关行政制度类编》,上海:海关总税务司署统计科,1937年。
⑥ 《印度灯塔条例1927》,中华人民共和国交通部安全监督局编:《航标法规标准汇编》,北京:人民交通出版社,1997年,第544~548页。
⑦ 《澳大利亚航标条例1911》,中华人民共和国交通部安全监督局编:《航标法规标准汇编》,第555~559页。

除前述实行灯塔税的英国本土外,澳大利亚、印度等英国属地均征收灯塔税;法国、德国并无实行吨税制度的相关记载,但实际征收的税费和推行的制度与英国的灯塔税颇为接近。①《各国海关行政制度类编》记载实行吨税制度的仅有日本和美国,而日本的吨税制度是从1899年开始正式推行的。也就是说,19世纪中后期中国近代海关船钞制度的形成阶段,美国应当是实行吨税制度的唯一大国,并不存在所谓"国际上通行的吨税"。

就美国吨税与中国近代海关船钞制度而言,存在诸多共同之处。从近代海关船钞的功能来看,英国灯塔税是由海关征收,但海关会按期解汇领港公会相关机构,"以供维持沿海各项灯塔浮标之用"②,即灯塔建设维持是灯塔税的唯一功能;近代中国海关船钞制度确立之初,对船钞用途的唯一指向就是用于灯塔等航标建设,故近代中国海关船钞与英国灯塔税在用途的规定上是相同的。但在19世纪70年代之后的各种正式文本中,一般将船钞的用途表述为航标建设和航道维护;美国该类支出由财政部统一管理,用途往往描述为"用于灯塔、标桩建设和浮标设置,并用于港口疏浚和选址测量"③,而非专门用作灯塔建设经费,可见对该税收用途的规定上中国与美国颇为一致。更重要的是,从发展历史看,英国在19世纪以及之前的很长时间里就一直以Light dues(灯塔税)之名对灯塔征税,而船钞对应的英文名却是Tonnage dues,④这一含义不同于英国灯塔税的名称及其相关制度细节应当是受到其他因素影响的结果。美国早在18世纪即已开始根据船舶吨位征收吨税(Tonnage duty),⑤这应当是世界吨税发展历史中的一个重要渊源;美国紧随英国之后与中国签订的《五口通商章程:海关税则》中对船钞的表述即明显受到美国吨税相关规定的影响。

---

① [日]板垣只二:《关税行政法论》,第728页。
② 《英国海关行政制度》,《各国海关行政制度类编》,第23页。
③ "Twentieth Congress, Sess. 2, Ch. 25, 1829," Library of Congress, U.S.A.
④ 吴松弟整理:《美国哈佛大学图书馆藏未刊中国旧海关史料(1860—1949)》第223册,第357页。
⑤ "Third Congress of the United States: At the Second Session, an Act for the Remission of the Tonnage Duties on Certain French Vessels," Library of Congress, U.S.A.

所以，利用新资料与已有资料结合，可以发现近代海关船钞（吨税）与传统船钞有着诸多差别。传统船钞征收中，不论是计算货物重量还是丈量船只梁头尺寸，其测量方法都较为粗糙，测量结果并不精确；近代对船只的丈量是参照英国相关法案而设置，有十分精确的测量公式。传统船钞最终与其他税收一样纳入国家预算统一安排；近代海关船钞在国家预算之外，由海关设立账户专款专用。传统船钞是出于中央财政的需要，主要用于漕船的建造和其他中央财政支出；而近代海关船钞则是在开埠通商之后因西方人对于航行安全和航标建设的要求而出现。传统船钞税率较高、税额较大，是贸易中的主要税收，在海关税收体系中地位最为重要；尽管近代海关船钞在整个近代海关统计中与进出口税等主要税种并列，但由于其仅仅用于航标建设，故税率低、税额较少。传统船钞是货物税的一种替代形式，其征收制度归属于关税系统；近代海关船钞是一种由海关代征、应归海务部门专用于航标建设和航道维护的助航服务费或一种特殊税收。从近代海关船钞的制度来源看，没有足够的证据表明近代海关船钞与传统船钞存在继承关系。

近代海关船钞制度的形成受到英国的影响较多，早期参与中英条约的领港公会、英籍海关总税务司与海关的英国雇员等英国人，频繁出现在中国近代海关船钞制度制定和推行的历史进程中，使得近代海关船钞制度和灯塔建设打上了英国领港公会和灯塔税制度的烙印。同时，19世纪并不存在一种国际通行的吨税制度，美国作为近代早期实行吨税制度的唯一大国，对近代海关船钞的形式到内容也都产生了明显的影响。由于近代海关船钞与传统船钞共享"船钞"之名，且近代海务部门长期由海关管理，船钞亦长期归海关统一收支，故不易察觉共名之下其性质已由关税转变为助航服务费的事实。

四、日本灯塔资金的制度渊源

前述对近代中国海关船钞制度来源的分析，解释了近代海关船钞与传统船钞的性质差异，同时理清了英国灯塔税制度和美国吨税制度在近代海关船钞制度形成过程中的作用；这一分析思路对于理解日本灯塔资金的制度渊源具有重要的参考价值。从建设和管理权限上看，日本灯塔分为官设、公设和私设三种类型。中央政府各部门所设灯塔称为官设灯塔;地方各级政府所设灯塔称为公设灯塔;非政府设置的灯塔则称为私设灯塔。自19世纪60年代末日本开始兴建近代灯塔以来,公设和私设灯塔均是通过征收标费(针对灯塔征收的费用,或称灯费)以维持灯塔运营,建设和维护官设灯塔所征收的税种称为船税;1899年之后,船税和标费逐渐停止,全国统一征收的吨税则取而代之。故讨论日本灯塔资金的制度特征,主要是探究标费和船税的制度来源和特征,以及1899年出现的吨税与这两种税收的关系。

(一)标费与英国灯塔税制度

近代日本在灯塔收费制度上与英国互动频繁、交往密切,其制度的形成是否确实受到英国灯塔税制度的影响,或许可以从二者对灯塔收费制度的相关规定上窥视一二。

英国灯塔税制度有以下几个特点。第一,税种名称明确为灯塔税。第二,灯塔税由领港公会相关机构专款用于灯塔建设。第三,英国鼓励私人资金投资于灯塔建设,故私立灯塔比重高。第四,灯塔税按船只经过的灯塔个数收取,每个灯塔的税率各不相同。对照日本的情况,近代早期日本同样鼓励私人建设灯塔,私设灯塔数量较多;日本私设或公设灯塔所征税种名称为标费或灯费,实与"灯塔税"同义,且专款用于灯塔建设和灯塔维持;各个灯塔的税收政策、税率各不相同:石川县羽咋郡福浦港是根据入港船舶(军舰除外)的船员数量征税,德岛县名东郡津田港是通过与渔民达成协议,从贩鱼收入中抽取百分之一作为灯塔维持费,鹿儿岛县鹿儿岛港将船只分为日本形船和西洋形船,前者征收日本传统的帆别税,后者则按照船只吨位征税,青森县青森港的入港船舶每石货物征收税金二厘,大阪府和田港征税标准为每船每月一圆。①从上述日本标费的内涵和各个灯塔不同的税收政策中可以发现,相关政策制度和技术手段都与英国领港公会制度和灯塔税制度有着明显的共同特征。

---

① [日]递信省编:《递信事业史(第6卷)》,第1303～1304页。

第二章
镜鉴英美：东亚灯塔资金的征集与分配

实际上，尽管日本自认 20 世纪的吨税制度与美国、中国的制度相近，①但若回顾日本吨税发展的历史则会发现，情况远非如此简单。早在安政五年（1858 年）与日本签订涉及灯塔收费标准的条约附属贸易章程时，英国就是最主要的推动者之一。作为被施加影响的一方，日本在 19 世纪 70 年代已主动对英国灯塔税制度文件进行翻译，即《英国灯台税抄译》②（全称《1871 年刊行英国灯台、浮标、礁标诸税类聚一览表》，该册子并未标明翻译时间；大隈重信担任大藏省主要负责人的时间为 19 世纪 70 年代，该册子来自大隈重信赠予早稻田大学的文献，且大隈重信所赠文献中标明年份的、涉及大藏省的材料均出自 19 世纪 70 年代，故推测该册子亦翻译于这一时期），这本小册子对当时英国不同灯塔的税收制度和免除灯塔税的情况有详细规定。若该册子是由海务部门翻译，或许可以解释为用以指导日本船只如何在英国航行和纳税；但其却是由主管征税的大藏省所翻译，说明大藏省相关机构在船税、标费政策制定过程中已对英国灯塔税制度进行了重点考察。同时，英国一直是日本与西方的贸易条约的重要推动者和参与者；日本最早一批灯塔也主要是接受英国建议，由英国船只测量和选址，并在英国雇员的指导下建立；在近代日本具体的海关和航路标识相关业务中有大量英国雇员和曾经留学英国的职员。

英国及其他国家通过相关条约打开日本国门，并利用自身的经济、科技、军事和制度优势对日本施加影响；另一方面，逐渐认识到自身与西方落差的日本，也开始主动地学习和借鉴西方各国特别是英国的相关制度。作为 19 世纪最重要的经济贸易和军事强国，英国在世界近代史上的重要地位是不言而喻的，以上种种与英国之间被动的接受和主动的交往，都使得日本灯塔税收制度不可避免地受到英国灯塔税制度的影响。

（二）日本吨税与中美吨税

作为近代东亚灯塔事业发展中的重要资金之一，日本吨税的制度来源也

---

① ［日］板垣只二：《关税行政法论》，第 728 页。
② 《英国灯台税抄译》，早稻田大学图书馆所藏大隈重信关系资料。

是深入讨论东亚灯塔资金收支情况之前必须理清的问题。安政四年（1857年）年日本与荷兰签订的追加条约中有关于船税征收原则和税率的规定，这是"船税"之名首次出现在日本近代历史中。此后与俄国签订的条约中称"泊碇税"，安政五年与法、英、葡、荷、俄五国签订的条约附属贸易章程中称的"入港手数料"和"出港手数料"，这些都属于同一性质的税种；但在大藏省主税局的统计中长期固定使用的则是"船税"。根据日本与荷兰条约的规定，"依据入港商船吨位，每吨（相当于日本的六石四斗）付银五匁（"匁"为日本计量单位）；若吨位在一百五十吨以下每吨付银一匁，船税在入港两天内缴纳完毕"①，此后日本发布了多份《船税规则》，根据航运的发展等情况对船税的征收原则和税率有进一步的调整。到1899年，大藏省主税局发布的《主税局统计年报书》开始以"吨税"之名统计；而在该年年报书中，"船税"则不再出现，二者的继承关系显而易见；更重要的是，从《吨税法》的具体规定来看，其征收原则和税率与历年《船税规则》中船税相关规定均保持一致。

由此可见，对日本吨税制度的讨论实质上就是分析日本船税的制度特征。以下将通过与中国船钞和美国吨税的比较来观察日本船税的制度特征。

从中国和日本"吨税"之名的使用来看，日本开始于19世纪末。尽管"吨税"之名在早期1858年中法《天津条约》中即已作为与船钞对应的名称出现，②但在中国海关官方论述中，则长期将这种用于灯塔建设和航道改善的税收称为船钞，海关税收统计中正式以"船舶吨税"取代"船钞"则晚至20世纪中期。故从吨税之名的使用来看，很难说二者存在某种制度上的关联。早在1843年中英《五口通商附粘善后条款》中近代中国海关"船钞"之名即已出现；作为日本吨税的前身，"船税"之名则在稍晚的安政四年出现。在文本上，"船钞"与"船税"具有明显的共同特征。从中国近代海关船钞与日本船税的具体内容来看，日本吨税与中国近代海关船钞都被认为是交通税的一种；日本吨税被明确规定用于"港湾的改良及浮标灯台的设置"③，与中国近代海关船钞功能相

---

① ［日］板垣只二：《关税行政法论》，第726页。
② 中法《天津条约》，王铁崖编：《中外旧约章汇编》第1册，第106页。
③ ［日］岸崎昌：《税关及仓库论》，第79页。

/第二章/
镜鉴英美：东亚灯塔资金的征集与分配

同；日本规定"注册吨数每吨付吨税五钱"①，这种标准与中国海关最初"每吨输钞银伍钱"②的规定保持一致。故通过对比可以发现，从文本上和内容上，日本船税与中国近代海关船钞确实具有明显的共同特征。

以船只吨位征取税收是当时国际常见的一种征税方式，吨税的征收有"以增加国库收入为目的而苛取者，或分别船舶之国籍，定税额之轻重，亦可得与关税相同之效果者。在昔欧洲各国重商主义全盛时代，吨税之征收亦曾被利用以为海运政策之事实"③，近代美国的吨税政策同样如此。利用税率将各个地区区别对待，自北美、中美、西印度群岛、哥伦比亚等美洲地区入口的船只的吨税税率仅为其他地区入口船只税率的三分之一。④就此而言，1899年开征的日本吨税具有一些不同于当时美国等国家吨税的特点。在税率上，日本对各个国家船只征收的吨税税率基本一致，吨税征收并非作为海运政策的工具。在吨税之名上，美国从1795年即已开始根据船舶吨位征收吨税，⑤并一直使用的是"Tonnage Duties"⑥之名，在与东亚国家签订的条约中也这样使用，如1844年中美《望厦条约》中"船钞"的英文即为"tonnage duty"⑦；与此相对，日本吨税对应的英文"tonnage dues"并非美国的习惯用法，而是英国在与东亚各国签订的条约中涉及灯塔相关税收时的习惯用法。⑧

尽管有这些差异的存在，但日本船税和美国吨税同样拥有许多共同特征。在征税对象的管理上，早在18世纪后期，美国对于国内、国外船只的划

---

① 《吨税法》，[日]海事学馆编：《现行海事法规集》，大阪：堀田航盛馆，明治四十二年（1909年），第1页。
② 中英《五口通商章程：海关税则》，王铁崖编：《中外旧约章汇编》第1册，第50页。
③ [日]高柳松一郎：《中国关税制度论》，第255页。
④ [日]绵贯音次郎：《关税及税关（大正13年）》，东京：岩松堂书店，大正十三年（1924年），第92页。
⑤ "Third Congress of the United States: At the Second Session, an Act for the Remission of the Tonnage Duties on Certain French Vessels," Library of Congress, U.S.A.
⑥ "Twenty-first Congress, Sess. 1, Ch. 219, 1830," Library of Congress, U.S.A.
⑦ 吴松弟整理：《美国哈佛大学图书馆藏未刊中国旧海关史料（1860—1949）》第224册，第4页。
⑧ 吴松弟整理：《美国哈佛大学图书馆藏未刊中国旧海关史料（1860—1949）》第223册，第357页。

分早已泾渭分明,①并以不同的税率征收吨税;日本最初涉及船税的条约和后来的《船税规则》也都将船税明确分为外国船只和本国船只两类。在日本船税和美国吨税的用途上,日本吨税是相关船舶因港湾的使用,享受港湾改良、浮标、灯塔带来的便利而支付的一种费用,②而美国吨税支出项下往往描述为"用于灯塔标桩建设和浮标设置,并用于港口疏浚和选址测量"③,故从用途看二者保持一致。在资金管理上,美国灯塔建设相关支出一般经参众两院通过后由财政部拨款,④而日本的"航路标识建设费"等相关支出也往往是大藏省统一管理,故在资金管理模式上也是一致的。同时,民国二十六年(1937年)中国海关总税务司署统计科印行的《各国海关行政制度类编》收录有英国、美国、德国、法国、比利时、日本、澳大利亚、加拿大八个国家的海关相关制度。分析该书提供的关税制度情况,可以发现这一时期世界主要国家当中,英国、澳大利亚为灯塔税制度,其余各国的关税制度部分均无相关记载,而明确使用吨税制度的只有美国和日本。尽管英国制度对近代日本经济社会有着明显的影响,但就日本船税而言却并未受到更多来自英国的直接影响。板垣只二根据20世纪早期各国吨税立法将各国进行归类,在吨税征收方式上,其中美国、中国、日本等为全国统一征收,而英国、法国、德国则是既有地方自治体征收也有经营灯塔的私人征收;在吨税征收标准上,中国、美国、日本等都是以船只吨位征收,而英国部分地区则综合考虑船只吨数和停泊时间进行征收。⑤从这个角度而言,日本吨税的许多制度细节与美国、中国有明显的共同特征而非英国。

总的来看,近代中国海关船钞与传统船钞在内容和形式上均存在巨大的差别,前者是助航服务费或一种特殊税收,后者是关税正税,二者是性质不同的两种资金。近代海关船钞的形成则与英国灯塔税和美国吨税制度存在紧密联系,既非对传统船钞制度的继承和发展,也非与一种"国际上通行"的吨税

---

① "Twenty-first Congress, Sess. 1, Ch. 219, 1830," Library of Congress, U.S.A.
② [日]小林行昌:《关税经济论》,第392页。
③ "Twentieth Congress, Sess. 2, Ch. 25, 1829," Library of Congress, U.S.A.
④ "Twentieth Congress, Sess. 2, Ch. 25, 1829," Library of Congress, U.S.A.
⑤ [日]板垣只二:《关税行政法论》,第728页。

存在制度上的关联。近代日本私设、公设灯塔征收的标费更接近英国的灯塔税,而官设灯塔征收的船税和税制改革后全国统一征收的吨税则更接近美国的吨税和中国的近代海关船钞。近代中国海关船钞和日本相关灯塔资金是近代东亚灯塔建设资金的主要来源,这些税收形式及其相关制度均是自近代各国开埠之后,在以英美为代表的西方各国灯塔税和吨税制度的影响下逐渐出现、发展、形成和不断完善的,因而并未明显表现出与本国传统社会相关制度的延续性。

第二节 东亚灯塔资金的征集

中国近代海关船钞或日本吨税实质上都是一种特殊税收或助航服务费,其制度的形成与英国及其灯塔税制度有着千丝万缕的联系。作为近代东亚灯塔资金的主要来源,中国近代海关船钞或日本吨税(早期公、私设灯塔征收标费,官设灯塔征收船税,1899年之后吨税替代标费和船税,成为由关税部门在全国统一收取的税收)的税收制度、税收沿革和税收统计,对分析整个东亚灯塔资金的相关问题具有重要的指标意义。基于以上对近代中国海关船钞和日本吨税的认识,下文将以这两种税收为主,对灯塔资金的征集进行分析。

一、近代中国海关船钞

随着《江宁条约》的签订和五口通商的开始,清政府在与西方各国的谈判中不断对各项制度进行调试和革新以适应现实的需要,近代海关船钞相关制度的确立是其中一个重要方面。《五口通商章程:海关税则》对船钞税率和基本征税标准做出了规定,而大量包括船只测量、船钞征收和统计在内的制度则在借鉴西方相关制度的基础上,在此后的税收实践中逐渐形成。

(一) 船只测量

自1843年"丈量旧例及出口、进口日月等规"[①]废除以后,中国海关开始参考英国相关制度对船只测量方式进行调整,后"1854年《英国商船法案》的条款 I 被中国采用,作为测量船只的官方规则"[②]。与传统船钞的征集中通过丈量梁头计算吨位相比,新的测量方式通过采用新工具、新算法并考虑更多测量中的细节,使得测量结果更为精确。

在测量工具的选择上,最初规定量物的丈尺"须按粤海关向用之式制造数副,镌刻图印为凭,每口每件发交二副,以一副交海关,以一副交英国管事官查收";后改为使用防水卷尺,"由于所有亚麻和大麻制品都会缩水,所以必须使用防水卷尺;而只有那样的卷尺不会因膨胀或偏斜或者因长期连续使用导致延长出现实际误差",[③]测量工具的改进为更精确的测量结果提供了可能。

在具体测量中,首先是将船只的长、宽、高分为多个等份进行测量,以尽量减小因船只本身形状不规则带来的测量误差(表9)。船只空间并非都可用于装载货物,还要保留足够的生活空间和轮船设施的安放空间;考虑到这一点,在测量过程中还要对相关空间进行测量,并在最后的结果中扣除这部分。需要扣除的空间包括:

> (a) 船只上层甲板上的任何建筑物适合做短途航行统舱乘客的遮蔽所,否则他们将会暴露在水浪和海洋货物,以及其他严酷天气中。但是,这种例外只允许来自女王陛下驻中国大臣一些特殊指示;无论何时测量员认为存在豁免的需求,他将向上海和其他任一港口的登记员寄完整的细节再转寄给领事,领事将通过登记员向女王陛下驻中国大臣

[①] 中英《五口通商章程:海关税则》,王铁崖编:《中外旧约章汇编》第1册,第50页。

[②] 《Tonnage Measurement Instructions》(1877年2月19日第15号通令),《中国近代海关总税务司通令全编》第2卷,第70页。

[③] 《Tonnage Measurement Instructions》(1877年2月19日第15号通令),《中国近代海关总税务司通令全编》第2卷,第61页。

申请指令。

(b) 厨房,当其尺寸只是够厨师遮身而厨师被雇佣为乘客和船员准备食物的时候。

(c) 抽水马桶或厕所,在合理的范围内供公务人员和船员;万一船只特别为乘客准备,每五十人增加一个,也就相当于100个注册吨位;但注意一个事实,即总数一般不超过12个。①

《英国商船法案》不仅考虑使用新工具和新方法,即便对于厨房大小、厕所数量和轮机舱人员工作所占位置等需要扣除的空间都有详细规定,可见其测量规则考虑之周全。

如果船只类型是帆船,以上测量基本可以保证结果的准确性;但如果是一艘轮船,则以上测量还远远不够,因为还要减扣引擎室的空间,这部分空间占轮船总容量的比重有时十分惊人,有时高达20%甚至更多。同时,还考虑到轮机舱船员为火添煤和操作的空间,"对于轮机舱的长度,唯一用于测量的部分必需包括锅炉和机械装置,在机械装置边上用于为火添煤和操作的额外长度也是必要的(万一炉排贯穿首尾)。因此额外的长度可能比炉排的长度多1英尺;一般来说,额外长度被认为在5至9英尺之间"②。

当所有测量完成之后,"测量员将把他获取的有测量结果的表格、验船证明书和所有包含测量信息的文件等寄给上海的登记员或任何其他港口的领事(领事将把相同的文件转寄给登记员),登记员将把这些文件同船主的申报和与该船相关的其他文件保存到一起"③,而测量结果和相关文件则将成为接下来计算和征收船钞的基本依据。

---

① 《Tonnage Measurement Instructions》(1877年2月19日第15号通令),《中国近代海关总税务司通令全编》第2卷,第60页。

② 《Tonnage Measurement Instructions》(1877年2月19日第15号通令),《中国近代海关总税务司通令全编》第2卷,第60页。

③ 《Tonnage Measurement Instructions》(1877年2月19日第15号通令),《中国近代海关总税务司通令全编》第2卷,第61页。

(二) 船钞征收

船钞的征收上，1843年中英《五口通商附粘善后条款》规定英国船只分为两类，一是注册吨位为75～150吨者，"每进口一次，按吨纳钞一钱；其不及七十五吨者，仍照七十五吨计算"；二是150吨以上的小船和大洋船，"每吨输钞五钱"。①1844年中美《望厦条约》增加已纳钞的船只"进别口时，止纳货税，不输船钞"②；同年，中法《黄埔条约》增加"凡船进口，出二日之外，即将船钞全完"、"凡佛兰西船，从外国进中国，止须纳船钞一次"，③即如果船只停靠超过48小时则需纳钞，而法国船只从外国进中国纳钞一次。④1858年，中英《天津条约》修改150吨以上船只税率，每吨纳钞银从五钱下调为四钱；纳钞船只"发给专照，自是日起以四个月为期，如系前赴通商各口，俱无庸另纳船钞"⑤。这一时期，针对各国商船征收船钞的标准并不统一，如针对恭亲王奕䜣要求对贩运洋货和在中国贩卖土货的法国商船分别按不同标准征收船钞的照会，法国公使认为这是试图以对英国船只征收船钞的标准来对待法国商船，并以目前尚不知是否有本国船只从事贩运土货的贸易加以回绝。⑥各国征税标准不一给海关业务造成很大困扰，直到同治九年（1870年）总理衙门颁布《各关征免洋商船钞章程十一条》，其在核准文件中提道：

据总税务司申称，窃查洋商船只完纳钞课，原应划一办理，始为允协。

---

① 中英《五口通商附粘善后条款》，王铁崖编：《中外旧约章汇编》第1册，第38页。
② 中美《五口通商章程：海关税则》，王铁崖编：《中外旧约章汇编》第1册，第52页。
③ 中法《五口通商章程：海关税则》，王铁崖编：《中外旧约章汇编》第1册，第60页。
④ 此条款有争议，"上海法国领事声称，'凡大法国船，从外国进中国只须纳船钞一次'条款者，即无论法国船在中国沿海各口岸持续从事航运多少年，海关征收船钞不得超过一次之谓也"，引自《为船钞历史沿革及税率由每吨关平银0.4与0.1两改为每吨国币0.65与0.15元并取消甲板船钞事》（1933年3月14日第4584号通令），《旧中国海关总税务司署通令选编》第3卷，第217～218页。
⑤ 中英《天津条约》，王铁崖编：《中外旧约章汇编》第1册，第100页。
⑥ 《从事沿海土货贩运的法国船只应纳船钞：附件》，《中国近代海关总税务司通令全编》第1卷，第30页。

第二章
镜鉴英美：东亚灯塔资金的征集与分配

惟其间应征应免各事，非但各国条约本有不同，即善后所添章程亦多零星未能齐楚，且有随时更改，因时制宜修补文件，以致条款重复、章程纷杂、拟议不一，其势实难一律遵行。兹将条约章程善后条款并往来文件详加核对，复以各口情形、各关办法细为比较，综纷绪各条、核存备各款，作成各关征免洋商船钞章程十一条。①

《各关征免洋商船钞章程十一条》由总税务司整理并呈交总理衙门，该章程的颁行标志着近代中国海关开始以统一的标准对各国船只征免船钞。其将之前条约、章程、善后条款、各关具体规则等各种文件中纷繁复杂的规定标准化、统一化，对吨位标准、征税时限、有效期限、免税条件和进入长江贸易的征税标准等做了明确规定，还规定各国商船出口，若是往其他通商口岸或香港、吕宋、安南、日本等地，则四个月内再进入中国口岸时可以免纳船钞。②1880年中德《续修条约》更进一步，规定"德国船只在中国完纳船钞者，如往中国通商各口，或往各国口岸，在四个月限内，均不重征"③，根据"最惠国条款"，则各国皆受此优惠；1882年颁发的《修订船钞章程》则使"海关之船钞征收更加适应时代需要"④。

---

① 《Forwarding new set of Tonnage Dues Regulations》（1870年12月31日第16号通令），《中国近代海关总税务司通令全编》第1卷，第320页。

② 《Forwarding new set of Tonnage Dues Regulations》（1870年12月31日第16号通令），《中国近代海关总税务司通令全编》第1卷，第321页。

③ 《为船钞历史沿革及税率由每吨关平银0.4与0.1两改为每吨国币0.65与0.15元并取消甲板船钞事》（1933年3月14日第4584号通令），《旧中国海关总税务司署通令选编》第3卷，第219页。

④ 《为船钞历史沿革及税率由每吨关平银0.4与0.1两改为每吨国币0.65与0.15元并取消甲板船钞事》（1933年3月14日第4584号通令），《旧中国海关总税务司署通令选编》第3卷，第219页。

表 11　历次船钞税率变化表

年月	类别	税率(每吨)	单位	出处
1870.12	≤150吨	0.1	两	各关征免洋商船钞章程十一条
	>150吨	0.4		
1933.03	≤150吨	0.15	元	海关总税务司署第4584号通令
	>150吨	0.65		
1945.10	≤100吨	15	元	海关总税务司署第6732号通令
	>100吨	65		
1947.02	≤100吨	150	元	海关总税务司署第7001号通令
	>100吨	650		
1947.11	≤100吨	1500	元	海关总税务司署第7177号通令
	>100吨	6500		
1948.08	≤100吨	15000	元	财关政字第3085号训令
	>100吨	65000		
1948.09	≤100吨	0.01	金圆	海关总税务司署第7371号通令
	>100吨	0.02		

资料来源：根据《中国近代海关总税务司通令全编》相关年份通令整理所得。

船钞优惠条件和范围一步步增加的同时，船钞税率自1858年以后却在长达75年的时间里未做改动。1933年，总税务司梅乐和认为利用取消关平银改用国币银元的机会对船钞税率进行改变适逢其时；同年3月10日起，规定"150吨以上船舶每吨关平银0.4两改为每吨6角5分国币，150吨及以下船只每吨关平银0.1两改为国币1角5分，并自该日起取消甲板货物船钞"[①]，同时规定"凡往来于通商口岸之中外轮船、帆船、汽船、曳船、趸船、货船、拨船等，不论其为国内航路，或国外航路，均一律征课"[②]，即随着1931年常关的撤销，海关将中国船只也加入了征税对象行列。这次税率调整既是银两购买力下降所致，也

---

① 《为船钞历史沿革及税率由每吨关平银0.4与0.1两改为每吨国币0.65与0.15元并取消甲板船钞事》(1933年3月14日第4584号通令)，《旧中国海关总税务司署通令选编》第3卷，第220页。

② 财政部财政年鉴编纂处：《财政年鉴》，第418页。

是由于灯塔建设的需要。随着抗日战争期间货币发行量增加,通货不断膨胀,1945年10月规定将船钞税率按照1933年所定税率的一百倍征收,"(一)轮船在一百吨以上者改为每吨纳船钞法币六十五元,(二)一百吨以下者改为每吨纳船钞法币一十五元"①。1947年2月上调税率至1945年所定税率的10倍;②11月再次修改税率,上调至年初所定税率的10倍。③1948年8月19日,财政部核准海关总税务司署"将现行船钞征收率提高十倍征收"④的请求,但此后民国政府开始发行金圆券,船钞税率随之调整,1948年9月规定"一、轮船在一百吨以上者每吨纳船钞金圆二分;二、一百吨或一百吨以下之船只每吨纳船钞金圆一分"⑤。同时,自1945年开始,历次船钞税率调整均规定航海木船一律照一百吨以下税率征收,而在内河航行的木船则免征船钞。

(三)船钞统计

根据历年海关贸易报告中税收统计表格"Customs Revenue",可获得1864至1936年间以海关两为单位的船钞收入额。其中1933至1936年的数值是根据海关两与国币的兑换比例1:1.558得出,而1936至1948年上半年的单位为国币元,1948年下半年为金圆,未列入图12中。

从1864至1936年税收变化的总体趋势看,可以分为四个阶段。第一阶段是1864至1913年间,船钞收入保持增长,且多数年份的增长率都在上升,表明这一时期对外贸易发展较为顺利;1914至1918年间,船钞收入开始出现明显下降,从中可以发现第一次世界大战对整个国际贸易的负面影响;1919至1931年

---

① 《为奉令调整船钞征收率仰遵照办理并布告周知由》(1945年10月1日第6732号通令),《旧中国海关总税务司署通令选编》第5卷,北京:中国海关出版社,2007年,第41页。
② 《为奉令改订船钞征收率仰遵照办理并布告周知由》(1947年2月14日第7001号通令),《旧中国海关总税务司署通令选编》第5卷,第358页。
③ 《为奉部令重行改订船钞征收率仰遵照办理由》(1947年11月14日第7177号通令),《旧中国海关总税务司署通令选编》第5卷,第562页。
④ 《为奉部令重行改订船钞征收率仰遵照办理由》(1948年9月9日第7371号通令),《中国近代海关总税务司通令全编》第36卷,第435页。
⑤ 《为奉部令重行改订船钞征收率仰遵照办理由》(1948年9月9日第7371号通令),《中国近代海关总税务司通令全编》第36卷,第435页。

间,船钞收入不断上升,在1931年达到最高点,但其间船钞收入的增量却在不断下降;1932年,船钞收入出现严重下降,这一情形的出现与东北地区海关税收不再纳入中国海关统计有关,也受到东亚日益紧张的局势影响,此后船钞收入在绝大部分年份都出现负增长,1942年船钞收入仅为1933年的五分之一。国际政治和经济环境对贸易发展和船钞收入都产生明显的作用,而船钞收入的变化又体现在灯塔建设的进程中。

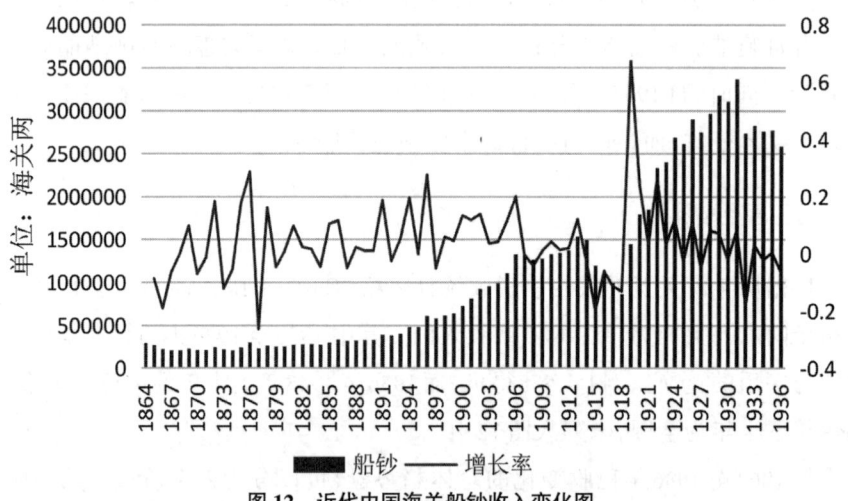

图 12　近代中国海关船钞收入变化图

数据来源:根据《中国旧海关史料(1859—1948)》历年税收统计中船钞部分整理所得。

二、近代日本船税和吨税

安政四年,在日本与荷兰签订的追加条款中规定,"依据入港商船吨位,每吨(相当于日本的六石四斗)付银五匁;若吨位在一百五十吨以下每吨付银一匁,船税在入港两天内缴纳完毕"[①],船税的征收自此开始。[②]此后有多个版本的《船税规则》发布,明治十六年(1883年)颁布的《船税规则》对船只管理、免

---

① [日]板垣只二:《关税行政法论》,第726页。
② [日]和田清:《关税概论(下卷)》,第229页。

第二章
镜鉴英美：东亚灯塔资金的征集与分配

税情况、纳税期限和方式以及违规惩罚措施作出了规定，这份规则最重要之处在于对船税税率有十分详细的表述。其中，西洋蒸汽船每百吨每年纳税十五圆；西洋风帆船每百吨每年纳税十圆；吨位在五十石以上百石以下的日本形船，每年付税金二圆；另外对吨位在五十吨以下的日本形船、脖渔船小廻船等类型船只的船税税率都有明确规定。①

从历年《递信省年报》看，在20世纪之前均以船税的名义对船只征收用于建设和维持官设灯塔运行的相关税费。1899年初（明治三十二年），日本中央政府在对关税法案进行修改时，由上议院讨论通过了吨税法案，②《吨税法》规定"国际贸易中外国往来各埠的船舶入港时，每注册吨位一吨或重量十石纳吨税五钱，若每注册吨位一吨或重量十石一次性纳吨税十五钱，则一年内不再重复纳税"③，另对免税情况、税收优惠和逾期不交的惩罚措施都有详细规定。

《吨税法》实施以后，吨税迅速取代官设灯塔的船税和公私设灯塔的标费，成为日本全国范围内统一征收的、用于灯塔建设和航道维护的主要税种；大藏省的《主税局统计年报书》也从该年起新增了吨税统计项目。伴随着官设灯塔数量不断上升，收费的私设灯塔则延续1889年日本颁布取缔私设航路标识条例后数量不断减少的趋势进一步减少，④到1899年私设灯塔的标费收入共计仅一千余日元。福冈县的博多灯塔最初为私设灯塔并收取灯费，1890年因取缔私设航路标识条例而由私立改为町立，⑤1901年开始明确停止征收灯费，⑥该灯塔的变化过程作为一个典型案例，很好地反映了日本在19世纪末的灯塔管理和税收制度变革。

根据历年《主税局统计年报书》相关部分，可获得1899至1945年间日本吨税（收入济额）的数量和变化情况（图13）。日本吨税年收入从1899年开始总体

---

① "船税规则（明治十六年四月第十三号布告）"，《改正日本条例规则大全》，大阪：公法馆，明治二十九年（1896年），第334～335页。
② 《抽完吨税》，《台湾日日新报》，明治二十三年（1899年）2月19日，第5版。
③ [日]帆足准三编：《现行租税法规提要》，东京：三省堂书店，明治三十二年（1899年），第242页。
④ [日]递信省编：《递信事业史（第6卷）》，第1304页。
⑤ [日]递信省编：《递信省第五年报》，东京：递信省，明治二十四年（1891年），第309页。
⑥ 《公设灯台灯费征收废止》，《官报》，明治三十四年（1901年）5月22日，第396页。

保持平稳,到1937年之前的绝大多数年份的吨税收入均保持增长;其中1929年比1928年收入多出三分之一,可见对外贸易发展迅速。从1937年起,日本吨税收入出现连年负增长。抗日战争的爆发使得日本对外贸易受到影响,而随着太平洋战争的爆发和美国等同盟国政府对日宣战,日本对外贸易遭到进一步冲击,1941年吨税跌幅超过50%,到1945年吨税收入已经只有1936年收入的百分之一。

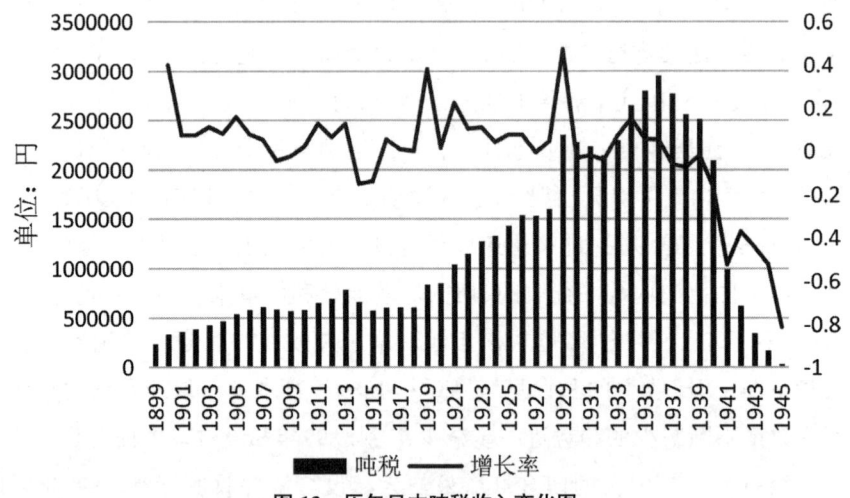

图13 历年日本吨税收入变化图

数据来源:根据《主税局统计年报书》历年吨税数据整理所得。

可通过单位换算将日本吨税和中国近代海关船钞收入比较。以日本吨税收入最多的1936年来看,该年日本吨税收入为2947968圆,海关两与日本圆的兑换比例为1∶1.595,则日本吨税收入为1848256海关两;同年,中国海关船钞收入为国币4032657元,相当于2588355海关两。即便在日本吨税收入最多的年份,其吨税收入也远不如中国海关的船钞收入;更何况日本收取吨税的时间较中国海关晚了数十年。由此可见,就日本和中国各自灯塔建设的主导部门而言,递信省可用于灯塔建设和航道改善的专门资金远不如中国海关丰富,但随后的实际建设效果却与此大相径庭。

三、朝鲜、台湾地区及其他灯塔资金类型

在近代中国海关和日本税关等灯塔资金征集的主导部门之外,还有多种主体以不同的形式和不同的途径从事着灯塔资金的征集活动,这些资金的量可能远远不及主导部门所获取的额度,但由于其应用范围与主导部门的资金颇为不同,故在近代灯塔事业发展中仍具有不可替代的意义。

(一)台湾和朝鲜的吨税

台湾北部的淡水和台湾南部的打狗与大陆各海关都从开埠之后即开始征收近代海关船钞;1895年之前,台湾各关船钞收入均与清政府管理下的其他海关一样归政府统一安排,多数收入用于灯塔建设和航道维护。1895年6月31日中国海关人员离开台湾,日本接管了台湾的税收程序和关税。[①]到1899年中,台湾总督府依据日本《吨税法》制定并实施新的吨税章程,包括"向外国贸易者本岛入港课税,汽船登簿吨数每一吨征金五钱;如清国式船及内地式船,载千石以上者五圆,未满千石者三圆"[②]。1945年,民国政府收回台湾海关管理权后,仍使用台币为税收单位。1948年,随着民国政府对海关税率的调整,台北、台南两关的船钞征收率也按照原有税率提高十倍,"一、轮船在一百吨以上者每吨纳钞台币六百五十元;二、一百吨或一百吨以下之船只每吨纳船钞台币一百五十元;三、航海木船一律照一百吨以下之征收率征收,其在内河行驶之木船仍旧免征"[③]。尽管台湾的归属和海关管辖权多次变更,但船钞(吨税)的征收却从未间断,这些收入成为台湾灯塔建设的基本资金来源。

在对吨税性质的认识上,朝鲜同样认为"吨税性质是港湾税的一种,港湾

[①] 陈霞飞主编:《中国海关密档——赫德、金登干函电汇编(1874—1907)》第6卷,第319页。

[②] 《吨税章程》,《台湾日日新报》,明治二十三年(1899年)7月21日,第3版。

[③] 《为奉部令重行改订船钞征收率仰遵照办理由》(1948年9月9日第7371号通令),《中国近代海关总税务司通令全编》第36卷,第436页。

税的征收是因船舶使用港湾设备而支付的报酬"①,所征收的吨税也理所当然用于灯塔建设和航道维护。朝鲜半岛在1903年首次出现近代灯塔,随着吨税收入的增加,灯塔的数量也开始快速上升。1910年日韩合并之时,规定对日本船舶和其他外国船舶以相同税率征收吨税,即入港船舶每吨付吨税十五钱,若一次性支付二十五钱,则可以在四个月内通行于朝鲜各港不再重复征收。②日韩合并后,朝鲜吨税和关税等其他税关收入均归朝鲜总督府下属的关税征收机构负责。③大正九年(1920年)8月《朝鲜吨税令》④发布,规定朝鲜开始施行与日本本土相同的吨税法,此后朝鲜往往在有关日本吨税的论述中出现,具体是"内地(包括朝鲜)"⑤的形式,不再单列。

(二)私人灯塔资金

英国灯塔的主要管理机构是领港公会,灯塔事业发展过程中,领港公会曾向私人授予征收灯塔税的特权以促使私人参与到灯塔建设中,期满后由领港公会收回经营;到1820年,英国灯塔有24座归领港公会管理、22座归私人经营。⑥日本早期灯塔建设的模式与英国较为接近,即政府鼓励私人建设灯塔,而私人则通过征收灯费以收回建设成本和维持灯塔运营。⑦近代早期,日本通过鼓励民间投资于灯塔事业,大量私人资金投入灯塔建设事业使得日本灯塔格局出现以私设灯塔为主的局面。

私人灯塔的灯费收取标准各地不一,如青森港规定"入港船舶每一石收取税金二厘",而大阪府岸和田港则是"每月收取一圆"。⑧此外,也有较为特别的课税标准,如石川县羽咋郡福浦港规定,对除军舰外的入港船舶,以该船水

---

① [日]绵贯音次郎:《关税及税关(大正7年)》,第96页。
② [日]绵贯音次郎:《关税及税关(大正13年)》,第90页。
③ [日]武田英一:《关税行政纲要》,东京:宝文馆,大正元年(1912年),第80页。
④ 《朝鲜吨税令》,《官报》,明治四十五年(1912年)4月10日,第241页。
⑤ [日]绵贯音次郎:《关税及税关(大正13年)》,第90页。
⑥ R. H. Coase, "The Lighthouse in Economics," *Journal of Law and Economics*, Vol. 17, No. 2, 1974, pp. 357-376.
⑦ [日]递信省编:《递信事业史(第6卷)》,第1303页。
⑧ [日]递信省编:《递信事业史(第6卷)》,第1304页。

第二章
镜鉴英美：东亚灯塔资金的征集与分配

手的人数为标准征收灯费；德岛县名东郡津田港是通过与渔民达成的协议，从贩鱼收入中提取百分之一作为灯费。① 明治十八年（1885年）规定，私人已设灯塔可继续征收灯费到许可期限为止，但禁止私人新设灯塔。

从明治十九年度（1886年）《递信省第一年报》② 开始，历年年报中对私设灯塔的标费征收情况均有记载。1889年之前，私设灯塔标费收入保持增长，并在这一年达到最高的1.2万日元；同年，日本颁布了取缔私设航路标识的规定，③ 此后私设灯塔大量收归政府。与私设灯塔数量减少相伴随的是标费收入的逐年锐减，到1899年标费收入仅为1548日元。

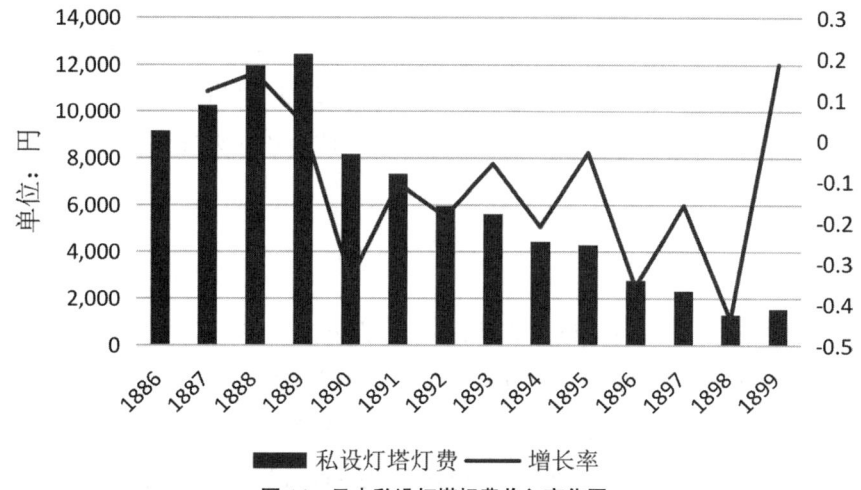

图14　日本私设灯塔标费收入变化图

数据来源：根据历年《递信省年报》中私设灯塔灯费收入数据整理所得。

尽管此后日本本土私人建设灯塔数量逐渐减少，但在日本管理下的其他地区私人仍较多参与灯塔建设管理，到1939年仅桦太（库页岛）一地就有10座私人管理下的灯塔；同年，日本控制下的辽东半岛，私人灯塔在20座以上；而

---

① ［日］递信省编：《递信事业史（第6卷）》，第1 303页。
② ［日］递信省编：《递信省第一年报》，东京：递信省总务局，明治三十二年（1889年），第135页。
③ ［日］递信省编：《递信事业史（第6卷）》，第1 304页。

台湾、朝鲜亦分别由私人管理着4座和6座灯塔。①

与英国和日本的模式不同,中国灯塔建设的主导权一开始便在政府手中;部分原因是私人灯塔往往具有公益项目性质,高昂的建设管理费用使得私人参与灯塔事务的热情并不如英国和日本那样。尽管如此,中国仍分布着不少私人建设和管理的灯塔。如1914年任氏兄弟在中国浙江石浦东门外"建筑天门灯塔,以便航行","所费建筑之资,约值五六千元,悉由任君兄弟二人独力肩支",②至于建成后灯塔的日常运营,是"以每月捕鱼所入,充灯塔之经常费,遇有余资,则兴土木,借谋完备"③,从中可见私人建设和运营公益灯塔之艰难。

从灯塔数量来看,东亚私人灯塔数量占灯塔总数的比例较低,表明私人资金在灯塔资金总量中的权重不大;但私人资金建设的灯塔常常出现在政府灯塔建设力所不及却又是民众所急需的地方。因此,私人资金在灯塔资金中的意义仍然不可忽视。

(三)其他政府资金

日本各级地方政府建设的灯塔,一般称为公设灯塔。明治二十一年(1888年)日本发布航路标识条例,确定了官设航路标识的大方针,但地方政府仍需要依靠地方收入进行灯塔建设。④道府县、市町村等各级政府均利用各自相关资金参与到灯塔建设和管理中,如1908年《航路标识管理所年报》中"本所所管以外官设及公设航路标识总数表"⑤对各级地方政府所建设和管理的灯塔有介绍,后来的历年《灯台局年报》也均有统计地方政府名下的灯塔。

公设灯塔的标费收入是伴随着私设灯塔收归政府和公设灯塔的建设于1890年开始纳入《递信省年报》中。公设灯塔标费收入一度出现明显的上升,

---

① [日]递信省编:《递信事业史(第6卷)》,第1292~1293页。
② 黄美成:《热忱建灯塔(浙江)》,《兴华》1922年第19卷第14期,第23页。
③ 《东门岛渔民捐资建筑灯塔》,《渔汛》1932年第44期,第6页。
④ [日]递信省编:《递信事业史(第6卷)》,第1304页。
⑤ [日]航路标识管理所编:《航路标识管理所年报(第2卷)》,东京:航路标识管理所,明治四十一年(1908年),第72页。

在1892年达到最高的3694日元,随后开始出现下降。1899年吨税法颁布之后,该年公设灯塔标费收入为2579日元。公设灯塔的标费征收时间较短,到明治三十六年(1903年)仅收入914日元,次年完全停止征收。

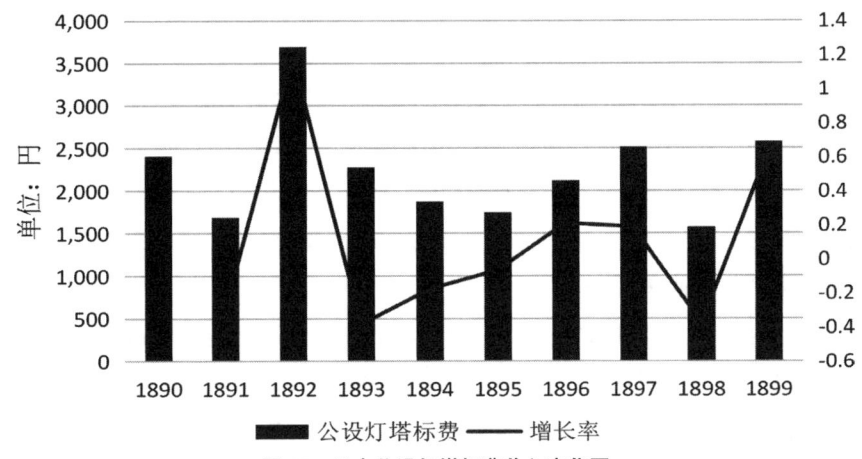

图15　日本公设灯塔标费收入变化图

数据来源:根据历年《递信省年报》中公设灯塔标费收入数据整理所得。

在海关船钞之外,近代中国最主要的灯塔建设运营资金是哈尔滨和爱珲所在的松花江流域所征收的河捐。哈尔滨关区的灯塔最初设置于1912年,该年共设置灯标33座。就数量来看,截至1941年,哈尔滨关区的灯桩、灯浮标数量有一百多座,此外还有上千座其他类型的航标,而河捐则是这些航行标识得以设置的主要资金来源。光绪三十二年(1906年),由哈尔滨地方当局、铁路局和航商各派代表组成了江道委员会负责松花江航路标识的管理;光绪三十四年(1908年)年终,松花江河道标识管理权转移到海关手中。哈尔滨关区最初也以征收船钞作为建设航路标识的费用,1909年,海关年报中首次对哈尔滨关区的船钞收入进行统计。宣统二年(1910年)七月,稽查松花江往来船只暨进出口货物暂行试办章程公布施行,规定"按货色种类多寡,并载运路程远近,征收河捐,用以替代船钞,所有收入,即作河道标识之经费"[①]。河捐最初以卢布为征收单位,到民国六年(1917年)卢布贬值严重,河捐税率又经过多次调整,

---

① [英]魏尔特:《关税纪实》,北京:中国海关出版社,2009年,第79页。

卢布的信用大为降低。借海关改革之机，自民国九年（1920年）二月开始征收河捐，以关平银为计价单位；同时货物重量单位也由俄国"铺特"改为中国的"担"。民国十年（1921年），经中国政府核准，同时并依船只等级，及其开往地点为区别，新征修江费，松花江河道标识资金由此实现自给自足。民国十七年（1928年）三月，哈尔滨海关成立东北水道局以维护东北各省水道，此后松花江河捐增至三倍，其中三分之二收入归东北水道局用以建设航标和维护航道。①可见哈尔滨关区河捐（爱珲与哈尔滨情况相似）的主要收入由当地自收自用，而非如其他关区的船钞一样归海关统一分配。各年份的吨税统计中均特别标注出河捐，但已有研究多注重船钞总体上的发展变化，没有认识到河捐在征收规则和管理上的特殊性。

而中国沿海灯塔建设中，来自租借地外国政府的资金也是以各租借地政府征收的船钞为主，如德国管理下的青岛灯塔资金即为船钞。中国在青岛设有胶海关，但自德国租借胶州湾后，"船钞之收支及泊船规费等项不属税关管理"②，而是归入德国治下的青岛地方财政。1898年起，青岛政府开征9种税收，其中第四项规定"青岛港进出商船每吨征收船钞（即吨税）洋二分五厘"③。这一船钞征收制度贯穿德国治理青岛的始终，并在日本占领青岛后得到延续。尽管中国在1922年收回青岛主权后将船钞收归海关管理，但青岛关区的灯塔未收归海关，"一则缘用固有制度鉴于凡民图始之难，一则因陋就简冀收侨民相安之效"④，灯塔管理权仍长期属青岛地方政府。其他租借地灯塔建设管理中，资金多来源于船钞，如在总税务司对香港的描述中提到"本属中国政府可于广州征收之船钞已为该殖民当局夺去"⑤；威海卫则是英国人为了增强其竞争力，"特将其地辟为自由贸易港，不抽关税，只缴少数船钞，以吸收进出口

---

① ［英］魏尔特：《关税纪实》，第80页。
② 赵琪修、袁荣：《胶澳志》，台北：成文出版社，1968年，第40页。
③ 赵琪修、袁荣：《胶澳志》，第1221页。
④ 赵琪修、袁荣：《胶澳志》，第1219页。
⑤ 《为附送有关船钞使用之两件节略由》（1870年12月31日第25号通令），《旧中国海关总税务司署通令选编》第1卷，第113页。

货"[①];大连的船钞则在中日条约中明确规定由租借地租入国当局而非中国海关征收和支配,[②]可见香港、威海卫、大连等租借地的灯塔资金来源情况与青岛大同小异。尽管租借地政府与中国海关征收的灯塔资金均为船钞,但各个租借地征收的船钞税率与中国海关所征收则不尽相同。

总的来看,东亚各国各地区为灯塔建设而征集的资金种类多种多样,其中中国海关船钞是中国海域内各灯塔建设的主要资金来源,而日本船税和税制改革后全国统一征收的吨税则是日本海域内灯塔建设最主要的资金来源。台湾在1895年前后分别是船钞和吨税;日本殖民下的朝鲜则以吨税为主,但在一定时期内征收方式和税率与日本本土都颇不相同。此外,日本地方政府和私人所征收的标费、中国哈尔滨和爱珲关区征收的河捐以及中国的外国占领区或租借地所征收的其他相关税收都构成了灯塔资金的一部分。各类资金额度大小不一,重要性也各不相同,但当中国海关船钞和日本吨税承担起重要航路、重点港口区域灯塔建设的同时,地方政府和私人相关资金则在中央政府暂时无暇顾及而又是渔民或商船必经的、险象环生的航路上建设起必要的航路标识,为提供安全、便利的航行条件做出各自的贡献。

第三节 东亚主要灯塔资金的分配

灯塔资金的来源多种多样,相关组织机构征集的各种灯塔资金均要通过一定的方式分配到灯塔建设管理中的各个环节。既包括在灯塔相关领域和非灯塔相关领域的分配(因为有些资金实际上并非全部用于灯塔建设管理),也包括在灯塔器材购置、建造、管理等各个环节的分配,还包括在不同区域的分配。灯塔资金分配是一个复杂的过程,下文将以近代中国海关船钞和日本吨税为例,梳理灯塔资金的分配情况。

---

① 朱世全:《威海问题》,上海:商务印书馆,1931年,第102页。
② 中日《会订大连海关试办章程》,王铁崖编:《中外旧约章汇编》第2册,第396页。

一、近代中国海关船钞

由于近代中国的特殊性,各个部门、机构所征集的灯塔资金并非全部用于灯塔建设,甚至有大量资金长期未能用于海务工作中。理解并分析作为灯塔资金的船钞所占比重的变化,对于认识近代中国船钞海关的分配机制和灯塔的建设进程都具有重要意义。

(一)作为灯塔资金的船钞比重

尽管英国人早已有将船钞用作灯塔建设的意图,且清政府早在1855年即已开始将船钞用于灯塔建设。1858年中英《通商章程善后条约:海关税则》方首次规定"浮桩、号船、塔表、望楼等经费,在于船钞项下拨用"[1],以条约形式确定了船钞作为灯塔建设资金的地位。但此后数年内,船钞的用途并不明确,清政府为了对付太平军,一度"大量挪用为欧洲人称做(作)'船钞'之款项"[2]。直到1865年方经总理衙门核准,"每季得自各口岸海关监督收取当季征收取之一成船钞,用于改善港口之用"[3],在此基础上成立了负责海务的船钞部,其主要职责包括"港务之管理;灯塔浮标及一切便利航行设备之装置与维持;沿海及内河水道之测量;河海航道图表之绘制;与夫气象报告之记录等"[4]。故船钞是以海务部门费用的形式拨发,该部门事务多种多样,但相关制度并未对船钞的具体用途做详细规定。1868年,这项支出又有增加,赫德通令各关"不再将船钞中之一成汇往丽如银行本总税务司账户。总理衙门已饬令各海关,将尔口岸所征收之船钞改按七成照惯例汇至上述银行之总税务司账户C"[5],此

---

[1] 王铁崖编:《中外旧约章汇编》第1册,第118页。
[2] 《为附送有关船钞使用之两件节略由》(1870年12月31日第25号通令),《旧中国海关总税务司署通令选编》第1卷,第110页。
[3] 《船钞之一成于每季征收后记入总税务司账户C》(1865年1月6日第1号通令),《旧中国海关总税务司署通令选编》第1卷,第35页。
[4] [英]魏尔特:《关税纪实》,第77页。
[5] 《七成船钞按月收取并按季汇出》(1868年3月13日第2号通令),《旧中国海关总税务司署通令选编》第1卷,第55页。

第二章
镜鉴英美：东亚灯塔资金的征集与分配

后"总税务司份额的吨位税记入'C'帐（账）"①成为定制；而其余三成船钞则是"上交总理衙门，其中一部分用于资助同文馆"②。虽然1868年"改拨船钞之七成用于改善航运"③，但此划拨用于灯塔建设的只是外国船只缴纳的船钞，并不包括中国船只缴纳的部分。随着华商洋船的增多，1877年，总理衙门同意赫德的请求，"按月将华商船钞七成拨交各关税务司代收"④，用于灯塔建设。

该比重在此后维持了很长一段时间。"辛亥革命以前，所有十分之七船钞收入，向由各关监督，交由各埠税务司备用。革命以后，此项船钞征收事宜，既交由总税务司管理，其十分之七，即由各埠自行支付，其归外交部之三成，则收入总税务司账内，由北京总署，再行汇解外部"⑤，即民国外交部继承了清代总理衙门、外务部的权益，原来用于同文馆的三成船钞在革命之后归该部处置。到民国六年（1917年），七成船钞仍显得捉襟见肘，该年四月经政府批准，海关总税务司通令各关，此后"将所有吨税收入存入账户C"⑥，用于灯塔建设和航道维护；至于原来属于外交部的三成船钞，则"另由税款项下，提拨一固定数目之款项，解交外交部，以抵补船钞项下之三成。由该月起，迄十年七月止，此项提拨数目，规定为每年关平银四十三万二千两。自十年八月起，增至关平银六十一万九千二百两，每月按关平银五万一千六百两拨付"⑦。民国十五年（1926年）七月一日，船钞分配比例再次修改，"除由税款项下仍拨原数外，另由船钞征收确数项下，提出十分之二，按月呈缴外交部"；民国二十年（1931年）七月一日，"财政部为保存船钞款项起见，特训令将前述二成，亦改

---

① ［英］魏尔特：《赫德与中国海关》上册，第378页。
② 《为附送有关船钞使用之两件节略由》（1870年12月31日第25号通令），《旧中国海关总税务司署通令选编》第1卷，第129页。
③ 《为附送有关船钞使用之两件节略由》（1870年12月31日第25号通令），《旧中国海关总税务司署通令选编》第1卷，第117页。
④ 《Tonnage Dues from Chinese Vessels: 7/10ths to be received for A/c. C.》（1877年5月4日第25号通令），《中国近代海关总税务司通令全编》第2卷，第91页。
⑤ ［英］魏尔特：《关税纪实》，第77～78页。
⑥ 《Tonnage dues: total amount to be brought to account in Account C; remittances of Account C balances; instructions》（1917年4月9日第2653号通令），《中国近代海关总税务司通令全编》第15卷，第160页。
⑦ ［英］魏尔特：《关税纪实》，第78页。

由税款项下拨付"①。

由此可见,海务经费占船钞的比重是一个变化的过程,其占比在不断上升,直到最终所有船钞都被作为海务经费使用。作为海务经费的船钞的用途多种多样,其中作为灯塔资金用于灯塔建设管理是船钞的主要支出形式。这部分资金虽然总量不大,但对近代中国以灯塔建设管理为主的海务事业发展具有重要意义。

(二)作为灯塔资金的船钞分配

尽管在早期的中外条约中对船钞作为灯塔资金有明确规定,但在实际操作中,船钞的具体用途仍然存在争议。赫德认为,中外条约仅仅规定灯塔维护费用由船钞支付,故"架设灯标浮标诸事由他项专款提供"②,在实际操作中,如1869至1870年间的船钞部定制工厂设备均由专款而非七成船钞支付。③船钞支出项中并不包括灯塔购买费用,而明确包括工厂、劳动力和薪金方面的支出。

船钞长期作为船钞部(Marine Department,即后来的海政局)的经费拨发,海关年度统计中未对船钞支出进行细分,以至于难以确切知道用于灯塔建设管理与其他海务建设的资金分别是多少。但由于海务事业的主要工作为灯塔建设和管理,故可知船钞总支出主要用于灯塔建设管理的相关支出;尽管不能确切知道灯塔资金的数额,但仍可通过船钞的总支出从一个侧面了解灯塔资金在各个环节、各个区域的基本分配情况。

表12 各关区改善航运开支表(1865—1870)

单位:海关两

关区	金额	关区	金额
上海	386862	广州	3309
宁波	19366	镇江	3011

---

① [英]魏尔特:《关税纪实》,第78页。
② 《为附送有关船钞使用之两件节略由》(1870年12月31日第25号通令),《旧中国海关总税务司署通令选编》第1卷,第115页。
③ 《为附送有关船钞使用之两件节略由》(1870年12月31日第25号通令),《旧中国海关总税务司署通令选编》第1卷,第122页。

续表

关区	金额	关区	金额
福州	14052	九江	2168
淡水	1075	汉口	722
打狗	368	芝罘	24258
厦门	9249	天津	8128
汕头	1208	牛庄	24333

数据来源：根据《中国近代海关总税务司通令全编》第1卷中1870年第25号通令相关内容整理所得。

根据船钞在1865至1868和1868至1870年两个阶段在改善航运方面总的支出情况，可以发现1865至1870年间上海的船钞支出占船钞总支出的绝大多数，而牛庄、芝罘、宁波的支出也相对较多；与此相对的是，汉口、打狗、淡水、汕头等关区的支出微乎其微。这反映出灯塔资金的支出与各个关区的贸易发展紧密相关。贸易发展对改善航运条件、发展灯塔事业提出了要求，航运条件的改善和灯塔布局的完善则进一步促进区域经济的繁荣。

表13 以七成船钞支付的薪资表（1872年）

单位：海关两

关区	金额	关区	金额
牛庄	300	上海	2682
天津	105	宁波	205
芝罘	140	福州	535
汉口	50	厦门	345
九江	50	其他	1075
镇江	75	总计	5562

数据来源：根据《中国近代海关总税务司通令全编》第1卷中1870年第25号通令相关内容整理所得。①

---

① 《为附送有关船钞使用之两件节略由》（1870年12月31日第25号通令），《旧中国海关总税务司署通令选编》第1卷，第123~128页。

在用于薪俸的船钞方面,"参与沿海灯标及港口工程等有关雇佣人员"①的薪资均由七成船钞支付,这些雇员包括中外灯塔管理员、理船厅和营造司等工作人员。尽管华员数量不少,但由于华员工资远远低于洋员,故各个关区的薪资总支出很大程度上是由该关区的洋员数量决定的。具体来看,上海的薪金支出仍然远远多于其他关区,但相对于航运改善的消费而言,这种优势并不明显。原因在于海务部门会对上海等重要关区配备最好的设备,这些设备许多都要从欧洲采购,故花费巨大,而相对次要的关区则可以使用较为简陋、便宜的灯塔设备,这使得上海和其他几个重要关区的改善航运总支出远大于其他关区。而灯塔一旦点亮即需维持其不灭,这就要求即便相对次要的灯塔也要有固定的工作人员进行管理;灯塔这一特点使得薪金支出的弹性较小,上海薪资总数与各区域薪资总数相比,差额远小于改善航运总支出的差额。

表14 主要灯塔的能源消耗情况表(1922年)

关区	油量(加仑)	气量(立方英尺)	关区	油量(加仑)	气量(立方英尺)
琼州	1261	1890	温州	572	0
广州	0	2418	宁波	2290	0
汕头	4439	0	上海	7082	28049
厦门	2909	0	芝罘	4358	1587
福州	4758	0	天津	745	0
三都澳	1098	0	牛庄	240	0

资料来源:Inspector General of Customs, *Report of the Marine Department, for the Year 1922*, Shanghai: Statistical Department of the Inspectorate General, 1922, pp. 56-57.

由于资料的限制,并不能直接获取燃料消耗所花费金额,但通过燃料消耗量本身的对比,仍可以明确观察各个区域燃料消耗的差别。上海、芝罘、福州、汕头的燃料消耗远远多于其他关区,这种情形产生的原因包括两方面:一是部分关区地位重要、高等级灯塔分布数量较多,故燃料消耗较大;二是部分关区范围内海岸线曲折、地形条件复杂,故建设有较多灯塔以维护航行安全。另外,上

---

① 《为附送有关船钞使用之两件节略由》(1870年12月31日第25号通令),《旧中国海关总税务司署通令选编》第1卷,第123页。

海以上的长江流域并无高等级灯塔分布,故在此能源消耗表中并不涉及这一区域的情况。同时,上述表12、表13、表14的统计均限于海关管理下各个以船钞为资金建设和维护灯塔的区域,并不涉及各个租借地和外国占领区的情况。

自1865年开始到1949年的数十年间,"由总税务司支配之款项占船钞总额之比例虽不时有所改变"①,但灯塔相关资金均由船钞提供。灯塔资金不足仍是海务部门面临的一种常态,海关海务部门甚至多次因资金不足而导致灯塔建设事业陷入停滞。特别是20世纪20年代末"因银价低落,且各灯塔所用仪器,率以金镑购置之结果"②,导致资金不足的问题进一步凸显。尽管早在民国初期船钞实际已全部作为灯塔资金使用,但由于近代中国各地区的灯塔建设事业尚未达到完善的程度,故该项资金仍远远不能满足大量的建设需要。

二、日本主要灯塔资金的分配

日本的主要灯塔资金在19世纪一方面是由公设和私设灯塔征收的标费(灯费),另一方面则是官设灯塔征收的船税;税制调整后主要灯塔资金则转变为由大藏省主税局统一征收的吨税。尽管日本灯塔资金仍有其他来源,但早期的标费和船税、1899年开始的吨税则先后是日本灯塔建设管理资金的最稳定的组成部分。

(一)标费的分配

标费收入包括两大部分,即私设灯塔收入和公设灯塔收入。近代早期日本鼓励民间资本进入灯塔建设领域,使得私设灯塔出现快速增长,私设灯塔的增长也就带来相应的标费增长。正如前文讨论其他灯塔资金中"私人灯塔资金"部分提到的那样,19世纪后期各地私设灯塔征收标费的方式和标准多种多样。明治十九年(1886年)日本私设灯塔的标费收入为9157日元,来源包括21座狭

---

① 《为船钞历史沿革及税率由每吨关平银0.4与0.1两改为每吨国币0.65与0.15元并取消甲板船钞事》(1933年3月14日第4584号通令),《旧中国海关总税务司署通令选编》第3卷,第219页。

② [英]魏尔特:《关税纪实》,第78页。

义灯塔、7座灯竿和2座立标,其中使用狭义灯塔所征收的标费占绝大多数,使用灯竿取的标费居于其次,其他航路标识类型则收入很少甚至没有收入。

灯塔的相关支出主要用于灯塔的建设和维持,但灯塔的建设费用往往是由其他专款支出。如肥后国八代港的八代灯塔于明治十六年(1883年)经工部省批准开始建设,到1886年建成亮灯,该灯塔建设费约为505元;[①]该年还建成浮标4座、立标2座、澪标1座,这些航路标识和八代灯塔的建设费均由其他拨款而非标费支出。实际上,标费收入则仅仅作为灯塔的维持费(包括工人工资、灯油费、修缮费和杂费等项)使用,同样是1886年的情况,工资支出达4513日元,占到标费收入的二分之一。工资支出与其他各项维持费支出总计达9523日元,已经明显超过标费收入的数额。

表15 日本私设灯塔标费收入与维持费支出表

单位:円

年份	工资	灯油费	修缮费	杂费	总计	标费收入
1886	4513	2065	1992	953	9523	9158
1887	4802	1267	753	851	7673	10261
1888	4638	1255	842	1226	7961	11949
1889	4048	1243	1265	1291	7847	12433
1890	3274	1161	1099	1489	7023	8170
1891	3243	1016	1061	1501	6821	7321
1892	2829	894	693	1270	5686	5955
1893	2626	803	460	753	4642	5615
1894	2337	767	427	1553	5084	4433
1895	2244	731	454	1419	4848	4299
1896	2140	419	355	1031	3945	2762
1897	1233	303	115	286	1937	2323
1898	683	197	52	88	1020	1305
1899	738	222	78	93	1131	1548

数据来源:根据《递信省年报》历年私设灯塔标费与维持费数据整理所得。

① [日]递信省编:《递信省第一年报》,第133页。

与公设灯塔所获得的标费收入相比,私设灯塔标费收入远远高于后者,长期是标费收入的最重要组成部分。但随着日本政府对私设灯塔限制的日益严格,私设灯塔持续减少,明治二十三年(1890年)相对于前一年,狭义灯塔减少4座、灯竿和陆标各减少1座,到该年度末,仅剩下私设狭义灯塔63座、私设灯竿11座。灯塔的锐减也表现在标费收入上,1890年私设灯塔的标费收入为8170日元,仅相当于前一年标费收入的三分之二;但与公设灯塔的标费收入相比,这一数字仍然是后者的三倍以上。随着私设灯塔数量的持续减少(1898年私设狭义灯塔仅为6座,1904年私设狭义灯塔只剩下4座),灯塔的维持费也相应减少,1898年维持费支出相当于1886年的九分之一,到明治三十七年(1904年)维持费支出进一步降至823日元。①

表16 日本公设灯塔标费收入与维持费支出表

单位:円

年份	工资	灯油费	修缮费	杂费	总计	标费收入
1889	427	53	44	76	601	0
1890	1833	710	209	422	3175	2408
1891	1905	576	241	448	3170	1689
1892	1505	200	438	485	2629	3694
1893	1512	191	239	358	2300	2278
1894	1733	185	2126	495	4539	1876
1895	1839	274	896	1104	4112	1752
1896	2315	364	607	455	3741	2120
1897	2310	372	423	582	3687	2513
1898	2490	415	817	722	4444	1572
1899	2697	491	1373	1496	6057	2579

数据来源:根据《递信省年报》历年公设灯塔标费与维持费数据整理所得。

公设航路标识不断增加,明治二十三年新增公设狭义灯塔一座、灯船二艘,还有部分灯塔由私人管理转而移交地方政府管理。与公设灯塔数量增长

---

① [日]递信省编:《递信省第十九年报》,东京:递信省,明治三十七年(1904年),第234页。

所不同的是,公设灯塔标费收入自1890至1899年间虽有一些波动,但总体平稳、无明显增加或减少的趋势;而随着公设灯塔数量的不断增加,维持费支出则在保持增长,到1899年各类维持费支出总计已达6057日元,1904年更是达到9184日元。在具体支出上,主要用于支付工人工资、灯油费、修缮费和杂费等维持费用。1890年,工资支出占维持费支出的比重高达五分之三;尽管该工资占维持费的比重在其他年份有所不同,但多数年份在50%左右,是维持费的最主要支出部分。

(二)船税与吨税

从建设和管理权限上看,日本灯塔分为官设、公设和私设三种类型。中央政府各部门所设灯塔称为官设灯塔;地方各级政府所设灯塔称为公设灯塔;而非政府设置的灯塔则称为私设灯塔。自19世纪60年代末日本开始兴建近代灯塔以来,公设和私设灯塔均是通过征收标费(针对灯塔征收的费用,或称灯费)以维持灯塔运营,建设和维护官设灯塔所征收的税种称为船税;1899年之后,标费征收逐渐停止,而船税则为全国统一征收的吨税所取代。作为由中央政府先后针对船舶征收、用于灯塔建设维护的两种税收,吨税与船税之间拥有较强的延续性。

表17 日本官设灯塔船税收入与航路标识费支出表

单位:円

年份	日本纪年	船税	航路标识费
1893	明治二十六	282530	120675
1894	明治二十七	281525	130198
1895	明治二十八	291350	144420
1896	明治二十九	152087	170623
1897	明治三十	9	186884
1898	明治三十一	11	213595
1899	明治三十二	240324	249505

数据来源:船税来自《大藏省年报》,航路标识费根据《递信省年报》历年官设灯塔船税收入与航路标识费支出数据整理所得。

第二章
镜鉴英美：东亚灯塔资金的征集与分配

船税是19世纪中后期针对使用官设灯塔的船只征收的一种税费，是这个时期日本官设灯塔建设管理资金主要的主要来源。日本开国之初与外国签订的条约中对船税征收规则就有规定，即安政四年与荷兰签订的追加条约第二条明确提到船税的征收对象、税率、期限等。①

从1893至1899年间日本船税收入额来看（1897和1898年异常数额是由于这一时期税收制度调整造成，并非实际收入情况），各年收入均远远超过私设和公设灯塔的标费收入，甚至是后者的数倍；从船税收入的年际变化看，收入总体保持稳定，并没有明显的变化趋势。船税的支出主要是作为航路标识费，该项支出包括灯塔管理员的工资、灯塔维持费、修缮费、新建灯塔费用等。从1893至1899年航路标识费支出额来看，同样远远高于公设和私设灯塔支出之和。从官设灯塔航路标识费支出的年际变化看，呈现出明显的高速增长趋势；这种趋势与日益减少的私设灯塔支出形成鲜明对比。

表18　日本航路标识费支出明细表

单位：円

年份	岁出经常部（小计不包括少量死伤补贴、赔偿及诉讼费）					岁出临时部	支出总计
	薪资	修缮费	旅费	事业费	小计		
1901	136509	709	8280	158839	305430	236838	542268
1902	118310	701	8210	158802	287028	260312	547340
1903	142575	708	8830	166705	319911	189489	509400
1904	142575	708	7175	155011	306562	72530	379092
1905	145818	708	6563	150791	304932	27558	332490
1906	152298	708	6765	173503	334326	26678	361004
1907	159791	708	9661	173212	343971	151310	495281
1908	165411	708	9294	175391	351175	206235	557410
1909	171729	708	9370	182567	364745	118690	483435
1910	210638	708	8838	185339	405523	69800	475323
1911	211286	708	7857	186033	406984	97000	503984
1912	216194	708	9498	187584	413984	63847	477831
1913	217830	708	9712	188734	416984	63000	479984

数据来源：根据《递信省年报》历年航路标识费支出数据整理所得。

---

① ［日］板垣只二：《关税行政法论》，第726页。

1899年之后,吨税取代船税成为日本用于灯塔建设和航道维护的主要税种。从1899年之后吨税收入和航路标识费的支出来看,吨税收入长期保持平稳增长。而航路标识费支出延续了此前的高速增长趋势,在多个年份出现入不敷出的情况,支出额甚至一度高出吨税收入近一倍;但经历过短暂的波动之后,支出逐渐趋于平稳,支出高于收入的情况消失,表明灯塔建设高潮很可能已经过去。从航路标识费支出明细中可以发现,支出主要由岁出经常部的薪资、事业费和岁出临时部构成。由于灯塔一旦建成点亮就要维持不灭以保障航行安全,故随着灯塔数量和灯塔管理员的增加,岁出经常部中的薪资和事业费必然会保持上升的趋势。但当最为关键的航路和节点上的灯塔建成之后,灯塔建设速度必然放缓,故岁出临时部支出在波动中降低,进一步表明日本灯塔建设的这一波高潮已经过去。

　　比较中日两国灯塔的资金来源,总的来看,尽管近代中国海关船钞是为灯塔建设而征收,但近代早期作为灯塔资金的部分所占比重偏低,以致灯塔建设的需求得不到充分的资金保障;同时,在区域分配上,灯塔资金大量集中在上海等重要关区也导致资金的不足被凸显,海务部门甚至多次因资金不足而使灯塔建设陷入停滞。另外,税率偏低且长期不变而欧洲主要货币却处于升值轨道,然海关灯塔的主要部件均是向欧洲采购,这使得资金不足的问题被进一步放大。与此相对的是,日本充分让民间资本参与到早期灯塔建设事业中,私设灯塔数量不断增加;包括私设灯塔的标费收入在内的灯塔资金又投入下一轮的灯塔建设,这使得灯塔的发展并未出现明显的资金短缺问题。1899年税收制度改革后,全国统一征收的吨税额度进一步增加,灯塔建设和维护资金由此得到充分保障。并且,日本灯塔的主要部件早已实现本土化生产,这又进一步降低了日本灯塔建设和维护的成本。就整个近代而言,中日灯塔不论从数量还是等级、在资金支出的多样性和合理性等方面都存在明显的差别,导致这些差别产生的原因多种多样,但资金是否充足则是产生此差别的一个重要原因。

/ 第二章 /
镜鉴英美：东亚灯塔资金的征集与分配

小　结

本章第一节利用以官方史料为主的明清文献与近代海关、近代税收相关资料和著作对比，通过其中"船钞"有关的描述和定义，对"船钞"名下包括的税费进行了重新划分，得出近代海关船钞与传统船钞是性质不同的两种收入的观点。在此基础上，结合英国灯塔税和美国吨税的相关文献，分析这两种收入与中国近代海关船钞和日本灯塔资金的特征和关系，认识到19世纪并不存在"国际上通行的吨税"，中日灯塔相关税费征收制度均受到来自英国灯塔税和美国吨税制度的影响。第二节以中日海关税收统计资料为基础并结合其他文献，分析了东亚各国各地区为灯塔建设而征集的资金种类，特别是中国海关船钞、日本船税和吨税。由于资金额度的大小、资金来源的稳定性不同，使得各种资金的重要性存在差异。第三节主要利用海务报告中的灯塔资金分配资料对近代东亚各种灯塔资金特别是近代中国海关船钞和日本吨税等主要灯塔资金的支出情况进行梳理，通过对比分析发现，各类资金额度大小不一，重要性也各不相同，但都是灯塔建设中不可或缺的一部分。

本章最重要的发现包括两点，一是英美灯塔税费制度对中日产生了明显影响，产生这种影响的原因一方面是英美为代表的西方国家为了全球贸易扩张的需要，在近代早期与中国、日本签订的条约中对船钞和吨税的征收形式和税率提出明确要求，通过降低税率、减轻税费负担来促进产品出口；另一方面则是东亚国家在税费制度变革中主动寻求对西方制度的模仿和借鉴，如中国海关将1853年《英国商船法案》作为船只测量和船钞征收的重要参考，而日本对1899年《吨税法》的定位则与美国吨税制度保持一致。

二是中日在灯塔税费征收和支出上存在明显差异，导致这种差异的影响因素有很多，本章述及的因素如下：第一，相当部分的中国海关船钞收入因清政府的需求而长期作为战争（太平天国运动）、教育（同文馆）的支出，故实际用于灯塔建设的资金显得不足；第二，中国沿海存在大量的租借地和占领区，近代中国几乎从未实现对全国沿海地区航路标识的统一管理,当然也难以实现对船钞收入的统一收支,海关总税务司在1870年对香港船钞不再归广州征收而提出的抱怨就是一个典型案例,尽管香港的船钞收入充盈,但实际灯塔建设不多且仅限于香港水域内。与此相对的是,日本鼓励私人资本投入灯塔建设,使得近代早期的灯塔建设并不缺乏资金;1899年吨税改革实现主要灯塔资金的全国统一管理,充足的资金为日本灯塔建设进入快速发展提供了基本保障。

/第三章/
西学东渐:近代东亚航道测量与灯塔选址

第三章　西学东渐:近代东亚航道测量与灯塔选址

　　航海活动特别是远洋航行至不熟悉的地带,难以离开包括灯塔在内的航行安全设施的指引。人类历史上航海活动长期停留于近海,一方面是航海技术和航行设备的落后,另一方面则是对海洋认识不足和航行安全设施的缺乏,使得航海特别是远洋航行面临巨大的风险。尽管如此,人类从来没有放弃对探求海洋的渴望,随着15到17世纪航海技术的进步和新航路的开辟,人类对海洋的认识不断加深。但航海事业的发展使得船只面临的航行安全风险进一步凸显,人们需要以更专业的方式对航道进行测量并建立包括灯塔在内的航行安全设施,以保障日益频繁的航行活动中船只的安全。其实,现有研究已经注意到西方国家在东亚航道测量和灯塔选址中的作用,也已经注意到东亚的中国、日本等国在航道测量和灯塔选址中的努力;从某种程度上说,双方在航道测量和灯塔选址中均付出艰辛是显而易见的事实。仅以日本灯塔而言,这方面的成果就十分丰富,[1]比中国航道测量和灯塔选址相关的研究更多。但

---

[1]　[日]海上保安厅灯台部编:《日本灯台史100年の步み》;Kieran M. Rohan:《明治初期の外人「雇い」:プラントンの灯台の建设》,《ソフィア:西洋文化ならびに东西文化交流の研究》1965年第2期;[日]五十畑弘:《明治初期における英国からの技术移植》,《日本土木史研究发表会论文集》1987年第七回,第79~87页;[日]平塚四郎、佐藤建吉:《犬吠埼灯台とプラントン——明治草创期における灯台の技术移转》,《机械技术史(3)——第三届中日机械技术史国际学术会议论文集》,云南昆明,2002年,第160~165页;[日]柿原泰:《お雇い外国人とイギリス帝国のエンジニア》,《Journal of the History of Tokyo University》2000年第18卷,第33~44页;Michael Gardiner, "Robert Louis Stevenson and the Meiji Enlightenment," *The Yearbook of English Studies: Victorian World Literatures*, Vol. 41, No. 2, 2011, pp. 58-72.

是,这些研究缺乏对东西方各个国家不同主体在航道测量和灯塔选址中担负的不同角色以及不同角色定位背后的深层原因的进一步讨论,更未注意到东西方各个主体在航道测量和灯塔选址中的不同作用对灯塔体系发展和航运格局的形成又意味着什么。

第一节　东亚航道测量的推进

　　为了明确灯塔建设的背景和条件,有必要首先对航道测量的历史进行考察。自18世纪开始,伴随着工业革命的爆发和欧洲资本主义各国的对外扩张步伐,适宜新的航海条件、应用新的测量技术的海洋航道测量活动在英法等国政府的支持下发展起来。特别是轮船的出现对航行条件提出了更高的要求,进一步推动了航道测绘和灯塔建设事业的全面展开。英国以及稍后的法国等欧洲各国带着对海外广阔市场和廉价原料的渴求大力推进海上航运的发展,先后成立海道测量部门,对本土、殖民地和世界其他重要海域进行了大量测绘;19世纪特别是中后期,东亚沿海成为西方各国测量的重要区域之一。

一、西方各国对东亚的航道测量

　　英国早在1807年就开始在东亚海域进行航道测量,这一年对中国的海陵山港和南澳港进行了测量,此后陆续对中国大陆沿海、日本沿海、朝鲜半岛、琉球群岛、台湾岛等东亚各地区进行了较为细致的测量。俄国也是东亚海域测量的积极参与者,据1880年报道"俄廷现派大臣数员测量海道,所测量者,太平洋与日本相近中国之海洋也"[①]。但西方各国在东亚的海道测量工作也并非一帆风顺,首先面临的问题就是自然环境的制约。法国是较早在东亚海域展开航道测量的国家之一,法国军舰曾驶至朝鲜可豆岛,试图测量该岛附近的

---

　　① 《测量海道》,《万国公报》1880年第573期,第16页。

朝鲜海岸,但因有浅滩阻隔、深浅难测而放弃。咸丰六年(1856年)又曾在可豆岛西角附近,尝试进一步测量朝鲜海岸,但最终也因行至海岸的风险较大而作罢。①在西方各国以通商贸易的背景下在东亚展开航道测量的同时,东亚各国也逐渐意识到放任外国测量会使领海安全面临风险。1875年,英国海军在朝鲜海域进行海道测量以修订海图,"放小船带领水手沿海测量,约行二百四十里,相近高丽界,高丽人见之,亦发小船数只,船上兵丁各带弓箭,望英国小船而射之"②,未携带武器的英国人只能艰难逃离。而日本早在1871年就成立了水路司并自主测量和出版海图,1882年开始明确禁止外国人擅自在日本领海测绘。尽管中国晚至20世纪20年代才正式发表声明,禁止未经允许的外国人在中国沿海从事测量,但中国人特别是涉及外事的官员对此早已有所警觉,"据广州湾法官照称,法国现派哥墨船诣雷州测绘地图,欲图通广州湾越南航路,该船果于初七日到埠声称欲在赑凤山绘图"③,中国官员则明确要求各地对法国船只进行限制。

尽管面临种种困难,但西方各国对东亚海域的测量仍然取得了丰富的成果,其中尤以英国海军部海道测量局所进行的工作最为成功,其根据英国和其他国家(特别是法国)对东亚及周边海域的航道测量成果编制航海书志,并不断补订、更新出版。

由英国海军部海道测量局金约翰(John W. King)编辑的 China Pilot 第三版于1861年出版,④按照英国海军部测量编辑的习惯,则该书第一版应该至晚在19世纪50年代已经问世。从内容看,China Pilot 第三版包括中国和朝鲜沿海、日本海以及东北亚的部分海域,从全书内容、结构、作者和出版信息看,此后的 China Sea Directory 是与 China Pilot 一脉相承的。根据陈寿彭的说法,⑤1874年江

---

① [英]金约翰辑:《海道图说》卷十,傅兰雅、金楷理口译,王德均笔述,上海:江南制造局,1874年,第1页。
② 《箭射英国兵船测量海道水手》,《万国公报》1875年第360期,第26页。
③ 《法人测绘雷州之地图》,《鹭江报》1904年第78期,第12页。
④ John W. King, *China Pilot*, London: The Hydrographic Office, Admiralty, 1861.
⑤ "译例",英国海军部海道测量局编:《中国江海险要图志》卷一,陈寿彭译,上海:经世文社,1901年,第4~5页。

南制造局刊行的《海道图说》①应当是英国海军部海道测量局 China Sea Directory 第一版的中译本,反映的是英国在19世纪中期对中国、日本、朝鲜半岛海域以及东亚周边部分海域测量的成果。1884年,英国海军部海道测量局出版了 China Sea Directory 第二版,该版本在第一版的基础上进行了测量内容和地名条目等信息的扩充;全书扩展为四卷,每一卷由不同的人负责,如第三卷编辑者为 Charles J. Bullock,②第四卷编辑者为 Frederick W. Jarrad。③1894年前后出版的第三版在内容上进一步扩充,但只是说明全书是多种来源信息的汇编,而不再在封面注明具体负责人。④1896年开始,此后几年内陆续出版了第四版;⑤1906年,又继续出版了 China Sea Directory 第五版。⑥在结构上,China Sea Directory 第二至第四版(目前未见第一版)均包含四卷内容(其中部分卷次在之后的年份有出版补编,如第三版的第三卷补编和第四卷补编),第一卷是以从马六甲海峡到澳大利亚沿线等东南亚各海域为主;第二卷是从新加坡到香港的沿线海域;第三卷是从香港到中朝交界的中国沿岸,也包括西江、闽江、长江、黄河、辽河等中国主要河流;第四卷包括朝鲜沿岸、日本群岛、库页岛、千岛群岛以及鄂霍次克海等。而第五版只有三卷,内容结构与第二至四版的前三卷相同。

从 China Pilot 和 China Sea Directory 记载和海图呈现的内容来看,近代海洋航道测量主要包括以下几个方面:

海岸线:是陆地和海洋的分界线,一般是指大潮高潮面或略高高潮面时的水陆分界线。

干出滩:海岸线与零米等深线之间的海滩地段即干出滩,高潮时淹没,低潮时露出。

海底地貌:即海底地表的起伏形态和土质,各种天然的航行障碍物如礁

---

① [英]金约翰辑:《海道图说》。
② Charles J. Bullock, China Sea Directory, Vol. Ⅲ, London: The Hydrographic Office, Admiralty, 1884.
③ Frederick W. Jarrad, China Sea Directory, Vol. Ⅳ, London: The Hydrographic Office, Admiralty, 1884.
④ China Sea Directory, Vol. Ⅲ, London: The Hydrographic Office, Admiralty, 1894.
⑤ China Sea Directory, Vol. Ⅰ, London: The Hydrographic Office, Admiralty, 1896.
⑥ China Sea Directory, Vol. Ⅰ, London: The Hydrographic Office, Admiralty, 1906.

石、浅滩、海底火山、岩峰等均属于海底地貌的范畴。

航行障碍物：除天然的以外，人工的主要有沉船、木桩、爆炸物、失锚等。

地物标志：包括各种从海上可以望见的有明显可辨特征的、航行时能借助用于导航定位的各种地物，如突出山头、烟囱、无线电塔、海角、海中岩峰等。

水文要素：主要指潮流、海流、潮信、漩涡及冰情等要素。

气象要素：主要指台风、雾、雷电等要素。

水深：即从海水深度基准面到海底的距离，由于各个海域的水文气象情况不同，各个具体地点的海底地貌各异，故为航行安全考虑，一般以量水绳测量不同地点海水深度以作为船只航行的参考。

早期的测量内容较为简单，如英国对朝鲜沿岸一海湾的测量主要是记录水深、雾天、航行障碍物和地物标志。[1]对琉球列岛的测量也主要是对障碍物、水道走向和水道与各岛的位置关系进行记录。[2]海洋航道测量的直接目的是将测量获得的信息制作成海图、水路志、潮汐表、航海报告和其他相应的书志供在这些海域航行的船只使用以保证航行安全。尽管早期测量中发现了许多不利航行的暗礁、浅滩、沉船等障碍物和其他狭窄、危险航段，且已将这些点标注于海图、记录在书志中，但利用早期测量所制作的这些书志按图索骥地在相关海域航行，仍面临很大的风险；特别是随着航运事业的发展，夜间航行越来越频繁，这种风险尤其明显。

在一次次的海难中，欧美资本主义各国深深地体验到这种风险的存在，指出"有三种用于指引航海的出版物总是处在不断的改变和修正之中，即海图、航行指南和灯塔表"[3]，也就是说凭借海图和航行指南仍然远远不够，在分布着障碍物或有其他危险的航段，在不熟悉的沿海航道和港口区域，特别是在夜间航行的情况下，及时获取经过修正的灯塔或其他航路标识信息显得至关重要。正是基于这种认识，19世纪中期，英国一边逐步推动本土灯塔事业的完善，一边开始在印度、澳大利亚以及香港等其管理下的区域大量建设灯塔。

---

[1] ［英］金约翰辑：《海道图说》卷十，第18页。
[2] ［英］金约翰辑：《海道图说》卷十，第44页。
[3] *China Sea Directory*, Vol. III, p. XIII.

二、西方成果应用与中日测量活动

(一)西方海测成果在东亚的应用

在世界各地展开灯塔建设的同时,包括英国在内的西方各国也认识到东亚灯塔建设是构建完善的国际航道网络过程中不可或缺的一个部分。早在1843年中英《五口通商附粘善后条款》的谈判过程中,璞鼎查就代表英国明确提出了让中国建设航路标识的要求,到中英《通商章程善后条约》时,则对航路标识建设的经费来源做了进一步规定,使得在接下来的数十年中灯塔事业的发展有了资金保障。而在安政四年日本与荷兰签订的追加条约和安政五年与法、英、葡、荷、俄五国签订的条约附属贸易章程中都明确规定了船税的征收原则和标准,并认定了船税作为交通税的性质,灯塔建设和维护即是其重要用途。

在这种背景下,较早开始灯塔建设并拥有丰富经验的英美等国积极参与到了东亚各国各地区的灯塔选址和建设当中。为了对中国海域进行测量并及时更新航海图书,英国在中国水域进行了长期连续的测量。[1]出于对西方各国航道测量技术水平和人员经验的信任,东亚各国往往在灯塔选址中充分利用英国海军部海道测量局所刊行的海图和书志,同时也乐于邀请或雇用这些西方国家的技术人员主持灯塔建设或者对灯塔建设进行指导。

为了更好地利用西方海道测量技术和成果,东亚各国人士在翻译和介绍相关海图书志方面也做了大量工作。尽管日本在1882年已经明确禁止外国在日本进行航道测量,但日本对西方特别是英国测量技术的重视却并未因此改变。明治三十年(1897年),日本水路部翻译了由英国水路部长、海军少将W. J. L. Wharton(曾担任Sylvia测量船船长)所著的《水路测量书》[2]。此后随着航道测量技术的进步,原书显露不足,1898年作者通过增补出了第二版,而日本水路

---

[1] 英国海军部海道测量局编:《中国江海险要图志》卷一,第1页。

[2] [英]W. J. L. Wharton:《水路测量书》。

部则在明治四十三年(1910年)将该版翻译出版。不仅在航道测量知识方面吸收西方成果,到19世纪末日本航路标识部门仍雇佣着相当数量的西方技术人员,水路部出版的《日本水路志》①的基本框架和叙述模式仍然可以明显看到同一时期 China Sea Directory 的影子;而《朝鲜水路志》的内容虽然在不断更新中,但从内容和体例来看,则与 China Sea Directory 保持一致,其第一章"海图、水路志及灯台表的改正"②则完全是抄录和翻译 China Sea Directory 的 "Information Relation to Charts, Sailing Directions, and the General Navigation of H. M. Ships"③的核心内容。

晚清中国海关职员和其他相关人士也做了很多引介和翻译工作,较早出现的就是金约翰编辑的第一版 China Sea Directory,经傅兰雅和金楷理口译、王德均笔述而成《海道图说》。以19世纪70年代到90年代早期历年中文版《航标总册》来看,大量灯塔的具体内容中都有提到相关地名在《海道图说》的说法,足可见第一版 China Sea Directory 对中国近代早期的灯塔建设影响之大。《小方壶斋舆地丛钞三补编》专注于舆地之书的整理,其收录的《中国海道图说》《日本海道图说》《朝鲜海道图说》《澎湖海道图说》等均为《海道图说》中部分章节的核心内容。陈寿彭则将1894年出版的第三版 China Sea Directory 译作中文,并由经世文社出版,名为《中国江海险要图志》,其中记载这个版本的条目"所增仅二百四十二条,细按之实,较《海道图说》多逾一半"④,可见在测量指标和测量范围不断增加的过程中,相关知识已经越来越丰富。如其中对航道测量常有这类细致的描述:

> 尤要者在于泊船附近处,先为测探一周,然后更验水底,寻觅其有无险阻隐伏也,既而则以所测阔窄诸势,证诸海图之异同。倘所探之水底,有高低参差不齐处,可于图上标明,此乃善用图,不至为图所误耳。
>
> 凡探得从前未有之事,或已经探过而改变者,宜照现时所得,点其图

---

① [日]水路部:《日本水路志》第1卷,东京:水路部,明治二十五年(1892年)。
② [日]水路部:《朝鲜水路志》(全),东京:水路部,明治二十七年(1894年),第1~22页。
③ China Sea Directory, Vol. III, pp. XIII-XXIV.
④ "译例",英国海军部海道测量局编:《中国江海险要图志》卷一,第1页。

以为准。探时宜四围皆须探明深浅,虽茫茫巨浸中,不得谓其水底无高低之异也。如其间果有浅处,可指于海图者,或系近日所新出者,如其下只海树界限,或有粗石,或有烂泥,或有蛤壳沙,是海底应志者已属不少。至若石质之海滨相离处,则水中尤宜加意。及隐石之旁亦当探之有无伏脉,著为详说。虽微小之蹊径,亦不可忽也。①

上述观察和测量过程,显然与此前《海道图说》所提供的那种简单测量模式和记录方式大不相同。此前东亚航路上灯塔建设较少,故早期 China Sea Directory 中灯塔的记录不多;而英国海军航道测量局每隔两个月调查一次,"将其新设录之,或因其修改而志之,存稿于海图箱中"②,并将这些陆续添设的灯塔信息逐渐被增加到海图;随着累积的灯塔信息的不断增多,也将这些灯塔信息记入新的 China Sea Directory 版本中,如第二版中就有不少灯塔记录,根据 China Sea Directory 第三版所译的《中国江海险要图志》中灯塔信息数量更多。由此也增加了船只在使用灯塔时的注意事项,"夜间望见其光时,幸勿轻忽,宜从其处,层递以进,其初之光由桅上望之,不及一星,即取罗经向之,自然有得,盖自微光而浓光,而大光而光相逼矣。其取灯塔以为标者如此"③,这些都是从很微观的层面上引导船只正确使用灯塔。

为了推进海道测量,先进的测量方法和技术手段是必不可少的。《格致新报》是一份由中国人创办的、致力于介绍近代西方科学知识的刊物,其中对于海道测量中船行较快时的测量方法有详细介绍:

尝思航海之速率,既可以绳量之,则海道之浅深,何不可以绳与铅测之也。然以铅测海,可用于舟行极迟之时,而不能用于舟行极速之际,即如扬子江等处,江面虽阔,而江底甚浅且无公款濬理,常致浮沙壅滞,轮舟过此,未能速驶,故以铅条掷下,观其绳之长短,即可知水之深浅而无误也

---

① 英国海军部海道测量局编:《中国江海险要图志》卷一,第4~5页。
② 英国海军部海道测量局编:《中国江海险要图志》卷一,第3页。
③ 英国海军部海道测量局编:《中国江海险要图志》卷一,第6页。

第三章
西学东渐：近代东亚航道测量与灯塔选址

(此法于海中尚不能用)。譬如舟自香港至上海，若傍岸而行，则海道较近，然海愈近岸，则水愈浅。行舟须常常测量，如近岸之水线深五十尺，则其次必深一百尺，又次为二百尺，再次为三百尺，但沿岸测量，舟须略停，常致迟误，反不如行远道之便捷也。

航海极速时，亦有良法可以测水之浅深，试以玻璃管一条，长二尺，大小如一，上口用蜡封密，开其下口，内抹以见水易融之红色，外联以大小相等之铅条，当舟行极速时，将玻管并铅条掷入海底，不久即浮于海面，虽为时无多，而已足于用。盖借以知浅深者，不在绳而在玻管，故绳之长短曲直，皆无关也。惟看玻管内水入之高低，即可辨海之深浅。盖海愈深，则水入玻管愈高，管内红色被融亦愈多；海愈浅，则水入玻管愈低。管内红色被融亦愈少。欲明其理，可试以大玻璃杯一只，满盛以水，又以空小杯一只，覆于大杯内，小杯愈沉，则水入小杯愈高(此因大杯内之水被空小杯吸入，故渐高)。大约水深三十尺，则水入玻管约一半，此固与玻杯同理，惟玻管长而细，故所入之水，尤易测量。玻管入水即着底，不久被舟牵回，即可取起以视之，管内所融之红色，备有木尺，以量高低，即知水之深浅。故用此法，无论管在水内，或横或竖，而如法量之，均可得其准则。当玻管掷水时，外护一铜管，故名为铜管亦可。然此仅为航海测量之常法，若欲绘海道舆图，又须量极深之处，则此法亦不足用，当别求测量之法也。①

该文介绍了在船只航行速度较快时的测量方法，并以极具可操作性的方式用大小玻璃杯作为器材论述了实验方法，同时也对中国航道事业，特别是长江航道管理中存在的问题提出了自己的观点。可见在近代中国，海道测量问题日益成为人们关注的焦点。

19世纪中期，西方国家在频繁在东亚海域进行航道测量，特别是英国人之所以进行全球航道测量，把东亚的海洋航道测量和航道建设放到世界航道发展体系中，是为了更好地推进其在全球战略，而灯塔建设则是航道发展中至为

---

① 《测量海道深浅法》，《格致新报》1898年第10期，第6~7页。

关键的一步。相对于日本而言，英国海道测量技术和成果的影响则更为直接、更加明显。

(二) 中日海测活动的推进

光绪二十三年（1897年）六月十七日，中国南京，候选州同朱正元向两江总督刘坤一禀称中国沿海各省除广东外均未测绘海图，尽管天津的北洋海军公所翻译出版了西方的海图作品《海道图说》，但中西方对海图需求不同，西方海图"尚有宜增改者数端，一近年新造炮台及所置之炮，二驻札勇营，三营县分辖，四城市远近，五内通水道，六山川形执，此六者，虽偶亦叙及，而漏落尚多，此洋图之犹待增补者也"①，同时对于英国海图的岛屿沙石沉船点的命名规则提出了批评，认为当下最好的办法是以英国海图为基础、以实地考察为方法制作新的海图。八月二十一日，朱正元再次禀称，从更新地图以保障航行安全、校正译名恢复本名、自主测绘维护海疆的角度再次论述了进行实地考察、重绘海图的必要性。②同年九月十四日，刘坤一表示将在查核朱正元的背景是否能胜任此项工作后开始考察和绘制海图的进程。③朱正元是上海制造局广方言馆肄业算学生，先后著有《西法测量绘图即晋裴秀制图六体解》《周髀经与西法平弧三角相近说》，应当说在海图测绘方面有相当的见解。朱正元很快通过了考查，并开始投入到江浙两省的海图测绘事业中，《金陵官报》对其测量活动多有报道。江浙闽三省的测绘于1902年之前分别完成，④形成《浙江沿海图说》（附海岛表）、《江苏沿海图说》（附海岛表）等内容，⑤由奕劻等将图说上奏光绪并给予其嘉奖。朱正元有强烈的忧患意识，其认为从事海道测量的最主要目的是保障海疆安全。近代中国持有朱正元观点的人数量很多，晚清官方测绘

---

① 《江督刘咨询呈请测绘沿海地图人员朱正元品行学术札（附朱正元原禀又续禀）》，《集成报》1897年第22期，第7～11页。
② 《江督刘咨询呈请测绘沿海地图人员朱正元品行学术札（附朱正元原禀，又续禀）》，《时务报》1897年第45期，第8～10页。
③ 《南洋大臣行查呈办海图人员文》，《萃报》1897年第14期，第9～10页。
④ 《光绪二十八年八月初一日京报全录》，《申报》，1902年9月17日，第14版。
⑤ 刘锦藻：《清续文献通考》卷二百六十七，《经籍考十一》。

第三章
西学东渐：近代东亚航道测量与灯塔选址

事业的开展往往与海疆安全紧密相关。清政府中央部门如外务部测绘领海荒岛的计划即是出于领土安全考虑，"鉴于间岛、东沙岛之交涉，拟将我国领海权内所有华侨殖居各岛暨无名大小荒岛，由部派委精于外交人员，会同七省海图局，实地勘测绘具图说，标立石志，一切距离里数、经纬各线、岛中气候土质，有无外人探测、是否交通海界，均须详明编查"；"嗣后我国勘定各岛，无论何国，均不准以无名荒岛，任意侵占"；"沿海各督抚，随时饬派军舰巡视，以免损失海权"。①而地方政府推行海道测量计划也常常是以维护海疆为直接目的，如在浙江台州三门湾和嘉兴乍浦的测绘中，政府认识到这两个地方"为两浙东西海口紧要门户，前曾迭有外人觊觎，故均派兵驻扎，军容甚壮，刻虽中外敦好，决无意外，仍存安不忘危之虑。现奉营务处司道宪礼委洋务局英文繙（翻）译贾凝禧君前往该二口，履勘一切，并闻带有精擅舆地学生，测绘详细形势"②。福建海道测量则直接与海军建设相关，"政府迭次会议决定，重兴海军，惟沿海险要、沙线、纬度、岛屿、形势、海水、潮汐以及明礁暗石亟宜测绘成图，粘帖列说，俾将来海军学堂研究之用"③，故计划派员将闽海各口险要绘图造报。

前述朱正元等人和沿海省份政府进行的测量具有强烈的军事目的和海疆安全考虑，与中国传统海防图绘制思想一脉相承。与此相对，在海关总税务司主导下的航道和港口测量，这类测量活动以完善航道、便利航运为直接目的。这类测量成果往往在历年《海务报告》（英文，1908年及之前名为 Report on Lights, Buoys, and Beacons，此后改为 Report of the Marine Department）的航道改善建议中体现；而1882至1931年间海关出版的五份十年报告中"航行设施"等内容也可以看见海关进行海道测量的努力。海关主导的测量活动和所积累的航道测量知识对于中国政府和军队的其他测量活动也有明显的积极意义。如参与浙江沿海测量的贾凝禧此前曾以海军大副的身份跟随海关巡工司毕士璧参加1889年在华盛顿举办的国际海事会议，④贾凝禧在与海关的业务交往和参与

---

① 《外务部测绘领海荒岛之计画》，《外交报》1909年第9卷第9期，第12页。
② 《测绘海口》，《南洋七日报》1902年第29期，第176页。
③ 《福建测绘闽海险要图》，《广益丛报》1908年第172期，第3～4页。
④ ［美］毕士璧、陈恩焘、贾凝禧：《1889年华盛顿国际海事会议》，上海：海关总税务司造册处，1898年。

国际交往获得的海务事业方面的经验显然有助于航道测量活动的顺利推进。在海军部海道测量局成立之前的很多年里,总税务司都在努力劝导中国海军部担当起海道测量工作;在成立过程中,海关绘图师米禄司副巡工司也"利用大部分业余时间训练中国海军军官学习测量基础知识,并促进与当地海军当局间之相互谅解"①,海关相关人员的努力成为中国海军部海道测量局于1922年得以成立的重要推动力。

从19世纪60年代后期开始,日本就逐渐意识到自主测量的重要性;1882年明确禁止外国人在日本海域的测量后,自主测量活动进一步展开。日本早在1890年就颁布有《水路测量标条例》②,对航道测量中标志的土地、设置、使用、移动、毁坏处理等相关问题做出了详细规定。日本水路部前测量科长、海军少将井内金太郎所著《水路测量术》在参考英国人W. J. L. Wharton的《水道测量书》的基础上结合日本的具体情况对航道测量应当包含的内容和方法进行了分析。③根据《水道测量书》的论述,航道测量首先涉及测量器械和测量方法的确定,然后是具体测量内容(航走测量、岸线测量、锤测、潮汐、地形测量、高低测量、纬度测量、经线仪误差的测量、子午线距离测量、真方位测量、海上天测、深海锤测),最后是成图过程和内容(净写图、缩图、制图、记号、彩色、划度法)。据井内金太郎所著《水路测量术》,航道测量首先是明确使用的测量器械和测量方法,然后设置测量标志,接下来是具体测量(岸线测量、潮汐、地形测量、航走测量、真方位测定、舰船锤测法、纬度测量、时辰测量、经度测量),最后是海图制作(投影方式、比例尺、净写图、尺度、水路记事)。《水道测量术》确实在前书基础上结合日本情况做出了调整,从中可以看出井内金太郎等在具体的航道测量工作中所作的努力和创新。

总的来看,随着资本主义的全球扩张和贸易活动的大规模展开,西方各国越来越展现出其对推动世界航运事业发展的渴望。特别是英国出于其全球战

---

① 《为总税务司对长江水道整理委员会临时技术委员会及海军部海道测量局成立后海关尽力予以协助由》(1922年9月30日第3339号通令),《旧中国海关总税务司署通令选编》第2卷,第353页。

② 《水路测量标条例》,《官报》,明治二十三年(1890年)5月27日,第337页。

③ [日]井内金太郎:《水路测量术》。

略的需要,对包括东亚在内的世界各条航运线路和各个重要海域展开了卓有成效的海道测量活动,并将测量获得的数据和信息长期以水路图志的形式出版,其测量技术和测量成果对东亚各国对相关海域的认识和本土测量事业的发展都具有重要意义。近代中国海关是较早开始从事航道和港口测量并以此为基础进行灯塔建设的机构,而晚清政府海军衙门等其他部门则努力将英国海道测量技术和成果与中国的具体情况结合;相对而言,近代日本在海道测量自主化和测量技术本土化的实践方面走在中国前面。中日近代海道测量都是在借鉴西方技术和成果的基础上发展起来的,并将这些技术和成果应用于海图绘制和灯塔建设。

第二节　航道测量对灯塔选址的意义

一、东亚灯塔选址的影响因素

灯塔是为保障船只在特定水域安全、经济和便利地通行而设置。也就是说,是否要在某个地点设置灯塔,取决于两个方面:一是当地是否有对航行安全、经济、便利产生负面影响的环境;二是当地对安全、经济、便利航行条件的需求程度。前一方面主要指的是当地的地理环境状况,后一方面则与该地区在航运体系中的重要性和人们对其重要性的认识相关。

(一)自然地理因素

东亚海岸以基岩海岸和淤泥质海岸为主,淤泥质海岸主要是中国的长江口、珠江口、黄河口、苏北海岸和福建海岸,台湾岛在内的中国其他海岸和日本列岛、朝鲜半岛等以基岩海岸为主。以基岩海岸为主的区域海岸线曲折,地理环境较为复杂,有许多不利于航行的暗礁和岬角;以淤泥质海岸为主的区域往往处在繁忙的航运中心,沙洲、浅滩等对船只航行也构成了一定的威胁。对于航行船只而言，最典型的威胁之一是位于水面以下的暗礁，在没有灯塔的情况下，沿海沿江船只触礁沉没的事常有发生。内河方面，中国长江中上游也有多个河段水流湍急，使得暗礁对船只的威胁进一步增加，在近代以前被渔民视为畏途。孤悬于海上或江中的小岛，虽然一般不会对白天航行的船只构成威胁，但对没有灯塔等标识指引的夜间航行的船只而言则是噩梦。另有一些沙洲或浅滩，一旦船只驶入该区域就面临搁浅的危险，尽管不会直接造成船只触礁沉没的惨剧，但搁浅后的拖船费用等也将使航行的成本增加，对航行的经济性产生负面影响。还有一些是非自然障碍物，如沉船，若没有打捞和移走，也没有及时设置障碍物标识，同样会使航行至该区域船只面临的风险大大增加。而初见陆地、江河入口、海港入口往往并非有前述各种危险，但这些地点往往是航运网络中重要节点，设置灯塔可以让船只进行准确定位，对航行的经济性和便利性都有积极意义。

当然，不仅仅是一些有危险物或障碍物的地方，包括气象环境复杂的地方，也有必要设置灯塔以保障船只通行的安全性；在选址中，也要考虑气象或水文情况可能给灯塔带来的风险。如位于舟山群岛的东亭山灯塔就是对气象和水文条件考虑不周的典型案例：

> 该岛孤立海中，毫无屏障，周围水深二十余吋，附近既无小岛与巍岩，以资保护，而山之体积，又复微小，以故灯站四周，无处不为风涛所袭击，甚至海关巡轮输送物料之时，竟须停候数日，方得起卸，盖以该岛附近既无碇泊处所，巡轮不得不于普陀山或乌沙山二处暂行碇泊，以待风平浪静，再行乘机驶近该站焉。该岛南北两面各有码头一处，北码头暴露于海滨，了无屏障，南码头适居涧口，波涛时临，故该二码头及其阶磴为巨浪摧毁，数见不鲜，而站中房屋被风吹损，亦时有所闻，因而该站维持经费，支出甚巨，如民国二十年八月，突有飓风降临，站中损失奇重，钢骨水泥甬路，竟被刮去一百余呎，海水高出水平一百二十呎，全岛漫溢，办公室内水深一呎，而该室屋顶之混凝土伸缩关节上盖一方，计长十七呎有半，重四分之三吨，竟为飓风吹去，落于房西甬路之上，当时站后一人，因风受伤，

/ 第三章 /
西学东渐:近代东亚航道测量与灯塔选址

竟至退职,风灾重大,可见一斑矣。①

由于东亭山灯塔选址和建设中未对该地点面临的气象情况进行充分论证,导致东亭山灯塔频频遭受风浪侵袭和破坏,损失巨大,灯塔维持费也随之大幅增加;经济损失只是一方面,更重要的是还可能导致灯塔物资供应不及,甚至造成灯塔损毁,直接威胁到船只航行安全。这种情况并不鲜见,光绪十七年(1891年)汕头南澎岛灯塔遭受飓风袭击时,即面临"灯罩巨大玻璃,破者四片,损者二片,另有十五片,则为沙石所蔽,俨若覆霜,灯火遂灭,透镜、明灭机及其他灯中机械,悉暴露于烈风暴雨之中,均为泥沙掩没,且有一部透镜,脱落堕地而碎"②,作为华南地区航运线路上的一座重要灯塔,南澎岛灯塔的突然熄灭使过往船只暴露在了风浪和暗礁之中。灯塔若要更好地应对风浪侵袭,则应尽可能选址于更有利于避风浪的地点;若必须选址于大风大浪频繁处,则应对灯塔基址和相关设施进行特别加固,如白节山灯塔"塔基距水极近,站址原系壁立峭石,故修建之初,以人工开凿使平,方得从事建筑"③。与白节山灯塔相邻的半洋山灯塔"因海水时加洗荡,故所有房屋,必须特别建筑,方足以资抵御也"④。可见在灯塔的选址建设过程中,对各种自然地理因素进行充分调查是十分关键的一步。

(二)社会经济因素方面

只要前述存在危险和航行困难的水域有船只经过,这类航行活动都将面临或多或少的威胁,相关国家、公司或个人也就会对航行的安全性和经济性提出要求。但建设灯塔的资金总是有限的,当许多地方都存在相关需求时就面临取舍。根据观察发现,近代东亚的灯塔普遍建设在了港口、港口临近区域以及航运线路的其他重要节点上;而一些地区的渔船数量不少,且渔民均认为有设置灯塔的必要,但这些诉求却常常难以获得相关管理机构的认可和支持。

---

① [英]班思德:《中国沿海灯塔志》,第186~187页。
② [英]班思德:《中国沿海灯塔志》,第108~109页。
③ [英]班思德:《中国沿海灯塔志》,第200页。
④ [英]班思德:《中国沿海灯塔志》,第204页。

"西风已至":近代东亚灯塔体系及其与航运格局关系研究

以近代中国早期船钞的分配和灯塔建设情况看,海关总税务司明确要求各地在灯塔选址中务必认真测定、选择,"防止在非迫切需要位置盲目建设"①,以达到既保证航行安全有尽可能节约资金的目的。故尽管各个关区都有建设灯塔保障航行的需求,且均获得了一定的资金支持,但早期的海关灯塔设置计划中所选地点均为重要贸易港或重要贸易线路上。从1868到1869年,最早一批灯塔开始建设,"由韩得善先生着手建设上海区内之大戢山与北马鞍岛灯塔,派李卡瑟先生南下,开始建设厦门附近东碇岛灯塔,命葛林先生就上海、福州与汕头各港口及入口水道之状况,设置浮标、灯桩以及疏浚与改善巷道入口水道,以及提出相应之工程报告"②,分析这些灯塔和其他航行标识的设置地点发现,均位于欧洲至上海的航行线路上,而这条线路是近代早期中国沿海最为繁忙的线路。从近代早期船钞在各个关区的分配看,投入中国最重要贸易口岸江海关的船钞远远多于其他各个关区,海关最早规划的十多座灯塔中超过三分之一(即吴淞、九段、铜沙、大戢山、沙尾山、马鞍岛、狼山等灯塔或灯船)位于长江口附近区域,③再加上后来设立的许多灯船、浮标等,使得扬子江口内外"标识林立,除进口水道中所设之灯船浮桩外,尚有伟大之灯塔三座护卫口外,均系海关最先所设而为极关重要者焉"④。一个重要原因即在于上海的贸易量巨大,在该区域航行的船只数量众多,海关和利益相关各方均认识到有必要优先保障该区域的航行便利和安全。

由此可见,实际操作过程复杂、涉及的因素多种多样,尽管灯塔选址和建设并非简单以自然、社会因素的调查结果而定,但自然和社会因素对灯塔运行和灯塔发挥功效大小有着至关重要的影响,故这两种因素在灯塔选址和建设的决策过程中往往会被重点关注。

---

① 《为发船钞部编制事》(1868年4月25日第10号通令),《旧中国海关总税务司署通令选编》第1卷,第56页。
② 《为附送有关船钞使用之两件节略由》(1870年12月31日第25号通令),《旧中国海关总税务司署通令选编》第1卷,第119页。
③ 《为附送有关船钞使用之两件节略由》(1870年12月31日第25号通令),《旧中国海关总税务司署通令选编》第1卷,第128页。
④ [英]班思德:《中国沿海灯塔志》,第205页。

二、灯塔选址的基本途径分析

以英国为代表的西方各国在东亚海域进行的航道测量,其所采用的技术和所获得的数据对东亚各国航道测量的展开都具有促进意义。而同样重要的是,这些技术手段和成果数据以其可靠性和先进性的优势被应用于东亚灯塔选址过程中,成为早期东亚灯塔建设事业得以开展的最重要的基础之一。一般来说,灯塔建设地点的确定往往通过以下三种途径:一是船只遇难的事实;二是渔民或船长等对危险物或危险地段的报告;三是根据系统测量和调查拟定计划。中国海关和日本递信省灯塔事务部门是东亚灯塔建设的主导力量,以下将主要根据这两个机构在灯塔建设中的具体决策情况展开讨论。

(一)灯塔选址多基于系统测量和调查

在系统测量和调查的基础上拟定灯塔建设计划是东亚各国海务部门进行灯塔选址、建设的最主要途径。早期东亚各国并没有自己的海道测量机构和相关技术条件,故航道测量和灯塔选址往往都有西方国家参与其中。如最早对中国内河和沿海港口进行测量的是英国海军部海道测量局,而美国和英国也参与到日本早期灯塔建设的选址工作当中。

安政六年(1859年),神奈川港(横滨港)开港,出入港口的外国船只不断增多,航行安全成为一个日益迫切的问题。庆应二年(1866年),日本与英美法荷四国缔结条约,规定应在日本各开埠港口设置灯塔及其他标识以维护贸易船舶的航行安全。[1]灯塔建设工作随后展开,庆应三年(1867年),日本依靠英国军舰"マニラ"号和商船"アルグス"号开始灯台建设的选址测量工作。[2]日本最早一批灯塔的规划建设中,神子元岛、野岛埼、剑埼、观音埼、长崎伊王岛和横滨本牧、函馆港口的灯塔根据英国公使的意见设置,而佐多岬、长崎港口西

---

[1] [日]和田政雄:《夜の太阳を掲ぐるもの》,东京:富山房,昭和十八年(1943年),第248页。

[2] [日]灯台局编:《第六回灯台局年报》,东京:灯台局,昭和二年(1927年),第2页。

的一些灯塔则根据美国公使的意见而设置,①英美都积极参与到了早期日本灯塔建设事业中。

英国拥有更先进的设备、成熟的方法和丰富的测量经验,故英国对中国的测量,特别是海区的测量,使得中国海关和海军相关机构无须再进行重复测量。尽管中国海军也设有舆图局,但"未见有新测一礁石、新量一港"②,故中国不论是港口还是海区所使用的航海图"均出自英国海军部"③。图16所展现的是1884年英国China Sea Directory第二版中所记录的关键测量点和已建成的灯塔,以及截至1938年东亚已建成的主要灯塔。从中可以发现,1938年所建成灯塔的区域分布特征与1884年关键测量点的分布情况保持着明显的一致性。根据英国发布的水道图设置航路标识,在近代早期中国十分常见,如海关根据英国海军部1893年海道图第1767号发现厦门关泉州府同安县金门岛大沙尾对面"渐长暗沙"④,故于该沙南边设有红色尖圆形警船浮一个,以提示往来船只不宜在该浮标和金门岛岸中间航行,以免触沙搁浅。

东亚各国海务部门在规划灯塔建设的过程中,由英美等国负责测量、建议,或者依据英国测量发布的海图等资料按图索骥,其弊端也是显而易见的。因为英美等国难以集中很大力量对东亚海岸进行全面测量和调查;且英国在中国的测量工作有时中断,使得航行船只常常不得不使用过时海图,无形中增加了航行风险。鉴于上述情况,中国海关自身也积极参与到航道测量工作中,并公开发行海关海图。但海关测量的特点是"严格限于为设置助航设备之港口、内河及进入通商口岸航道范围以内,对沿海及沿江测量由于海关无经费无

---

① [日]海军大臣官房编:《海军制度沿革(卷15)》,东京:海军大臣官房,1942年,第355页。
② "译例",英国海军部海道测量局编:《中国江海险要图志》卷一,第3页。
③ 《为总税务司对长江水道整理委员会临时技术委员会及海军部海道测量局成立后海关尽力予以协助由》(1922年9月30日第3339号通令),《旧中国海关总税务司署通令选编》第2卷,第352页。
④ 吴松弟整理:《美国哈佛大学图书馆藏未刊中国旧海关史料(1860—1949)》第266册,第67页。

第三章
西学东渐:近代东亚航道测量与灯塔选址

法承担"①。海关所进行的航道测量远远不能满足航海活动的需求,这也是1922年海军部海道测量局成立的原因之一。与中国海关从事港口航道测量和设置海军部海道测量局的目的一致,日本也较早开始进行自主航道测量,如1888年《递信省第三年报》即提到日本视察船"明治丸"在该年第八次航行中的主要工作就是对横须贺近海中北根礁新设浮标的位置进行测量和确定;并于该年第二次赴横须贺造船所修缮之后返港途经中北根礁时完成了浮标的设置。②日本航道测量先后是由视察船"明治丸"(工作至1895年)和"新发田丸"(1896年起)、"光丸"完成。视察船早期的工作是以检查灯塔设备运行状况和运送灯塔所需物料为主,以航路标识建设位置的测量为辅;后期随着灯塔建设需求的增长和视察船的测量设备不断完善,位置测量日益成为视察船的重要工作。

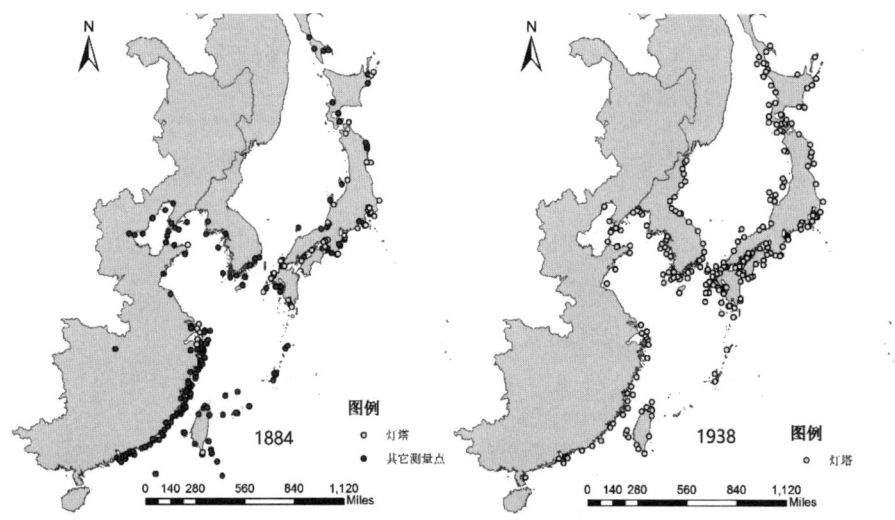

图16　海道测量与灯塔建设图

数据来源:根据 *China Sea Directory* 第二版、《航标总册》、《东洋灯台表》相关年份数据整理所得。

---

① 《为总税务司对长江水道整理委员会临时技术委员会及海军部海道测量局成立后海关尽力予以协助由》(1922年9月30日第3339号通令),《旧中国海关总税务司署通令选编》第2卷,第353页。
② [日]递信省编:《递信省第三年报》,东京:递信省,明治二十四年(1891年),第129页。

149

除英美当局与中国、日本政府海务部门的合作之外,外国航海人员也积极参与到东亚灯塔选址和建设事业中,牛庄灯塔的建设即是一例:

> 进入牛庄港口,唯一险地即为河口之拦江沙。此项危险,首先由于暴风常将引水阻于岸上,其次亦因缺乏准确勘测而加剧危险。多亏美国单桅帆船瓦楚塞号船长汤森之努力,此项勘测现已完成,灯标事宜亦在慎重考虑之中。该处河道每年封冻约四五个月,众船主均愿有灯船常泊于拦江沙处。但因巨大消耗及冰层之危险与麻烦,足使此议之采纳遭到强烈反对,而于沙尾内侧架设一座标桩上置常设灯标,尽管用处不尽相同,却更属可行。现拦江沙上已置有浮标多个,如若可能,1867年贸易季节将有一灯船锚泊于其附近。当务之急,乃是选定地点与架设一座有常设灯标之标桩。该港口以北之港湾处多沙洲浅滩,乃危险之地,只有粗心或操作欠熟练之驾船者会偏离航道冲于其上。拟议中之灯塔,就实际而言,足可用做港口标志。①

近代以前,东亚各国各地区的灯塔往往都是根据具体需要而建造,灯塔设置缺乏科学性和系统性;受以英国和美国为代表的西方海务发展理念的影响,基于系统测量与调查的选址模式成为近代东亚灯塔选址最主要的途径。从这一视角出发,系统的测量与调查在东亚灯塔事业发展和灯塔体系形成过程中具有十分重大的意义。

(二)基于船只遇难的地点

尽管系统测量与调查的方法主导着近代东亚灯塔事业发展,但海事部门受限于测量人员缺乏和经常性的资金不足,并非总能及时在必要的地点设置航行标识。海事部门常常是因一次又一次的船只触礁而被动启动灯塔建设计划,一些灯塔兴建的背后往往有一长串遇难船只的名单。

---

① 《为附送有关船钞使用之两件节略由》(1870年12月31日第25号通令),《旧中国海关总税务司署通令选编》第1卷,第110~111页。

/ 第三章 /
西学东渐：近代东亚航道测量与灯塔选址

位于广东惠来县的石碑山在中国东南沿海海岸线的转角处，为船只向北航行的起点，地理位置十分重要。尽管海关总税务司赫德早在1871年的通令中已明确将于1873年在该处着手兴建灯塔，①但海关却迟迟未将此事提上日程。随后悲剧开始发生：光绪元年（1875年），英国三桅船"赛里"号在石碑山附近失事；光绪四年（1878年），德国二桅船"波丽"号又在该处遇难，这些事件让海关意识到该处设置灯塔确实刻不容缓并正式开始建设。光绪六年（1880年），石碑山灯塔建成亮灯，该灯塔被认为"不但指示船只由菲律宾群岛或巴拉望水道驶往中国海岸之方向，且可作为中国沿海船只往来南北转向之目标，此外该处礁石棋布，危险堪虞"②，该灯塔由此成为航经此处船只安全通行的重要保障。

因船只遇难事件而启动灯塔建设计划，石碑山灯塔并不是孤例。北鱼山附近为船只北上至上海的重要航道，海务科早年已经多次讨论在该处设置灯塔的问题，原计划于1875年开建，③但由于经费缺乏等原因并未实施。光绪九年（1883年），中国轮船"怀远"号在北鱼山附近失事，遇难人数达一百六十五名；光绪十六年（1890年），德国轮船"扬子"号也在该处遇险。班思德所总结到，"该时沿海航路，南至东犬山北至小龟山，中间长逾三百里，灯务连锁，势成中断，灯塔设置，诚属必要"④，多次海难事件后该灯塔的建设加快推进，于光绪二十一年（1895年）正式亮灯。此外，船只触礁使得东涌岛"久议未决之灯塔得以早观厥成也"⑤，而船只在临高、关滘尾、海口湾等处多有暗礁分布，"船舶在该三处附近触礁者层见叠出"⑥，使得海关最终决定在这三处建设灯塔。

如此看来，灯塔兴建的地方航行条件一般较为复杂，但航行条件复杂的地方则未必能及时建设灯塔。原因一方面是测量人员缺乏难以兼顾，另一方面

---

① 《为附送有关船钞使用之两件节略由》（1870年12月31日第25号通令），《旧中国海关总税务司署通令选编》第1卷，第129页。
② ［英］班思德：《中国沿海灯塔志》，第84页。
③ 《为附送有关船钞使用之两件节略由》（1870年12月31日第25号通令），《旧中国海关总税务司署通令选编》第1卷，第129页。
④ ［英］班思德：《中国沿海灯塔志》，第173页。
⑤ ［英］班思德：《中国沿海灯塔志》，第161页。
⑥ ［英］班思德：《中国沿海灯塔志》，第56页。

则是资金短缺。即便海事部门意识到了某地点的障碍物可能对船只航行构成威胁,也并非总能及时展开灯塔建设,这就使得航经这些地段的船只面临很大的风险。

(三)基于航海者对障碍物的报告

航海人员是灯塔的具体使用者和航海中风险的承受者,在特定区域内灯塔设置与否、设置的合理与否直接关系到这一人群的航行便利与生命安全与否。从这一角度看,航海人员对灯塔设置的必要性和合理性的建议于灯塔建设事业而言具有不可忽视的价值。即便在测量技术发达、海事工作人员充足的今天,海事部门在设置航行安全设施时也会充分参考航海者提供的障碍物信息,如2015年中国海事局网站上就有专门的调查问卷用以采集渔民、船员的建议,包括这些人群对现有航标配置合理性的判断和对某地点航标设置必要性的建议。

对于近代灯塔建设和管理部门而言,其面临的人员短缺和技术手段不足的问题又远远超过当代,故充分利用基数庞大的航海者群体对灯塔配置的合理性和障碍物信息进行更全面地了解,成为一种世界各国海道测量和灯塔建设中可资参考的重要信息来源,如法国就曾因军舰沉没而调整海道测量策略,"平日习用之海图断不可恃,现已决议重新绘图,布告远近,无论何人能觅得暗礁一处,为旧图所未载者,酬以一千佛郎,并令沿海渔户,如知海面有何险害之处,随时报告,海军省派员查勘"[1],并根据查勘结果进行海图更新和航路标识建设。以近代中国海关而言,其一向重视利用渔民、船主等提供的信息以完善航标布局,如1892年《航标总册》中即提到"册内及册后示谕所开各处有灯船浮桩等项,倘被风浪冲移或因别故已离原设之处,幸往来引水以及各船主或系目击或系揣度情形,祈速抵该关总巡公所具报"[2],班思德也曾论及这一点,"航商人等对于沿海所建各项航行标志,若有意见,或有所报告,亦由巡工司与之接洽,至关于航行标志如有添设或变迁情形,则由巡工司随时刊发航船布告,

---

[1] 《重绘海图(录北洋官报)》,《四川官报》1905年第19期,第11页。
[2] "凡例",《光绪十八年通商各关警船灯浮桩总册》,第7页。

/ 第三章 /
西学东渐：近代东亚航道测量与灯塔选址

俾众周知"①。让航海人员报告灯塔变动和障碍物信息不只是官方文件中的一种建议，实际上海关对此还有明确的奖励政策。1935年，赫德再次要求各关工作人员在实时测量或选定新灯塔的设置位置时，按旧例对提供诸如水下暗礁、沉船残骸等障碍物信息的当地渔民、民船船主等给予少量酬金（不超过5元），而这些障碍物应当"处于水深小于周围水域平均深度或其深度在低潮时不大于30英尺"②，从该规定中足可见海关对航海人员的鼓励态度。在官方出版物和高级职员的著作中对航海人员报告灯塔变动和障碍物信息都有明确表述，且对于由何职员具体负责接待、对灯塔的情况如何表述、对收集到的灯塔相关信息如何处理、对报告障碍物信息的人员如何奖励都有明确规定，可见引导航海人员充分参与到灯塔事业调查和管理中已经成为海关的一项既定政策。

  总的来看，影响灯塔选址的因素多种多样，其中自然地理因素和社会经济因素是两种最主要的类别。尽管受到具体负责人观念、资金充裕程度等影响，使得社会经济因素在灯塔选址计划中占有重要地位；但对航行安全、便利、经济的考虑让水深、潮汐、台风、雨雾、岸线、礁石、浅滩等自然地理因素成为灯塔选址中至关重要的内容。由此，在充分考虑港口和航线重要性、航道自然地理条件复杂程度的基础上，系统的海洋航道测量和调查成为灯塔选址途径中必要且最为重要的形式。英国的海图和海道测量技术对中国海关海务工作和此后海道测量局的工作均有着直接、具体、深入的影响，而即便日本从19世纪后期已开始拒绝外国在日本海域的测量，但在日本的具体测量技术、水路图志中仍可以发现以英美为代表的外国影响的痕迹。在其他情况下，如获取遇难船只和其他障碍物信息之后，也需要进行相关测量和评估方能确定选址和做出建设灯塔的决定，故通过系统的航道测量获得各类水文和气候数据以及其他自然地理信息是灯塔选址和建设得以展开的基础。

---

① "释例"，[英]班思德：《中国沿海灯塔志》，第17页。
② 《为对海图上未标明之障碍物提供精确资料者按旧例付给少额酬金海务巡工司应予记录并定期通报有关部门事》（1935年5月24日第5099号通令），《旧中国海关总税务司署通令选编》第3卷，第339页。

小　结

本章利用英国海军部测量的和东亚各国翻译、实测的各种航路图志以及其他与航道测量相关的著作，对东亚航道测量情况和灯塔选址问题进行了初步分析。第一节讨论了西方各国出于其全球战略的需要，对包括东亚在内的世界各条航运线路和各个重要海域展开了卓有成效的海道测量活动，并将测量获得的数据和信息长期以水路图志的形式出版；而东亚各国则在相关成果基础上结合本国需要进行应用。第二节发现灯塔选址的途径多种多样，但即便在获取遇难船只和其他障碍物信息之后，也需要进行相关测量和评估方能确定选址和做出建设灯塔的决定，故通过系统的航道测量获得各类水文和气候数据以及其他自然地理信息是灯塔选址和建设得以展开的基础。

本章有以下认识，一是全球贸易发展对航道条件改善提出了新的需要，西方为建立并完善全球航道网络，在本土以外的各个殖民地和其他重要的贸易区域进行航道测量、推进灯塔建造计划，而东亚的航道测量和灯塔选址即为该全球建设计划的一个部分。二是随着西方对东亚海域测量的不断深入，中日等国为了海疆安全和航运发展，也在推进独立的航道测量计划；而这些计划往往都是以西方测量成果和测量技术为基础展开，甚至西方技术人员也在其中扮演者重要角色。这意味着东亚各国出于海疆安全的考虑，试图实现航道测量的独立自主，但实际却难以舍弃西方的成果和技术，测量活动难以完全脱离西方的影响。三是早期的东亚航道测量和灯塔选址随着西方势力进入、国门被迫打开而开始，但随着航运事业的发展和对航道安全的认识逐渐加深，东亚各国开始主动应用西方测量成果、测量技术推进航道测量和灯塔选址；不论如何，近代东亚灯塔建设事业确实是在沿着西方预设的道路前进。

第四章　技术革命：东亚灯塔的建设与运行

当灯塔事业有了充足的资金来源和合理的资金分配制度，并在航道测量的基础上确定了灯塔选址计划之后，真正的灯塔事业才刚刚开始。相关机构需要购买或制造灯器设备以及建造灯塔基址的其他材料，在灯塔建造的同时，相关管理员宿舍、码头、炮台等附属设施（常常也包括其他气象设施）也要同时推进。灯塔建成之后的日常维护和设备更新乏味但又必不可少，该项事业常常耗费灯塔管理员一生的心血。这是一项复杂而有意思的工程，相对于近代早期的东亚而言，西方各国及其技术人员在这方面拥有更为丰富的经验。已有研究注意到灯塔的制造、购买、建设、运行以及管理权转换等各个环节，甚至对这些环节中各个国家不同主体所发挥的作用也有所认识。但是，各个国家不同主体在灯塔建设运行中的不同角色对于灯塔体系发展和航运格局的形成意味着什么、又产生了什么样的实际效果，则是已有研究较少注意到的问题。

第一节　东亚灯塔设备购买、制造与灯塔建设

对于一座灯塔的建设而言，选择适合本地环境特点且物美价廉的灯塔是十分关键的一步，但由于对灯塔技术的认识不同以及灯塔具体管理方式的差别，不同国家和地区会在购买灯塔或自主制造灯塔之间做出不同的选择。这

类选择短期内影响到的或许只是某座灯塔的性能和并不太明显的花费变化,但从长期来看,影响到的或许是整个灯塔事业的发展轨迹。

一、灯塔设备的购买与自造

近代早期的灯塔建设中,缺乏必要技术手段的中国和日本都倾向于向欧洲国家购买灯塔和聘请技术人员;但后来的发展中却产生了明显的差异。庆应三年,日本从英国订购灯器十三具、从法国订购灯器三具;明治元年(1868年)首先在江户湾(东京湾)附近四个所选定的地点开始灯塔建造。①但大规模向欧洲采购灯塔设备和引进外国职员所带来的高额开支给灯塔事业发展带来不小的压力,随后日本在欧洲技术的基础上开始自己建造灯塔相关设备,明治五年(1872年),日本灯台寮(灯台局前身)的工场即已开始设置通风机和热铁炉以制造浮标。②灯台局工场主要工作是制造和维修灯塔设备,其灯塔产品的供应对象主要是递信省灯台局,也包括府县等政府的灯塔管理部门。与灯塔事业紧密关联的工场包括横滨的标识制作所和森下铁工所③、横须贺造船所等,这些工场可以制造灯明器械、回转机械、灯笼等各种灯塔关键部件,同时可以制造数以百计的其他部件(截至1890年,仅主要部件就有140多种)。④灯台局建有试验灯塔(Laboratory Tower),位于横滨市航路标识管理所内,各灯塔所用的器械、灯油及其他各种消耗品均要在此试验,检测通过后方能投入使用;该试验灯塔处同时开展点灯器械和雾笛器械使用法、气象观测方法以及其他各种灯塔相关事务方法的培训工作。⑤

在日本灯塔早期发展过程中,英国灯塔建筑技师Brunton(リチャード・ブ

---

① [日]海军大臣官房编:《海军制度沿革(卷15)》,第355页。
② [日]灯台局编:《第六回灯台局年报》,第6页。
③ [日]横滨市商工课编:《横滨市工业者名鉴(大正14年12月末现在)》,横滨:市役所商工课,昭和二年(1927年),第35页。
④ [日]递信省编:《递信省第五年报》,东京:递信省,明治二十三年(1890年),第318~323页。
⑤ [日]航路标识管理所编:《灯台要览》,横滨:航路标识管理所,明治三十七年(1904年),第5页。

ラントン)是一个不容忽视的人物。Brunton不仅自身参与日本灯塔选址和建设,在其指导下的日本职员(特别是那些曾到英国留学的职员)中不少人成为后来日本灯塔事业中的重要代表,①对实现由英国向日本的灯塔技术转移起到了十分关键的作用。

与日本较早开始灯塔设备制造本土化进程所不同的是,虽然中国海关也设立了与灯塔建设维持相配套的机构(如上海陆家嘴设有海关材料处,部分灯塔塔身所使用的混泥土由该处所制,②灯塔所用的平楚瓦斯也是由该处由煤油制炼而成③),但灯塔运转所需要的主要器械和作为燃料的油气均是向英国和法国等欧洲国家制造商购买。1874年,金登干被赫德任命为"大清海关总税务司驻伦敦办事处主任",④此后数十年间中国在欧洲的采购事务均主要由金登干负责。到民国时期,灯塔相关的部件如灯罩、灯芯、灯笼等仍需要从国外购买,⑤说明中国缺乏灯塔相关设备的制造能力的情况并未得到重视和改进。

晚清中国海关的灯塔建设工作,一般由总营造司(这一职位长期由韩得善担任)拟定建造计划后上报总税务司赫德,由赫德授权伦敦办事处主任金登干进行招标。中标的公司(一般是英国张氏兄弟公司,或者是法国巴比埃和费内斯特公司)根据海关的具体要求制造灯器(这些要求往往是由金登干或韩得善传达,哈尔定担任营造司后取代韩得善的角色),再由金登干和相关专业人士(领港公会职员道格拉斯就是这样一位为金登干所信任的专家)验收后运往中国。为了所制造的灯器能够正确安装,灯塔制造商有时也会派人随船到中国负责相关工作。

理清中国海关负责灯塔采购活动的职员的关系和职员与灯塔制造商的关系,对深入认识海关灯塔采购的合理性具有重要意义。针对中国灯塔购置过

---

① [日]加藤勉、藤冈洋保:《灯台に投影された日本の近代》,日本建筑センター编:《らぴど for BCJ Partners》2000年第5期。
② [英]班思德:《中国沿海灯塔志》,第205页。
③ [英]班思德:《巡工司及总工程司之灯塔释例》,《中国沿海灯塔志》,第9页。
④ 陈霞飞主编:《中国海关密档——赫德、金登干函电汇编(1874—1907)》第1卷,第1页。
⑤ 中国第二历史档案馆、中国海关总署办公厅编:《中国旧海关史料(1859—1948)》第85册,第765页。

程中的金登干和韩得善的人物关系,部分已有研究将其归结为金登干和张氏兄弟公司、韩德善和巴比埃公司两个群体之间的利益之争,[①]然而事实很可能与此大相径庭。

第一,对韩德善的怀疑和负面评价并非金登干首先提出的。1874年1月20日,赫德提到"此间对韩提出了一些莫名其妙的指控"[②],并要求金登干进行调查,表明最早对韩德善的怀疑出自海关内部其他人员,而非派驻伦敦的金登干。接下来的1月27日,在尚未收到金登干调查结果的情况下,赫德指出"如果你(金登干)用外交方式进行,你就会搞清楚他(韩德善)在这件事上捞到了多大油水,也能了解到为什么韩要巴(比埃)和费(内斯特)而不要张氏兄弟公司"[③],可见赫德明确地向金登干表达了自己对韩德善廉洁性的质疑。2月24日赫德对金登干的回信,表明此前金登干进行的调查并未发现韩德善"捞油水"的明确证据;[④]但早期海关其他人员和赫德的怀疑显然给此后金登干对韩德善的认识产生了负面影响。另一方面,4月17日,金登干称巴比埃曾告诉他,虽然韩德善将制造灯塔的工作交给自己,但巴比埃公司"过去从未做过像给乌邱屿做的那种旋转灯,他们是仿照一个英国的样灯做的"[⑤];如果巴比埃与韩德善之间有某种默契,其显然是不会向金登干透露这种对韩德善极为不利的信息。更重要的是,金登干对韩德善的态度还受到与张氏兄弟公司存在利益关系的人员影响。如领港公会的职员道格拉斯是金登干极为信任的一名灯塔专家,其对韩德善和法国公司有许多负面评价,[⑥]这应当对金登干也产生了明显的影响,此后金登干对韩德善以及巴比埃公司的评价均常与道格拉斯的论调一致;另外,道格拉斯同时是张氏兄弟公司的灯塔设计师,这家公司正是韩德善被辞退之前所工作的地方。而张氏兄弟公司职员肯沃德常常向金登干表达对韩德善能力和巴比埃公司技术水平的

---

① 李芳:《晚清灯塔建设与管理》,华中师范大学硕士学位论文,2011年,第43~58页。
② 陈霞飞主编:《中国海关密档——赫德、金登干函电汇编(1874—1907)》第1卷,第2页。
③ 陈霞飞主编:《中国海关密档——赫德、金登干函电汇编(1874—1907)》第1卷,第6页。
④ 陈霞飞主编:《中国海关密档——赫德、金登干函电汇编(1874—1907)》第1卷,第14页。
⑤ 陈霞飞主编:《中国海关密档——赫德、金登干函电汇编(1874—1907)》第1卷,第30页。
⑥ 陈霞飞主编:《中国海关密档——赫德、金登干函电汇编(1874—1907)》第1卷,第146页。

/第四章/
技术革命：东亚灯塔的建设与运行

负面看法，①这些看法则经金登干转述于赫德。由此可见，矛盾似乎更多表现为巴比埃和张氏兄弟两家公司及其关联人员之间对灯塔订单的争夺；并没有任何直接证据表明韩德善腐败行为的存在，正如赫德所说，韩德善对位于伯明翰的张氏兄弟公司的抵制是出于"憎恨"②（韩德善此前因要求张氏公司支付给他灯塔专利费而与公司发生矛盾后被解雇）③而非从巴比埃公司"捞油水"的问题。

第二，金登干并未不分原则地维护张氏兄弟公司。一方面，张氏兄弟公司运送的产品出现损坏时，金登干表示"巴比埃公司供应的五十个圆柱塔身运到厦门时十二个断裂；而张氏公司提供的二百个中只坏了一个和缺了一个"④，长途运输必然存在损坏、遗失的风险，而从实际效果看，张氏公司显然比巴比埃公司做得更好；如果能接受巴比埃公司，自然更应当对张氏兄弟公司宽容，金登干这一辩护理由显然是基于事实且具有很大合理性的。另一方面，金登干对张氏兄弟公司在工作中表现出的问题也会提出批评，"张氏公司从来不遵守约定的时间，他们一旦得到定单就慢吞吞地履行合同"⑤，金登干向赫德以"从不遵守约定的时间"评价张氏公司，对于该公司未来争取中国海关的灯塔订单十分不利，这显然不是一个与该公司存在利益关联之人的态度。可见金登干并未不分原则地为张氏公司辩护，他对张氏公司不仅有维护的言论，同时也有明确的负面评价，而不论正面或负面评价均基于一定的事实基础。

第三，金登干也未不问理由地对巴比埃公司进行负面评价。如巴比埃公司运送渔翁岛灯塔误期，金登干表示"他们似乎把此事看得很平淡——而我们完全得听他们摆布"⑥，即认为应该对制造商误期进行制约，而这对客户而言是理所当然的要求。总的来看，金登干致赫德的信中对巴比埃公司的负面评价一般是引用道格拉斯、肯沃德等和张氏兄弟公司关联人员的言论，其本人对

---

① 陈霞飞主编：《中国海关密档——赫德、金登干函电汇编(1874—1907)》第1卷，第262页。
② 陈霞飞主编：《中国海关密档——赫德、金登干函电汇编(1874—1907)》第1卷，第314页。
③ 陈霞飞主编：《中国海关密档——赫德、金登干函电汇编(1874—1907)》第1卷，第255页。
④ 陈霞飞主编：《中国海关密档——赫德、金登干函电汇编(1874—1907)》第2卷，第642页。
⑤ 陈霞飞主编：《中国海关密档——赫德、金登干函电汇编(1874—1907)》第6卷，第869页。
⑥ 陈霞飞主编：《中国海关密档——赫德、金登干函电汇编(1874—1907)》第1卷，第185页。

巴比埃公司直接而严厉的负面评价并不多见；相反，他对巴比埃公司却有不少正面评价的言论。如金登干称巴比埃公司制造的信号灯"看上去做得非常好，用来旋转光学装置的手动结构非常简便，甚至一个小孩子就能操作"①；他描述自己和道格拉斯去参观巴比埃的工厂时，直言"道格拉斯先生被这种方法的简易程度吸引住了，并预料这种方法有远大前途"②；金登干转述法国政府灯塔工程师弗里塞罗的话，称"巴比埃先生在巴黎所有灯塔制造商中首屈一指，他承办了大部分生意。他本人非常勤劳，他手下又有一个出色的班子"③。可见，金登干对巴比埃公司的直接评价既有正面的也有负面的，但更多的是他引用灯塔专业人士对巴比埃公司的评价。

第四，金登干对韩得善的继任者同样苛刻。哈尔定在韩德善之后担任总营造司，在东涌岛灯塔招标问题上，金登干认为"一定是哈尔定让张氏公司期望他们会获得这批订货单，因为在我收到您指示我决定将向哪家订货的公文之前，他就与他们联系了"④，言辞间明显表达出对哈尔定的怀疑。同时，他还向赫德批评哈尔定对新技术有偏见，"若是我不用常识几乎是强迫哈尔定战胜他有偏见的头脑，东涌岛灯塔就不会采用白炽灯"⑤。所以，尽管他对韩德善的批评中可能包含着一些情绪化的因素，但他的批评更多是针对工作和技术本身而非针对某个人，对灯塔事务的严苛要求是他一贯的态度。

由此可见，金登干在张氏兄弟公司和巴比埃公司之间并没有表现出明显的偏向性，而是以两家公司在灯塔业务上的表现为依据做出具体的判断。部分已有研究中所谓金登干和张氏兄弟公司、韩德善和巴比埃公司两个群体之间的利益之争，只是根据《中国海关密档》中的部分材料得出的片面判断。

即便所谓两个群体的利益之争存在，在近代中国海关的灯塔采购业务

---

① 陈霞飞主编：《中国海关密档——赫德、金登干函电汇编(1874—1907)》第6卷，第192页。
② 陈霞飞主编：《中国海关密档——赫德、金登干函电汇编(1874—1907)》第5卷，第664页。
③ 陈霞飞主编：《中国海关密档——赫德、金登干函电汇编(1874—1907)》第6卷，第32页。
④ 陈霞飞主编：《中国海关密档——赫德、金登干函电汇编(1874—1907)》第7卷，第524页。
⑤ 陈霞飞主编：《中国海关密档——赫德、金登干函电汇编(1874—1907)》第7卷，第839~840页。

中,若金登干或韩德善等高级职员收受贿赂,在制度上有多大的可行性呢?首先,海关对于受贿行为的处罚有明确规定,"海关任何官员都不准直接或间接地接受酬金,违者开除"①;同时,金登干也十分清楚腐败的危害,他向赫德表示:

> 假如一家英国公司打算利用我们之中某人的影响干这种事,它就会被从承包商名单中剔除;而假如像我这样的一个代理让这种事干出来并被张扬出去,那么声誉好的公司就不肯来投标了。处在我的地位我必须考虑从您起直到厂商或承包商的所有有关方面的利益,并公平和体面地对待每个人。②

灯塔购置普遍采用的是公开招标,海关职员和其他参与招标的人都是招标的监督者,参与招标的各个公司往往都是招标公正性理所当然的维护者;而招标的过程、结果等情况也会向海关总税务司报告,金登干或韩德善在招标和采购过程中对灯塔制造商的选择、对灯塔设计的改动、对新的配件的购置都需要有明确的理由;实际上,赫德对韩德善等职员一直心怀戒备,大量的采购决策都是以制造商投标情况为基础、由赫德本人而非金登干或韩德善做出的。以上种种制度和规则对金登干和韩德善的权力形成了严格的限制,很大程度上降低了在海关灯塔采购过程中腐败行为发生的可能。

由此可见,19世纪的中国并无制造灯塔的技术和人员,赫德主导下的海关形成了向欧洲的英法等国制造商购买灯塔设备的模式,这种模式长期延续,使得中国除生产一些简单的灯塔配件、材料外,未能掌握灯塔制造技术和发展出本国的灯塔制造产业;尽管海关职员在采购中中饱私囊的可能性被严格限制,但远赴欧洲采购灯塔、对数千里外采购灯塔职员的监督和防范造成的成本增加,在某种程度上也成为近代中国灯塔发展资金短缺的原因之一。反观日本,尽管早期日本灯塔事业的发展中也引进欧洲技术专家,但日本一直努力向这

---

① 陈霞飞主编:《中国海关密档——赫德、金登干函电汇编(1874—1907)》第1卷,第256页。
② 陈霞飞主编:《中国海关密档——赫德、金登干函电汇编(1874—1907)》第1卷,第448页。

些专家学习技术,同时派出留学生赴欧洲特别是英国学习灯塔制造技术。经过一段时期的发展,日本已经形成本土化的灯器、配件等灯塔制造相关产业,走上了一条与中国十分不同的道路。

二、灯塔的建设与防护

灯台是为入港航海者指示暗礁、孤岩、岬角而设。建筑材料为钢铁和石料,其中最好的是坚固的石料;也有灯塔使用木材,但木材易朽且有火灾隐患;而铁也容易为海水腐蚀,只有铜不会。在偏僻的半岛或岛上建设灯塔远比一般陆地上困难,而在岩礁建设灯塔则更加困难。在岛礁建设灯塔时需要调查岩礁的海拔高度、大小,其附近风浪的强弱,材料运送要选择距离最近的港口。[①]一旦拟定具体的灯塔建设计划后,灯塔核心器件的购置计划也就提上日程来。当灯塔制造商制造灯器的同时,相关负责机构已开始在此前选定的地点建设灯塔基座以及灯塔值事人宿舍等附属设施。对于一些选址于岛屿上的灯塔而言,临近灯塔的专用码头以及从码头通向灯塔的道路往往同时开始施工,以便灯塔可以顺利卸载;而此后灯塔的巡视、修缮、补给及人员往返均要以码头为节点。海上风浪多变,而码头攸关灯塔的明灭和岛上人员的生存,故许多灯塔所在的岛屿均不止建有一座码头(如中国的东涌岛、东亭山岛、下三星岛等)。

除了灯塔主体、灯塔职员宿舍和码头之外,灯塔相关设施还有很多,特别是位于关键航线上的重要灯塔,其结构更为复杂。下文将以鹅銮鼻灯塔为例,深入观察灯塔及其附属设施的构成。鹅銮鼻灯塔又称南岬灯塔,于光绪九年(1883年)建成亮灯,镜机等级为一级,灯光的晴天可见距离达20海里,是由近代中国海关总营造司韩德善主持建造的一座重要灯塔;随着甲午战争之后台湾沦为日本殖民地,鹅銮鼻灯塔也落入日本控制之下。该灯塔在19世纪末20世纪初开通电话,陆续开始使用雾警号、暴风警报信号,并随后开始按月向递信省发送气象观测月报、向台湾总督府提供海洋观测情报。该灯塔处在台湾岛的最南端,地理位置关键,负责的业务内容也比较丰富,是台湾海域的重要灯塔之一。

---

① [日]竹贯直次:《应用土木工学》,东京:博文馆,明治三十一年(1898年),第257页。

/第四章/
技术革命:东亚灯塔的建设与运行

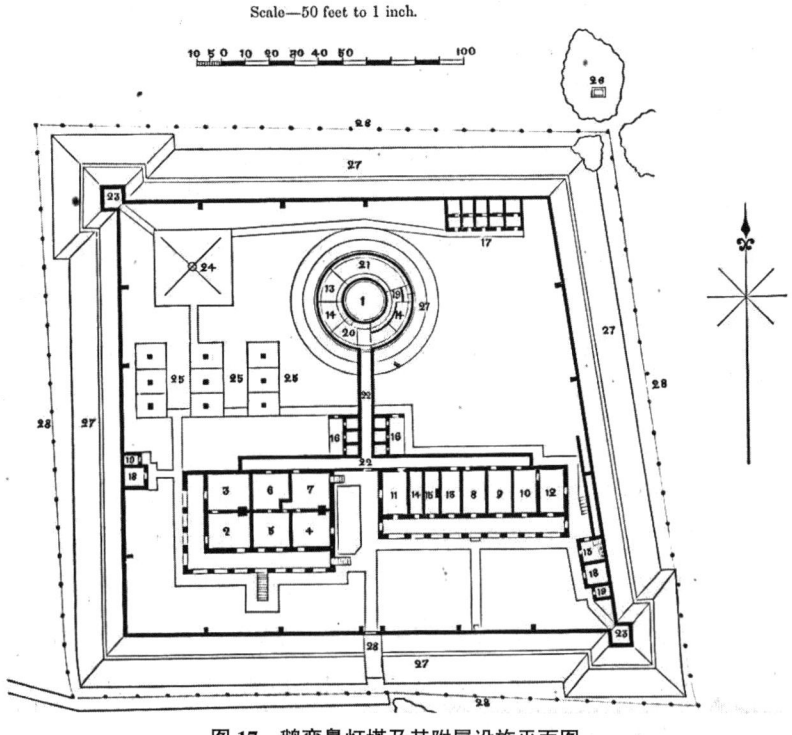

图 17 鹅銮鼻灯塔及其附属设施平面图

资料来源:*Reports on Lights, Buoys, and Beacons, for the Year 1889*, Shanghai: Statistical Department of the Inspectorate General of Customs, 1890, p. 75.

图中数字代表的建筑物如下:

1.灯塔	2.办公室	3.头等值事人房间	4.炮手房间
5.帮办值事人房间	6.灯塔储物间	7.备用房间	8.华员值事人房间
9.苦力房间	10.警卫卧室	11.警卫间	12.工作间
13.厨房	14.储物间	15.储煤间	16.禽舍
17.猪舍	18.浴室	19.厕所	20.军械库
21.华员住宿区(避难所内)	22.安全通道	23.炮台上的通道	24.旗杆
25.水箱	26.风速测量间	27.壕沟	28.带刺铁丝围栏

从鹅銮鼻灯塔及其附属设施平面图来看,尽管其相关建筑多达28类、共计近50个建筑单元,但根据各个建筑物功能的不同,可以将各个建筑单元划分

163

为四个部分。一是灯塔事务功能区,与灯塔照明、雾号、风速测量等业务直接相关,包括灯塔本身、旗杆、风速测量间、办公室、工作间等,需要特别指出的是位于灯塔内的储油间①也是灯塔事务功能区的一部分;二是生活区,包括值事人、炮手、华员、苦力等人的房间、禽舍、猪舍、厨房、浴室、厕所、储煤间等可以满足职员们基本生活所需的建筑部分;三是防卫区,用以提供保护整个灯塔区域的安全,包括军械库、炮台上的通道、安全通道、带刺铁丝围栏、壕沟等;四是避难区,这是在因抢劫、武装冲突或因台风、海啸等引发危机,特别是与陆地的联系中断时用以维持基本生存的功能区,包括一间厨房、两间储物间、华员住宿区、水箱(容量为4000加仑,约占该灯塔水箱总储水量的七分之一弱)等标注为"在避难所内"的建筑。

  其中,该灯塔设施中最为引人注意的是复杂而完善的防卫工事,这与该岛面临来自周围土著和其他势力的威胁有直接关系。同治六年(1867年)三月九日,一艘美国船只在从汕头至牛庄的航行途中遭遇大风,漂至鹅銮鼻西南九海里的七星岩附近沉没,船长和船员免于难,但逃过一劫的船长和船员们随后被当地土著发现并杀害。②这一事件影响较大,同时它也远非孤例,故19世纪80年代鹅銮鼻灯塔建设中即充分考虑了周围防御问题,炮台、安全通道、带刺铁丝围栏和壕沟均为此目的而设置。该灯塔除构筑工事以防御土著居民的侵扰外,在常备灯塔职员之外,还配备有1支由欧洲炮手指挥下的、8名成员组成的护卫队;所设军械库中藏有2挺加特林机枪、2支长枪、15支来复枪、15把左轮手枪等武器装备;同时,也安装有防弹窗户对灯塔透镜加以保护。③即便如此,破坏灯塔设备和袭击灯塔职员的事件仍时有发生,明治三十一年(1898年)十二月,土著和匪徒蜂拥而起,将鹅銮鼻灯塔和恒春之间的电话线破坏。④大正三年(1914年)十月十一日,土著再次聚集,侵扰该灯塔附近的居民点,许多人逃到鹅銮鼻灯塔站内,⑤凭借该灯站完善的防护设施和

---

① *Reports on Lights, Buoys, and Beacons, for the Year 1889*, p. 75.
② 台湾总督府交通局递信部:《递信志·航路标识编》,第26页。
③ *Reports on Lights, Buoys, and Beacons, for the Year 1889*, p. 75.
④ 台湾总督府交通局递信部:《递信志·航路标识编》,第28页。
⑤ 台湾总督府交通局递信部:《递信志·航路标识编》,第30页。

防卫人员方获得安全。

由此可见,鹅銮鼻灯塔面临着实在的威胁,通过构筑工事、增派人手和更新装备以增加防御能力是十分必要的。从1890、1891以及1896年出版的 Report on Lights, Buoys, and Beacons (《灯塔、浮标、标桩报告》)中提供的三十多座中国灯塔及其附属设施的平面图来看,绝大部分灯塔建设有炮台以及壕沟、铁丝网等防御设施,说明安全问题在灯塔之间普遍存在且尚未得到更好地解决。

总的来看,由于灯塔事务的管理构架和对灯塔技术的态度差异等原因,中国和日本在灯塔事业进程中进入了两条不同的发展轨道。中国在海关总税务司的主导下、在具体负责职员的操作中,灯塔业务对欧洲技术和欧洲制造商的依赖一步一步加深;而日本通过派遣留学生赴欧和向所雇用的欧洲技术人员学习,逐步实现灯塔设计和灯塔制造的本土化。在灯塔的建设方面,东亚各国各地区的选择则拥有较多共同点,东亚海域普遍面临大风、海啸等恶劣气候和水文条件带来的危险,故各海岛灯塔往往都规划有完备的避难场所;而建设于偏僻半岛、海岛的灯塔均承受着来自海盗、土著的威胁,则各灯塔纷纷将炮台、军械库、带刺铁丝网、壕沟等作为灯塔建设中的基本配置。尽管东亚各国各地区主导灯塔事务的机构对灯塔技术本土化的认识和实践程度不同,但随着灯塔事业的扩展和深入,在灯塔建设中逐渐形成具有相对固定结构、符合东亚各区域特点的灯塔发展模式。

第二节 东亚灯塔的日常运行与更新

一、灯塔管理的构架

配置合理、运转高效的灯塔管理构架是维持灯塔日常运行的制度基础,而对灯塔管理构架的理解也将有助于进一步分析灯塔日常运行的基本模式。中国海关和日本灯台局管理下的灯塔分别是近代东亚灯塔事业最重要的两个组成部分,具有结构复杂但发展线索明晰的特点,在东亚各个灯塔管理机构中最具代表性,故以下分析将基于这两个机构的管理构架展开。

(一)日本灯塔管理构架

近代日本灯塔的管理主体多种多样,但主要机构是管理着大部分官设灯塔的灯台局;尽管该局名称和行政归属变化复杂,但主要机构均设于横滨。该局起源于明治元年(1868年)一月设置于外国事务官中的灯明台挂,同年四月灯明台挂划归横滨裁判所兼管。明治二年(1869年)正月,灯明台挂开始由会计官管理,同年四月改由外国官管理;七月由灯明台挂改称灯明台局(又称灯明台役所),仍归外国官管理;九月灯明台局划入民部大藏省。明治三年(1870年)七月,灯明台局改由民部省(土木司)管理,同年十月归工部省。明治四年(1871年)四月灯明台局改称灯台寮,明治十年(1877年)始称灯台局。明治十八年(1885年)十二月,灯台局由工部省划归递信省。明治二十四年(1891年)八月灯台局改名航路标识管理所,大正十四年(1924年)年九月复改名灯台局,仍归递信省。①除递信省灯台局之外,海军省、陆军省、内务省、铁道省、大藏省等多个部门均长期管理着部分官设灯塔,地方的道府县、市町村等各级政府机构也管理着为数不少的灯塔设施,早期在日本本土普遍存在的私人对灯塔的管理也是灯塔事业的重要组成部分。此外,随着近代日本向外扩张,朝鲜、台湾、南洋、桦太、关东州等地的灯塔也分别归日本派驻的管理当局、当局下属地方政府和私人管理。

表19 日本各类灯塔职员数量变化表

公元年份	日本纪年	官设灯塔职员	公设灯塔职员	私设灯塔职员	总计
1890	明治二十三年	292	13	104	409
1891	明治二十四年	289	11	108	408
1892	明治二十五年	315	23	82	420
1893	明治二十六年	324	20	73	417
1894	明治二十七年	321	25	68	414

① [日]灯台局编:《第六回灯台局年报》,第1页。

第四章
技术革命：东亚灯塔的建设与运行

续表

公元年份	日本纪年	官设灯塔职员	公设灯塔职员	私设灯塔职员	总计
1895	明治二十八年	370	25	56	451
1896	明治二十九年	400	26	36	462
1897	明治三十年	412	28	19	459
1898	明治三十一年	443	28	18	489
1899	明治三十二年	469	33	19	521

数据来源：根据《递信省年报》历年灯塔职员数据整理所得。

作为维持灯塔运行的主体，负责具体事务的灯塔职员在灯塔管理构架中的重要性不言而喻。以官设灯塔为例，1899年其职员构成包括看守、临时手传、水火夫、信号见张人、小使、用辨方和水夫受付人等，[1]公设和私设灯塔的职员构成大致与此一致。视察船的主要工作包括运送灯塔的补给物资、对灯塔进行巡视、航道测量和新灯塔选址等；若考虑到灯塔视察船也是维持灯塔运行的组成部分，则视察船人员也应计算在内。以1899年汽船"新发田丸"的组成人员来看，包括技师（船长、运转士、机关长）、技手（运转士、机关士、会计主任）等正式成员，以及为数更多的水夫长、潜水者、火夫长、木工等雇佣人员，该船上工作人员总计达77人。[2]

从1890至1899年间日本灯塔职员总数看，基本保持平稳增长；但就官设、公设和私设三类灯塔职员的数量而言，则互相之间差异明显。私设灯塔职员呈现快速减少的特点，公设灯塔职员增长缓慢，而官设灯塔职员则在原有基础上继续保持高速增长。三类灯塔职员的数量变化明显受到同期三类灯塔数量变化的影响。1889年日本颁布取缔私设灯塔的法规之后，三类灯塔数量变化呈现出一减（私设）、一稳（公设）、一增（官设）的特点，而各类灯塔职员数量的变化情况则与灯塔数量的这种变化特点很好地保持一致。

---

[1] ［日］递信省编：《递信省第十四年报》，东京：递信省，明治三十二年（1901年），第586页。
[2] ［日］递信省编：《递信省第十四年报》，第587页。

(二)中国海关灯塔管理构架

根据1868年总税务司第10号通令可知,船钞部于该年成立,其基本职责为"改进港口航道,便利中国沿海地区之船舶航行"[①],而所谓改进航道便利航行最重要的工作之一就是建设灯塔并维持灯塔运行。船钞部负责人为海务税务司,初设之时海务税务司尚在欧洲,故一开始由资深巡查司署理海务税务司负责相关事务。海务税务司下设有一名理船营造司、一名文案和二名灯塔营造司;区域管理上,将中国沿海分为三段,由三名驻芝罘、上海、福州的巡查司分别负责;巡查司则具体监督各段内所属港口理船厅人员的工作(这些人员包括港口引水、持照引水、灯塔看守、巡港吏)。[②]

1875年海关对船钞部的业务进行调整,此后船钞部机构分为营造处、理船厅和灯塔处。19世纪70年代,随着海务税务司职位撤销,直属总税务司的船钞部成为虚体机构,"各海关税务司于其所管辖之关区,均系总税务司之首席代表,除另有特令,所有海关人员(除总税务司署人员外)凡当时在该关区内者,均为税务司之下属,并直接对其负责"[③],即船钞部所属各机构实际上开始接受所在各海关税务司管辖。以营造处为例,除总营造处在涉及所有关区的灯塔事业和营造处机构改善等问题可以向总税务司直接呈文外,所有上海或其他口岸营造处之主管"就关区工作上报总税务司之呈文,均须敞口交由该关区税务司转呈"[④],各口岸营造处已明确由该口岸税务司节制。而灯塔处的变化情况则可以根据1878年第38号通令对灯塔管辖区域的调整中得知:

> 上海作为北段之中心口岸,仅须负责该段所设之物料供应,其他各关

---

① 《为发船钞部编制事》(1868年4月25日第10号通令),《旧中国海关总税务司署通令选编》第1卷,第55页。

② 《为发船钞部编制事》(1868年4月25日第10号通令),《旧中国海关总税务司署通令选编》第1卷,第59页。

③ 《为规定营造处职位与职责及其与税务司之职务关系由》(1875年12月31日第33号通令),《旧中国海关总税务司署通令选编》第1卷,第202页。

④ 《为规定营造处职位与职责及其与税务司之职务关系由》(1875年12月31日第33号通令),《旧中国海关总税务司署通令选编》第1卷,第202页。

税务司继续管理各该关区灯塔之其他方面,而厦门作为南段之中心口岸,则不仅负责物料供应,且须负责南段所有灯塔之全面管理。所谓南段系指温州以南之海岸。北段系指温州以北之海岸。①

该通令所附《船钞部灯塔管理办法实施节略》特别提到南段的情况,指出南段各灯塔及值事人均由厦门关管辖,具体而言,厦门关税务司负责"为保持灯塔正常运作,掌管值事人之任用、调动、解职、薪饷、灯塔之供应与维修,并与灯塔、灯船经常联络"②,可见厦门关等相关海关的税务司已经很大程度上承担了原来船钞部海务税务司的职责。

表20 船钞部职员数量变化表

类别 年份	洋员			华员
	营造处	理船厅	灯塔处	
1878	8	15	58	240
1883	5	15	56	316
1888	5	15	57	348
1893	5	13	63	388
1898	6	20	65	441
1903	6	28	59	486
1908	10	35	68	668

数据来源:据《美国哈佛大学图书馆藏未刊中国旧海关史料(1860—1949)》第232至242册《新关题名录》整理、计算,部分年份人数是根据前后年份的情况插补所得。

随着船钞部业务的发展特别是灯塔数量的不断增加,船钞部的人员数量和职务种类越来越多。以1908年船钞部的职务分类来看,营造处有总营造司、副营造师、供事、工师、匠董、绘图师等职务,理船厅则包括巡工司、副巡工司、

---

① 《为南北两段沿海灯塔分由厦门上海两关管理由》(1878年1月15日第38号通令),《旧中国海关总税务司署通令选编》第1卷,第222页。
② 《为南北两段沿海灯塔分由厦门上海两关管理由》(1878年1月15日第38号通令),《旧中国海关总税务司署通令选编》第1卷,第223页。

理船厅、副理船厅、指泊所、综理栈房、供事、副测量师、绘图师、入水匠、信旗吏、巡江吏等,灯塔处包括巡灯司、船主、大副、巡艇弁、头等值事人、二等值事人、三等值事人。从船钞部历年职员数量变化来看,尽管船钞部总人数长期保持稳定增长状态,但洋员数量(营造处、理船厅和灯塔处)增长缓慢,甚至在一定时期出现负增长;船钞部职员人数呈现稳定增长的主要影响因素是中国雇员人数的不断增加。海关管理的灯塔之外,中国沿海尚有为数不少外国管理下的灯塔和私设灯塔,但均无确切的灯塔职员数量统计。

二、灯塔运行的基本形式

灯塔基本运行情况属于较为微观的信息,在一般的史料中罕见有记载;而且灯塔值事人往往受教育程度不高,相关回忆录也并不多见。下文将以海务统计资料、相关报告中的记录以及其他文献中的部分记载为基础进行分析,以期对灯塔的日常运转情况有一个基本了解。

根据1890和1891年出版的 Report on Lights, Buoys, and Beacons 来看,近代中国海关主要灯塔的日常运转往往由头等值事人全面负责,多数灯塔均派驻有头等值事人,其在近代早期一般为外国人;也有少部分灯塔由华人职员负责,如洛迦岛灯塔无外国职员而驻有头等华员值事人和二等华员值事人,虎蹲山灯塔也是由华员值事人负责。在灯塔头等值事人之下,许多重要灯塔还设有帮办值事人,以辅助头等值事人的工作,设有帮办值事人的往往是以外国人为头等值事人的重要灯塔。帮办值事人之下为华员值事人,几乎所有灯塔均派驻有华员值事人负责实务,具体人数因灯塔的重要性和灯塔业务量的大小而定,绝大多数在两人以上。头等值事人、帮办值事人和华员值事人均为海关海务部门的正式职员,一般都会列名于历年的《新关题名录》(Service List)中;各灯塔大都雇佣有数量不等(往往在两名以上)的苦力或者灯塔清扫工,这些人则不会列入题名录,他们往往是根据值事人的要求对灯塔和附属设施进行基本维护。同时,在一些重要的灯塔,往往以灯站或头等值事人的名义雇佣有数量不等(往往在两名以上)的仆人,这些人的工作则是为灯站中级别较高的职员的日常生活提供服务。而如前述鹅銮鼻灯塔所配备的护卫队,除炮手之外的八名成员也是不列入题名录的。由此可见,在华洋灯塔值事人之外,服务于灯塔的苦力、仆人、护卫队等非海关正式职员人数众多,其数量可能甚至远远超过该灯塔的海关正式职员。

各个灯塔,特别是偏居岛礁之上的灯塔,其职员生活用品的补给和灯塔的日常修缮往往需要通过船只与陆地联系。中国海关的多艘关船担负着为中国沿海各个灯塔进行补给的任务,而日本的视察船"明治丸"(工作至1895年)和"新发田丸"(1896年起)、"光丸"则先后担负日本沿海灯塔的补给和修缮任务。一旦遇上台风或海啸,船只无法及时补给的时候,前述灯塔避难所内所贮藏的水、食物以及其他生活必需品则成为孤岛上的职员们赖以生存的给养。当然,并非所有的物资需求都要靠船只与陆地联系来满足;运送物资的周期性和台风等自然因素带来的不确定性,使得岛上人员选择尽可能实现自给自足。如在岛上开辟土地种植蔬菜就是一种常见的情况,日本历年《灯台局年报》还有统计各个灯塔的菜圃面积;另外,前述鹅銮鼻灯塔及其附属设施平面图中的禽舍、猪舍的设置,也是灯塔人员实现肉类自给的重要方式。为了让灯站职员能够安心工作,日本灯台局会对职员的子女情况进行统计,并为他们提供基本的教育条件。同时,日本灯台局还为职员提供医疗保障,如果出现意外伤害,也可以获得相应的补偿;如果因公死亡,则家属也可以从递信省的专门资金中获得一笔费用以维持生活。

灯塔职员的首要任务是维持灯光不灭,然后根据各个灯站所处位置和重要性的不同,许多灯塔还提供其他服务,如一些常出现浓雾地方的灯塔会提供雾号服务,而临近暗礁、浅滩的灯塔则常常需要对遇难船只进行救助。另外,一些灯塔还要进行气象观测、海洋测量、风浪测量,并将这些信息反馈给海洋测量或灯塔选址相关机构。

三、设备更新与新能源方式的应用

(一)中国海关设备的更换与升级

由于灯塔所处地理位置的重要性和灯塔本身技术指标的不同,各个灯塔的地位和作用也各不相同。海务部门在进行灯塔设备更换或升级时,出于节约灯塔资金的考虑,往往首选将更换或升级灯塔设备而拆下的旧器械运至次要的新灯塔处使用。如光绪三十三年(1908年)亮灯的西洋山灯塔(位于三都澳附近),其灯器"乃崇明岛南岸六滧灯塔之旧物,曩曾用于该处作为指示长江北水道进口之用者数年,嗣后始拆卸运此应用"①。当然,也有可能对旧设备的某些部件进行更新,如半洋山灯塔(位于大戢山附近)的镜机"乃大沽口外曹妃甸灯塔拆卸之旧物,惟明灭发条机件,则为新制者耳"②。半洋山灯塔和西洋山灯塔均非关键灯塔,将旧设备拆至这类灯塔处可以达到物尽其用的效果。

但在大部分情况下,新灯塔的建设就意味着新技术和新设备的应用;对需要更换设备的重要灯塔而言更是如此。从中国海关向欧洲采购灯塔设备开始,各家灯塔制造商往往都会表示自己将会把最好的技术和最新的改进应用到为中国海关制造的灯具中,如1876年金登干告诉赫德,英国张氏兄弟公司"急于把国内港务系统所用的灯具和灯头的完美样品展现在您的面前"③,法国巴比埃公司也表示其技术水平是可靠的。那么,这类承诺是否可靠,或者说为中国制造灯具所采用的技术是否是欧洲最先进的呢? 以下将以19世纪八九十年代英国领港公会道格拉斯灯头为例,分析欧洲先进灯器在中国灯塔的应用情况。

早在1882年,张氏兄弟公司的肯沃德表示,尽管巴比埃公司制造的芬威克灯"是同类中很好的一种",但近几年英国灯塔有很大改进,且张氏兄弟公司"是道格拉斯先生的新灯头的独家特许持有者,它是用增大强度来替代火焰量,更有利于光学装置的焦点要求"④,张氏公司所称道格拉斯的新灯头即著名的"领港公会道格拉斯"灯头。道格拉斯作为金登干在欧洲采购灯塔时的重要顾问,在与金登干的交流中多次谈到自己设计灯头的理念和灯头革新的趋势,1889年,金登干向赫德转述道格拉斯的说法,即针对新型灯塔,最近一直在不断改进的是相关设备,而非灯头本身,新的改进将使得"一套装有六蕊灯头

---

① [英]班思德:《中国沿海灯塔志》,第164页。
② [英]班思德:《中国沿海灯塔志》,第204页。
③ 陈霞飞主编:《中国海关密档——赫德、金登干函电汇编(1874—1907)》第1卷,第386页。
④ 陈霞飞主编:《中国海关密档——赫德、金登干函电汇编(1874—1907)》第3卷,第83~84页。

的三等设备能够完成以前一等设备所规定的要求"①。1891年,道格拉斯告诉金登干,闪光信号灯的变化趋势是"减少玻璃的数目,从而增加光或闪光的强度,并减少它的持续时间","伦敦英国领港公会和法国灯塔部的经验,都证明减少玻璃的块数和增加光的强度,比增加玻璃块数和减少光的强度要好"。②道格拉斯对金登干所描述的技术发展趋势,自己所设计的这种新灯头完全符合;尽管如此,直到1891年,金登干仍未下定决心向赫德推荐这种新式灯头。

不过1892年的时候情况发生了变化。这年根据韩得善的设计,巴比埃公司决定使用"领港公会式"灯头,他实际所指的是中国灯塔部门所使用的老式领港公会灯头。③在这种情况下,金登干告诉赫德,"带有老式的'领港公会'六灯芯灯头的喷泉式灯,已被带有新型的'领港公会道格拉斯'六灯芯灯头的压力灯所更替"④,新型灯头最大的特点是拥有很高的溢流速度,可以防止灯芯烧焦和油料挥发;金登干向赫德推荐道格拉斯新式灯头之意显露无遗。道格拉斯并没有支持金登干的观点,但他同时否定了韩得善的设计,他认为"带有六灯芯领港公会旧式灯头的喷泉式灯用在鲍德尔式不变水平系统上,比张氏公司根据韩得善提出的规格为山东成山头制造的灯塔优越多了"⑤。他同时指出,"在中国灯塔工作中引进道格拉斯灯头时必须非常谨慎"⑥,因为此时的道格拉斯灯头采用重矿物油作为燃料,需要大得多的溢流。最终,综合各方面因素,交由巴比埃公司制造的横栏洲和老铁山灯塔均未采用最新的领港公会道格拉斯灯头(此后的北渔山灯塔也未采用这种新灯头),金登干认为使用老式灯头使得"我们知道我们是安全可靠的"⑦。尽管灯头未采用最新式样,但横栏洲和老铁山灯塔在技术上仍有独特之处:根据金登干的说法,这两座灯塔是

---

① 陈霞飞主编:《中国海关密档——赫德、金登干函电汇编(1874—1907)》第5卷,第8页。
② 陈霞飞主编:《中国海关密档——赫德、金登干函电汇编(1874—1907)》第5卷,第471~472页。
③ 陈霞飞主编:《中国海关密档——赫德、金登干函电汇编(1874—1907)》第5卷,第568页。
④ 陈霞飞主编:《中国海关密档——赫德、金登干函电汇编(1874—1907)》第5卷,第567页。
⑤ 陈霞飞主编:《中国海关密档——赫德、金登干函电汇编(1874—1907)》第5卷,第664页。
⑥ 陈霞飞主编:《中国海关密档——赫德、金登干函电汇编(1874—1907)》第5卷,第787页。
⑦ 陈霞飞主编:《中国海关密档——赫德、金登干函电汇编(1874—1907)》第5卷,第787页。

世界上最早安装水银循环系统的;①中国沿海各灯塔中,它们在"当时咸称为最新式者也"②。

是否采用新技术至少受到来自两个方面的影响。一是人们的观念。想让人们改变既有认识并易事,如东涌岛灯塔建于1904年,班思德的记录也证实该塔为"中国领海内灯塔中装有白炽纱罩之第一灯"③;但金登干认为"若是我不用常识几乎是强迫哈尔定战胜他有偏见的头脑,东涌岛就不会采用白炽灯"④,即便像中国海关营造司哈尔定这种高级职员对新技术也常常持有保留态度,可见应用新式技术之艰难。二是灯塔制造商设置的技术壁垒。但就上文的灯头选择案例而言,领港公会职员道格拉斯作为金登干的顾问,并没有一味推销自己所设计的新式灯头,而是在灯塔技术指标和应用要求方面对金登干和中国海关提供了中肯的建议。故从19世纪后期的灯塔设备采购来看,中国海关较为准确地掌握了欧洲灯塔技术的最新情况,且海关高层对新技术总体上持开放态度;而在具体灯塔制造中,中国海关的灯塔设备所使用的部分是最新的先进技术,部分技术并非最新,而是已有的成熟技术。但不论所采用的技术先进与否,这些技术的选择都是中国海关在获取了较为完整的信息后综合各方建议、结合中国实际情况充分论证的结果。

(二)新能源方式的应用

近代早期的灯塔多用植物油作为燃料,但植物油灯烛光数较低;后煤油灯(日本称石油灯)逐渐增多,这类灯烛光数高于植物油灯,且以煤油为燃料灯在灯头上不断改进,良好的发光效果使得这类灯应用较广。

随着科技的进步,平楚瓦斯和电石瓦斯开始出现。平楚瓦斯即Pinch Gas,日本称ピンチ瓦斯,由煤油制炼压缩而成,"扬子江口及黄浦江进口之处,所设灯浮,悉用平楚瓦斯"⑤,可见其常用于灯浮等不太重要的灯塔类型;电石瓦

---

① 陈霞飞主编:《中国海关密档——赫德、金登干函电汇编(1874—1907)》第7卷,第840页。
② [英]班思德:《中国沿海灯塔志》,第76页。
③ [英]班思德:《中国沿海灯塔志》,第157页。
④ 陈霞飞主编:《中国海关密档——赫德、金登干函电汇编(1874—1907)》第7卷,第840页。
⑤ [英]班思德:《巡工司及总工程司之灯塔释例》,《中国沿海灯塔志》,第9页。

/ 第四章 /
技术革命：东亚灯塔的建设与运行

斯即Acetylene Gas,日本称アセチリン瓦斯,是一种压缩气体燃料。平楚瓦斯和电石瓦斯的特点是二者都是基于压缩技术的能源形式,一旦预装完成、妥善安置之后,可以在三个月甚至更久的时间内自动燃烧放光。特别是电石瓦斯颇受欢迎,"欧美各国江海之中,所设无人看守之灯,多采用之"①;在20世纪二三十年代的日本也应用较广,许多不太重要的中小型灯塔使用这种能源方式。但在同一时期的中国沿海,尽管也有部分灯塔使用电石瓦斯和平楚瓦斯,然而"惟值此渔民知识未开及海盗不时出没之际,似此无人看守之灯,恐有窃移之虞"②,故中国海关并未积极推进对这些能源形式的应用。

电灯的发明和推广很快也影响到灯塔领域的能源结构,到20世纪30年代,"欧美各处灯塔,比来相率设置电灯,燃用电气,其利有二:(一)灯塔职员可以减少,经费因之节省;(二)所在地方电气充足,烛力必可增加,光力亦可强烈也,惟中国灯塔,则尚未采用之耳"③。相对于早期的其他能源形式,电能的应用对资金投入、基础设施建设和技术水平的要求更高,这也是电能未应用于中国海关灯塔的主要原因。

到20世纪二三十年代,中国海关管理下的最重要的灯塔基本都是用油和气作为燃料;与中国灯塔在电力应用上的空白相比,日本对电力的应用明显要积极很多。根据1938年《东洋灯台表》④的记载,该年日本本土972座灯塔中44%已使用电力；较为重要的灯塔往往以电力为能源,电能在日本灯塔的能源结构中越来越占据主流地位。在本土推动电能在灯塔中应用的同时,日本也积极在其管辖下的其他地区发展电力灯塔,1938年朝鲜半岛以电力为能源的灯塔达到54座,占地区灯塔总数的22%。20世纪30年代,中国沿海的电力灯塔多数是由日本建成并管理。1938年辽东半岛以电力为能源的灯塔达到35座,占地区灯塔总数的比重达44%；同期台湾亦已建成数座电力灯塔。除日本管理的这些灯塔外,香港的Yaumati Typhoon Refuge也是以电力为能源；而津海关港区内也有一座由开滦矿务局维持发光的电灯灯竿。

---

① [英]班思德:《巡工司及总工程司之灯塔释例》,《中国沿海灯塔志》,第8页。
② [英]班思德:《巡工司及总工程司之灯塔释例》,《中国沿海灯塔志》,第8页。
③ [英]班思德:《巡工司及总工程司之灯塔释例》,《中国沿海灯塔志》,第9页。
④ [日]水路部编:《东洋灯台表(昭和13年11月12日调查)》上卷。

总的来看，世界近代灯塔的能源形式经历了从植物油、煤油到电石瓦斯和平楚瓦斯等压缩能源，再由压缩能源到电能的能源发展过程；但这一过程在东亚各国各地区的表现形式和推广进程却各不相同。从19世纪中后期到20世纪上半叶，日本本土灯塔的能源形式基本沿着世界灯塔能源形式的更新节奏在推进，而日本管理下的东亚其他地区也紧跟日本本土发展的步伐。除其他各国管理下的灯塔外，中国沿海灯塔基本处于中国海关管理之下，但从电石瓦斯和平楚瓦斯到电力的应用，中国海关均未表现出足够的积极性。尽管海关认为新能源形式的缺位某种程度上是由于中国沿海的安全因素造成，但实际上与海关对新能源的认知和海关长期面临的灯塔建设资金短缺也存在不可忽视的关联。

第三节　东亚灯塔事业中的社会关系

日本最大的一次管理权转换发生在政府颁布禁止私设航路标识法令之时，此前和此后日本航标发展过程中的管辖关系清楚、变动较少；近代朝鲜半岛的灯塔也基本是在日本殖民时期建成，并没有更多管理权的转换和不同势力的冲突。与此相对，近代中国半殖民地的属性导致建设资金来源复杂、涉及灯塔管理的国家和机构众多（日本即为其中的重要角色），而频繁发生的战争和动乱也使得中国灯塔的管理权变动剧烈、针对灯塔的犯罪活动经常出现。故对于分析东亚灯塔建设运行中面临的各种社会关系而言，中国是最具有代表性的一个区域，以中国为例可以从一个侧面较好地展示各个国家、各种力量在东亚灯塔问题上的博弈。

/第四章/
技术革命：东亚灯塔的建设与运行

一、管理主体与管理权的转换

（一）灯塔管理的主体类型

灯塔的建设和管理中存在着多种类型的主体，某个特定灯塔的管理权也并非一成不变，因此有必要理清灯塔建设和管理中不同主体及其相互关系，由此更清晰地观察灯塔的归属和管理权的更迭。

表21 各类主体管理的灯塔数量表

年份	中国海关	租借地或占领区的外国政府						其他
		英国	日本	法国	葡萄牙	德国	俄国	
1901	120	6	0	0	0	3	2	0
1911	180	17	6	0	3	14	0	1
1921	250	24	28	0	3	0	0	1
1931	384	20	21	21	18	0	0	19
1941	363	20	41	21	20	0	0	140

资料来源：据《航标总册》历年灯塔统计资料整理、计算所得。

如前所述，航标分属于中国海关和非中国海关的各类主体管理。《航标总册》的灯标列表中有的灯标是有编号的，这部分带编号的灯标均归属海关管理；而不带编号灯标的管理，一部分归租借地各外国政府，一部分归其他主体。在1922年之前，这些灯标中，海关管理的数量长期约占五分之四，各外国政府管理的占五分之一。从1872年的第一版《航标总册》到1898年出版的第二十六版《航标总册》，统计范围均仅限于海关管理下的灯标，实际上这一时期在香港、澳门等地均已建设有灯标。到1899年出版的《航标总册》，开始提到外国管理下的灯标，但该版总册中仅有芝罘关区的两个灯标。[1]此后各版中非

---

[1] *List of the Chinese Lighthouses, Light-vessels, Buoys and Beacons*, Shanghai: Statistical Department of the Inspectorate General of Customs, 1899, pp. 24-27.

海关管理下的区域和灯塔不断增加。外国管理的灯塔主要分布在外国租借地或占领区等外国实际控制区,如香港、澳门、大连、威海卫、胶州湾、广州湾等区域,相应地,英国、葡萄牙、俄国、日本、德国、法国等均参与到了近代中国灯塔的管理中。到1911年底,各国管理下的灯标分别为:英国17个,德国14个,日本6个,葡萄牙3个。到1929年底,日本20个,英国25个,葡萄牙18个,法国13个。到1941年底,日本41个,法国21个,英国20个,葡萄牙30个。其他主体包括的种类较多,如地方渔业协会、地方政府、海岸巡防署以及抗战时期的伪满洲国的海关和伪国民政府的海关。归其他主体管理的灯标在大多数年份只占极少数,部分灯塔的管理也属于临时性的。大多数年份只有归宁波当地一个渔业协会管理的太平岛灯塔[①]以及1926年纳入统计的归中华民国海岸巡防署(Coast Guard Administration)管理的东沙岛灯塔[②]属于这种类型;其他主体管理的灯塔在1922至1937年间一度较多,主要原因是青岛关区内总共十多个灯标在这段时期归青岛地方政府管理。1937年开始,东北和华北有大量灯塔由中国海关或地方政府转移到伪满洲国和伪国民政府手中,表21中1941年"其他"项下灯标数量相对于前一个时期的大规模增加即反映了这部分变化。

与大多数国家的灯塔均归属于交通部或其他专门管理机构(如英国灯塔的管理权属领港公会)不同,中国的灯塔主要由海关这一征税部门代管;还有大量灯塔归外国占领区或租借地的政府管理;此外,还有一些零星的灯塔属于地方渔业协会或政府其他部门管理。这样就形成了近代中国灯塔事业中的多头管理模式。要厘清这一模式中各个主体地位和作用如何,就涉及灯塔管理权在不同主体之间的转换。

(二)灯塔管理权的更迭

中国海关、外国政府以及一些其他主体都曾参与到近代中国灯塔的建设和管理中。灯塔的正常运转关系航行安全,灯塔管理权显得十分重要,特别是

---

① List of Lighthouses, Light-vessels, Buoys and Beacons on the Coast and Rivers of China, 1910, pp.20-21.

② List of Lighthouses, Light-vessels, Buoys and Beacons, ETC., on the Coast and Rivers of China, 1926, pp.16-17.

/第四章/
技术革命:东亚灯塔的建设与运行

在非常时期。灯塔管理权的变动往往由于不同国家之间、不同势力之间局部冲突或战争等造成的被迫出让,也有其他原因造成管理权在本国不同组织机构之间的转换。

作为一种保证航行安全的重要资源,灯塔对战争中各方的重要性是不言而喻的。参战各方对重要灯塔的争夺常有发生,如中国海关所建的老铁山灯塔,在中日甲午战争中,自1895年春季起,"该灯为日人所管者历时数月"[①],战争结束后方交还中国,仍由海关管理。为了防止灯塔被敌对方利用,有些灯塔会被主动撤销,甚至也会有主动损毁的情况发生,1894年中日甲午战争中,日军进逼威海卫时,不仅将赵北嘴灯塔的灯撤除,甚至将"塔及屋宇墙垣立即涂黑"[②],使得本方也无法使用,这都是为防止对方使用而造成更大损失的无奈之举。正是由于灯塔对于贸易和战争都具有重要作用,所以也有在战争中各方达成协议以保证灯塔能正常使用的情况。1932年"一二八事变"爆发8天后,总税务司梅乐和致电日本驻华公使重光葵,请日本保证从事中国灯塔补给的海关灯塔运输船的安全,理由是"各船从事之工作不仅为地方所必需,亦且具有国际重要性"[③],日本表示不会干扰这些船只的行驶。在1937年抗战全面爆发之后,日本仍然应海关之请,答应保证海关灯塔运输船的安全。[④]

在国与国之间权利转让协定或土地租借条约达成之后,随着特定区域内原有势力的退出和新势力的进入,灯塔管理权的更迭也就随之出现。日俄战争结束后,日本与俄国签订的《朴茨茅斯条约》中,战败的俄国将其在旅顺、大连的权益转让给日本,原来在俄国控制下的灯塔也随之转入日本手中。第一次世界大战中,随着日本加入对德作战,出兵胶州湾接管了德国在山东的权益,原来由德国兴建并管理的灯塔也被日本控制。根据华盛顿会议的决定,

---

① [英]班思德:《中国沿海灯塔志》,第324页。
② [英]班思德:《中国沿海灯塔志》,第287页。
③ 《为日本海军当局承诺不干扰海关关船之行动事》(1932年2月8日第83号通令),《旧中国海关总税务司署通令选编》第3卷,第145页。
④ 《为通知在中日战事期间沿海灯标照常服务已达成协议事》(1937年9月24日第160号通令),《旧中国海关总税务司署通令选编》第3卷,第422页。

"西风已至"：近代东亚灯塔体系及其与航运格局关系研究

日本在1922年已将胶州湾交还中国，①在此之前青岛关区的灯塔管理权一直在日本手中。②近代中国存在许多外国租借地，所以随着租借地的出现，相关区域内的灯塔也一并划归租借地的外国政府管理。如香港横栏洲灯塔在1893年建成之后划入广州关区，归中国海关管理，1901年"移交香港英国殖民政府"③。

另外一种情况是灯塔的管理权在中国不同组织机构或部门之间转换。如宁波关区内太平山西北角附近于1906年由私人兴建了灯塔一座，后长期归当地渔业协会管理，直到30年代"经海关接收，该灯塔原设有定光灯一盏，兹定于本年十二月十八日左右（届时不再布告），改装无人看守之电石气闪光灯，以利航行"④。而胶州湾各灯塔的管理权在1930年由日本交还中国后，并未归海关管理，而是归入当地政府的管理之下，这一局面持续到1937年抗战爆发。

一些灯塔的发展历史线索相对单一，即从兴建到管理，在整个近代史中均归属某一主体；而有些灯塔的发展历史则相对复杂，管理权甚至经历多次变动。旅顺老虎尾灯塔即这一类灯塔的典型，"老虎尾灯塔建于光绪十四年（一八八八年），上置定光灯，系直隶总督李鸿章倡议兴筑，以为训练北洋水师之标识，而威海卫黄岛及赵北嘴两处灯塔之功用相同，嗣于光绪十七年（一八九一年）始由海关接管，称为旅顺灯塔"；"惟光绪二十四年（一八九八年）俄租旅大时，该灯曾移交于俄人，至光绪三十年（一九〇四年）日俄战后，则又转入日人之手矣"，⑤该灯塔先后在中国不同部门之间、中外政府之间、外国政府之间易手，直到抗战结束后管理权方回到中国手中，可称为近代经历最复杂的灯塔之一。

由此可见，近代中国灯塔建设和管理问题较为复杂。从早期灯塔兴建开

---

① 陈诗启：《中国近代海关史（晚清部分）》，第407页。
② *List of Lighthouses, Light-vessels, Buoys, Beacons, ETC., on the Coast and Rivers of China*, 1931, pp. 46-49.
③ ［英］班思德：《中国沿海灯塔志》，第76页。
④ 《准实业部咨送海关布告以接收浙江太平山西北角私人所设灯塔及改变情形仰转饬所属各渔业机关团体转告渔民鱼商知照由》，《山东省政府公报》1937年第429期，第23页。
⑤ ［英］班思德：《中国沿海灯塔志》，第323~324页。

始,中国主要灯塔的管理权均掌握在海关这一征税部门手中,随着外国租借地和占领区出现和不断增加,不断有灯塔在这些区域兴建起来,也有部分灯塔随着租借地的交接而从中国海关转移到外国政府手中;外国政府之间也因为战争或其他协定而产生管理权的转换;同时,地方渔业协会等其他主体也开始兴建和管理一部分灯塔。到第二次世界大战结束之后,除香港、澳门之外,几乎全部灯塔的管理权都已回到中国海关手中。也就是说,近代中国灯塔的管理权总体上经历了从中国海关分散到各个国家和不同机构手中,后又收回到中国海关的过程,反映了中国和其他各国之间在不同阶段的实力对比和博弈关系,也反映了各个主体在中国灯塔建设进程和管理中的作用。在中国海关、外国政府和其他主体的共同作用下构建起了近代中国灯塔空间体系,这对近代中国和整个东亚的航海发展都具有重要意义。

二、海关和民众的合作与冲突

尽管近代中国沿海沿江分布着不少外国和私人建设管理的灯塔,但在整个近代系统地进行灯塔建设的主要力量仍然是中国海关,特别是海关船钞部发挥了直接作用。正如班思德所述,船钞部(民国初期称海政局,后改称海务科)"隶属于总税务司之下,而以税务司一人掌之,称为海务科税务司,所掌职务,总括言之,即系建设与管理沿海内河灯塔、灯船、浮标、雾号、并其他各项航行标识,撤除航路沉没船只,修浚港口水道,管理碇泊事务,以及延用人材,分任各职是也"[①],海务科税务司之下有营造处、理船厅、灯塔处负责具体事务。

但在近代中国绵长的海岸线进行航道测量并推进灯塔事业的发展并非一蹴而就的事。船钞部的职员人数并不多,特别是在近代早期,在灯塔相关事务上,船钞部的力量捉襟见肘;在灯塔建设管理过程中积极引导数量庞大的渔民、海员等民众参与其中就成为海关的合理选择。而另一方面,在海关职员与民众的接触中,特别是涉及财产、土地问题,又不可避免地会发生矛盾,甚至是

---

① [英]班思德:《中国沿海灯塔志》,第7页。

严重的对峙和流血冲突。近代中国海关与民众的关系如何,成为影响灯塔建设运行的一个重要因素。

(一)灯塔建设运行中的合作

海关有其较为完善的海务工作系统进行灯塔的建设和维护管理,但在其中同样能发现民间力量发挥了不可忽视的作用。原因在于,随着近代航运业的发展,轮船航行区域不断扩大,对航道安全的要求也越来越高,这就对海关的海务工作特别是灯塔等灯塔建设提出了更多更高的要求。但就中国漫长的海岸线和河岸线而言,海关的力量仍然是有限的,故海关业务的开展特别是灯塔等航行标识的建设十分需要民间力量的参与,个人和公司团体参与灯塔建设管理常常表现为协助官方展开相关工作。正如海关一份通令中所表达的历来对渔民和民船船主等的重视,"鉴于海关缉私船或巡逻艇于巡逻中须在水文资料不足之沿海航行,各关税务司应在海关关船实施测量或在选定新灯塔之设置位置时,着令持有证书之缉私船主管关员按以往常规,以许诺付给少额酬金鼓励当地渔民,民船船主等人对海图上未标明之障碍物诸如水下暗礁,沉船残骸等,提供精确位置之资料"①。在近代的科学技术条件下对沿海沿江的航道进行测量需要大量的人力,海关鼓励民间参与是一个正确选择。"截至民国三年底止,中国海江各处,设置灯塔已达二百二十七座,(其中一百八十五座则建于内河或港口之中)浮筒一百四十八具,标桩一百四十五具,而松花江中只木桩标志六百余具,尚不在其内"②。可以说,没有民间力量的参与,海关是难以取得这样成绩的。与此同时,民间力量也积极注意灯塔的维护,"浙海洋定海属境沥港地方,因暗礁甚多,商轮航行每易发生危险。该处设有灯塔一座,殊与航行安全有关。兹闻经费无着,行将废止。宁绍等轮船公司以该灯塔设置极为重要,故特呈请财政部转饬浙海关补助修理经费"③。从这些记录中可

---

① 《为对海图上未标明之障碍物提供精确资料者按旧例付给少额酬金海务巡工司应予记录并定期通报有关部门事》(1935年5月24日第5099号通令),《旧中国海关总税务司署通令选编》第3卷,第339页。

② [英]班思德:《中国沿海灯塔志》,第29页。

③ 《各轮船公司请愿修理沥港灯塔》,《航业月刊》1935年第3卷第4期,第6页。

以看到渔民、海员个人和各个轮船公司在协助海关维护灯塔方面不断努力的身影。

从海关对民众的服务与支持来看,保障民众的航行安全是海关海务工作的第一要务。为此海关不只是建设灯塔和完善航道,而且要通过各种方式将新建、撤销、移位等航路标识的变动信息传达给民众,在报纸上发布相关信息就是方式之一,1881年9月9日《申报》即有如下布告:

> 税务营造处总营造司韩 为通行晓谕事,照得本总营造司前奉 总税务司赫 宪劄行以沿海沿江建造灯塔浮桩等事,或系创设或宜改移或有增添或须裁撤。营造既有变更,务即随时彰明出示,通晓各处,俾得行江海船只周知徧喻等因。兹本营造司查浙海关税务司所属界内金塘大门内鹅礁上所设之警船木桩已被风潮荡去,合将其情势开列于左:
> 计开
> 一宁波府定海厅金塘大门内鹅礁上所设之警船桩一座,前于闰七月初四日忽被暴风猛潮摇荡无存,此桩不日仍须补设原处,为此合即遵行出示通晓各处船只,其务宜留心详记,以免疏虞,勿忘勿忽,切切特示①

此后该消息继续在《申报》发布直到9月15日,持续时间达一周。大众传媒成为海关向航海人员提供航路标识变动信息的重要载体,而《申报》以其巨大的社会影响力成为海关发布相关信息的重要选项,历年《申报》中这类布告十分常见。海关不仅发布海关管理下的灯塔变化情况,对于私人所建灯塔,海军部海道测量局也常会发表布告。②

有一些私人所修筑的灯塔后来被海关所接收并进行统一管理,如"浙海关区域内太平山西北角附近私人所设灯塔业经海关接收,该灯塔原设有定光灯一盏,兹定于本年十二月十八日左右(届时不再布告),改装无人看守之电石气闪

---

① 《警船遇风荡去示谕》,《申报(上海版)》,1881年9月9日,第3002号第5版。
② 《中华民国东南海岸泉州附近崇武设有私立灯塔布告》,《交通公报》1935年第658期,第49~50页;《中华民国东海岸舟山群岛普陀设有私立灯塔》,《交通公报》1935年第624期,第44~45页。

"西风已至":近代东亚灯塔体系及其与航运格局关系研究

光灯,以利航行"①,说明海关在接收该灯塔后对设备进行了更新,并将相关信息通告各个渔业团体和渔民。浙江石浦东门外连太平洋,内接石浦港,大小船只在此来往穿梭,地理位置十分重要。但此处有一块暗礁,经过的船只多次出现触礁沉没的事件,故人们将这块礁石称作石老虎。在1906年,此处经私人捐资兴建了一座灯塔,并在当地渔业协会的管理之下。②1922年的一份报道讲述了其兴建的过程,"该地有任君筱甫者,目击斯情,思所以补救之。乃建筑天门灯塔,以便航行。所费建筑之资,约值五六千元,悉由任君兄弟二人独力肩支。闻任君亦非家拥万金者,不过将每年所入者,悉充每年公益之用"③。11年之后,江苏省农矿厅主办的期刊《渔况》发表了一篇报道证明该灯塔在这段时期一直维持良好运营,"自该灯塔建立迄今,航海轮舟均得平安经过,无一肇祸者。诚造福于航海界不浅。近闻任氏昆仲,恐将来年老力衰,百年以后,灯塔终将无以为继,现在设法筹划购置旧产,作为永久基金云"④。作为一座由个人出资修筑并管理的灯塔,经过任氏兄弟的不断努力得以长明,可以称得上是壮举,对当地渔民和来往商船的航行安全功不可没。但凭借个人力量维持灯塔,其艰难仍是不言而喻的;故该灯塔随后由海关收回管理,继续发挥其引航功能。

除了个人与官方的互动之外,公司团体等组织与官方的互动同样常见。津海关区内的秦皇岛灯塔就是一座由开滦矿务局(Kailan Mining Administration)提供并维持发光的灯塔,"这个口岸没有官方控制下的灯塔。经商定,开滦矿务局展示出一个白色标杆上的电灯,其坐落在近秦皇岛的西南绝壁尽头处。在这个灯出现问题的情况下,该港口码头上的灯将仍然亮着"⑤。开滦矿务局是一家1912年"合开平、滦州两矿务公司而成"⑥的企业,在中国近代经济史上有重要地位。而开滦矿务局所兴建的这个灯塔也是归入海关统一管理之

---

① 韩复榘、张鸿烈:《准实业部咨送海关布告以接收浙江太平山西北角私人所设灯塔及改变情形仰转饬所属各渔业机关团体转告渔民鱼商知照由》,《山东省政府公报》1937年第429期,第23页。

② *List of the Chinese Lighthouses, Lightvessels, Buoys and Beacons*, 1910, pp. 20-21.

③ 黄美成:《热忱建灯塔(浙江)》,《兴华》1922年第19卷第14期,第23页。

④ 《东门岛渔民捐资建筑灯塔》,《渔况》1932年第44期,第6页。

⑤ *List of the Chinese Lighthouses, Lightvessels, Buoys and Beacons*, 1920, pp. 42-43.

⑥ 《唐山实业四种:开滦矿务局》,《兴华》1927年第24卷第29期,第20页。

下的。另一个案例发生在浙江舟山的西堠门菜花山,这一带礁石林立、风浪较大、也无灯塔,而必经该处的商船、民船又来往不断,故在1924年初,上海招商局"密招三北、平安、舟山、永利、达兴等,各航轮公司前曾联名呈请赖税务司,请于由上海赴定海航线内之册子山中间西堠门建设灯塔,以惠航行而免危险,曾由赖税务司与浙海关甘税务司会商决建在案,惟事隔多日,尚未见诸实行"①。由于各种原因,海关并未开始修建该灯塔,故在1930年此议再次被提出,"上海华商航业界为谋进出口轮航海安全起见,认菜花山有添置灯塔之必要,各轮公司业经同意,将于今明两日提出请求书,呈交通当局转饬海关,添置此新灯塔矣"②。于菜花山建设灯塔问题被海关搁置了;而建设计划最终由益利等公司完成。在1931年一封上海航业公会致海关总税务司梅乐和的函件中,益利公司认为,各个轮船公司缴纳吨税给海关,海关就应该建设灯塔等设施以保证行船安全。现在益利公司建造了本该属于海关责任范围内的灯塔并且证明了此灯塔确实对于那一带来往船只有巨大益处,海关理应收回管理,并付给益利公司所有灯塔建设费和已支出的运营费用。③最终,海关同意了上海航业公会的请求,将修建和维持灯塔运营的费用拨还益利等公司,同时把该灯塔收回管理。

由此可见,近代中国海关与民众的合作主要表现为两个方面,一方面是民众协助海关进行障碍物信息搜集和灯塔选址,民众可以由此获得部分奖励;另一方面是当民众管理的灯塔发生困难时,海关主动或应民众请求将灯塔收归海关统一管理。由于近代中国私人建设的灯塔往往是公益性质、不收取使用费,故资金短缺的困难时有发生。

(二)灯塔建设运行中的冲突

相对于民众而言,中国海关拥有更为强大的实力和资源调动能力,故在海

---

① 《各航轮公司催筑西堠门灯塔》,《申报(上海版)》,1924年1月29日,第18294号第14版。
② 《设置方向台与灯塔》,《申报(上海版)》,1930年6月20日,第20555号第16版。
③ 《为准将益利公司等所建菜花山灯塔即予收回管理并将垫用建筑支用等款照数拨还事》,《航业月刊》1931年第1卷第10期,第4~6页。

"西风已至":近代东亚灯塔体系及其与航运格局关系研究

关与民众的关系中,海关往往处于优势地位。官方损害民众正当权益包括官方不作为、忽视民众权益,也包括官方侵夺民众权益。前者似乎更为常见的,如厦门关辖区内的北椗岛灯塔在光绪八年(1882年)建设之初,由于海关人员未能以恰当的方式向当地渔民陈述灯塔建设不会损害他们捕鱼和采集海带的生产活动,也未能让当地渔民明白该灯塔建设对于渔民航行安全的意义,导致当地渔民"群相骇遽,深恐采集海带之权,行将丧失"①,从而使得该灯塔建设工程延迟,海关相关管理人员也因这次事件而导致职业发展受到影响。由于海关人员的失职导致这次事件发生,造成了不必要的损失。福建乌邱屿灯塔需要建一水泥码头供上下灯塔所需物品之用,但"工程进行甚迟,因有火药炸岩石之举,土人视为戏剧,群聚围观,劝令退避,辄报以一笑"②,这种情形的出现显然是海关人员没能让民众理解火药炸岩石的危险性。但海关人员非但没有认识到责任在己,甚至当冲突发生时,工程人员选择的是"暂停工作,而求军队之保护,待有武力弹压,始再兴工",这种错误认识和选择的影响对于该岛未来官民互动的展开显然造成了极其恶劣的影响;由此可以想见,在发生更严重的冲突时,海关人员会以更为强硬的态度来处理。

在当代,一些以强势政府为前提的官民冲突报道和研究中,常常单方面强调官民冲突的一个侧面,即官方损害民众权益;从而忽视了官民冲突的另一个侧面即民众对官方正当权益的侵夺。实际上,民众侵夺官方正当权益的现象在一些政府处于弱势地位的区域和社会是常见的,并且值得严肃对待。而灯塔管理机构很多时候就是以这样一种"小政府"的面目出现,原因在于灯塔往往建设在较为偏僻的孤岛、半岛上,这些地方运送物资给养和人员往来都颇为不便,这使得一旦发生冲突,作为外来者的灯塔管理人员常常处于孤立无援的地位。如位于东犬山的灯塔管理者所遭受的损失是较为典型的例子,"光绪十三年(1887年)该岛乡民竟于码头及灯站间坦平路上,建造屋宇若干。该路筑成,所费不赀,所有人工物料及经费,皆由灯站担负,而人工之中,若辈则居其半,并曾领取优厚工资。今则故意破坏,泰然侵占,诚属无理可喻者也。又

---

① [英]班思德:《中国沿海灯塔志》,第135页。
② [英]班思德:《中国沿海灯塔志》,第138页。

光绪二十三年(1897年)该站管理员陈述所畜之犬,屡为乡民偷杀烹食,兹已第四次也。又光绪三十年(1904年)该岛附近海地电线被割,并将一段移去,又民国五年(1916年),站中警炮内已装就之火药,亦被窃出"①。当地民众的这些行为确实让灯塔管理方颇感头痛。

由此可见,官民在灯塔建设运行中的冲突主要有两种类型,一是灯塔建设管理中出现的官方对民众正当权益的忽视或侵夺,二是民众对官方正当权益的侵夺。这类冲突可能最初只是轻微矛盾和交流上的偏差造成,但是由于民众和海关人员缺乏法律意识和不懂得用更为恰当的方式处理问题,最终造成严重后果。

三、针对灯塔的犯罪活动与应对措施

灯塔作为近代最重要的航标,其对于航运的畅通至关重要;但其自身的安全又常常受到盗窃、抢劫等犯罪活动的威胁。这类犯罪活动在一些地区频繁发生,如九江关所辖的灯船灯塔在1935年未满三个月的时间里"劫案竟有二十一起之多,甚至掳架及□伤灯役,并劫去灯船灯塔上重要用品,以致灯役纷请他调"②,可见问题的严重性。故有必要探究犯罪活动发生的原因和制度应对,更加全面地认识近代灯塔所处的地理环境和以灯塔为中心的社会关系;同时,也可以从应对灯塔犯罪活动的法规建设角度认识近代海关的制度变迁。

(一)犯罪活动及其特点

针对灯塔的犯罪活动以抢劫和盗窃为主,其主要目的是获取财物,但常常附带有人身伤害行为;根据媒体报道来看这些犯罪活动的分布可以发现,九江关、江海关和东南沿海是针对灯塔犯罪活动比较严重的区域。

长江中游的九江关海关总税务司在1935年呈报财政部的一份报告中认为

---

① [英]班思德:《中国沿海灯塔志》,第156页。
② 熊式辉:《海关防止盗匪劫掠灯船灯塔办法》,《江西省政府公报》1935年第275期,第5页。

盗匪劫掠灯塔的行为"以九江关辖区为最烈"①,不过关于九江一带抢劫灯塔灯船事件的报道早已有之,19世纪20年代就有西文报纸报道称九江附近马墩地方驻有一艘小船用以代替灯塔的小船,一天夜里"有盗九人随身备带长刀至小船上,抢劫米粮银钱(约六十千文)并华人三人之衣服不计,后有美林轮船驶过,小船上人即告知美大船主,美大抵九江后即转造九江关,闻该盗等系近时遭灾之难民云"②。安庆附近同样常受抢劫之害,"安庆下游三十里许之老赝岛及转江口等处均滨临大江,为水程通衢,故均设有灯塔,指导来往行轮。上年十月间,有盗匪十数人将老赝岛灯塔内之公私物件抢劫一空,当经九江关税务司单尔函请该关监督,呈请倪省长饬属缉盗,尚未破案",但过了不久,"十二月十八日转江口灯塔又复被盗,劫去灯役衣物甚伙,又经该关监督呈请省署严行缉拿"③。此外,同属九江关的南昌凤凰洲地方出现"背枪匪徒数十人,乘坐小划齐上灯船,将绳缆砍断,船内公私物件掳掠一空"④,这些犯罪活动对灯塔职员的安全和灯塔的正常运行造成极大的危害。

长江下游的江海关辖区是抢劫盗窃发生的重灾区之一,从新闻报道数量来看甚至超过九江关。早在1885年,一艘属于旗昌洋行的轮船由汉口到上海路过金山,发现该处灯塔被毁坏,于是上岸询问灯塔管理员,"则言十六夜果有盗一百余人攻击灯塔,抢掠英洋一百零六元及衣物等,共值洋二百三十五元。守塔者力不能御,有二人受伤,随即纷纷逃遁,反盗去后始敢回塔"⑤,由此可见这一区域抢劫之严重。随后发生抢劫灯塔的事件则更多,且多数抢劫事件都发生了严重的打斗,一般是以守塔者受伤、财物被劫走收场。1916年某夜两点,吴淞口外高桥沙灯塔处出现十三个乘坐舢板船的盗匪,他们"将门踢开,持有手枪利刃,将承管华工、胡金章顾金坤二人打伤,所有衣物悉数刼去"⑥。

---

① 熊式辉:《海关防止盗匪劫掠灯船灯塔办法》,《江西省政府公报》1935年第275期,第5页。
② 《难民抢劫关艇》,《申报(上海版)》,1911年9月21日,第13873号第12版。
③ 《盗匪两次劫掠灯塔》,《申报(上海版)》,1917年1月28日,第15786号第7版。
④ 《盗匪屡劫灯船》,《申报(上海版)》,1917年2月18日,第15807号第7版。
⑤ 《盗劫灯塔》,《申报(上海版)》,1885年3月6日,第4269号第2版。
⑥ 《请缉扰害灯塔之盗匪》,《申报(上海版)》,1916年2月7日,第15438号第10版。

很多抢劫灯塔事件中,只要稍有不从,守塔人面临的就不仅仅是"打伤",而是严重的刀伤。根据引自《字林西报》的报道,在距离上海九十八里爱尔嘉岛上的灯塔,"忽有海盗至岛,将看灯头目某华人两年积蓄及所有衣服等类囊括而去",据称该头目被刺伤是因为"盗入索藏银不着",故抢劫者就用"巨刺将该头目周身猛刺,共有重伤十四处,后盗卒自行搜取其所有物以及仪器等而去"。① 这样的抢劫事件中对守塔人身体的严重伤害并不是孤立事件。离吴淞口外百数十余里海面的三星岛设有灯塔一座,看守灯塔者是六名华人,头目是宁波人高金林,其家属人等也住该处,"上月间,突有海盗十余人乘舟登岛破门而入,逼令说出藏银之所,因高不愿吐实,用刀连戳十余下,受伤甚众,其余五华人亦被戳伤"②,盗匪并没有就此罢休,而是在翻箱倒柜将高金林和其他灯塔职员的所有财物掳掠一空后扬长而去。

南通附近似乎是一个被盗匪频繁光顾的区域,"财部据关务署呈:上月十六日迄今,距通州海关二英里之灯船被盗,连劫二次,破坏航行安全,请通令严缉,财部以海关灯船,为便利航行,盗匪竟敢连劫,实属目无法纪,除呈请行政院通令各省市饬属保护外,并咨苏省府饬属严缉,务获严办,同时分咨各省市府,此后关于海关灯船,请妥慎保护,以安航行"③。但三天之后新闻又有报道,"南通常阴沙灯船被劫"④。直到1936年,其他地区都罕见有灯塔灯船被劫的报道时,南通境内仍出现"灯船迭遭盗匪搜劫,常阴沙十一圩港外灯船又于十三日夜间被江盗侵入,劫去煤油及管理人衣服用物等项,已报县府追缉"⑤。这一地区的盗窃事件也常有发生,如1901年《申报》报道,"姚小仰、祝才秀等四偷儿串窃浦江灯塔内所储煤油七箱,经江海新关税务司查获,函送道辕上海县署,讯供押候惩办"⑥。在一份江海关致海军司令公署和吴淞水警第一厅厅

----

① 《爱尔嘉岛盗劫伤人》,《申报(上海版)》,1927年1月13日,第19350号第15版。
② 《海盗抢劫灯塔管理人财物 刀伤事主五人》,《申报(上海版)》,1927年2月13日,第19374号第14版。
③ 《财部通咨保护灯船》,《申报(上海版)》,1933年12月8日,第21788号第7版。
④ 《南通常阴沙灯船被劫》,《申报(上海版)》,1933年12月11日,第21791号第7版。
⑤ 《南通十一圩港灯船被劫》,《申报(上海版)》,1936年5月17日,第22645号第9版。
⑥ 《批饬发落》,《申报(上海版)》,1901年3月10日,第10016号第3版。

长的公函中提到江海关流星船主报告称,其"巡船近自外海巡察灯塔回沪,驶经崇明县白节山时,查见该处灯塔旁存放对象小屋屋门被人打毁,屋内所储绳索电线尽行偷去"①。

东南沿海区来看,在1932年有六名英国妇孺和两名俄国人在今广东惠来县的赤澳灯塔(即石碑山灯塔)被盗匪劫持,后来被参与剿匪的张瑞贵一部在汕头的"南山石窟中起出"②,捕获的犯罪分子随后被送交潮海关英国领事。据1938年《申报(香港版)》报道,香港与福州之间的一座灯塔,不久前被一海盗搜劫,不仅如此,海盗除将灯塔主任及两名中国籍职员掳去之外,"所有灯塔内贮藏之煤油,均被搜劫一空",值钱的物品都成为他们的抢夺目标。③虽然后来经过调查认为灯塔管理员"失踪或非彼海盗掳劫勒,而系属于其他原因"④,但这种神秘失踪的事件已足以让人对守塔人的安全产生巨大忧虑。另外,在20世纪40年代后期,军队也参与到破坏灯塔秩序的活动中来。据海关总税务司署报告,在海关所设位于福建的乌邱屿灯塔,一个看守夫"竟于本年五月六日一度被军队强行带往湄州岛,致该灯塔数日未能放光,影响航行安全甚巨,除经由闽海关请由福建省政府电饬水上警察总队暨莆田县政府饬属以后注意保护"⑤,海关据此要求行政院通令沿海各省,要求沿海一带县政府及地方军警对灯塔员工及一切设备切实保护。

当犯罪活动发生时,海关和警察部门的首要工作是救治伤者,如在吴淞口外高桥沙灯塔"受伤华工送吴淞防疫医院医治"⑥,爱尔嘉岛上身受刺伤多处

---

① 《灯塔公物失窃之查缉》,《申报(上海版)》,1918年10月30日,第16418号第10版。

② 《粤军分入赣闽 十日内即可总攻》,《申报(上海版)》,1932年3月22日,第21179号第3版。

③ 《海外一灯塔竟被"海盗"掳劫 煤油被掠主任及职员均被掳 今后各轮船航行将发生困难》,《申报(香港版)》,1938年7月3日,第1215号第4版。

④ 《闽灯塔管理员失踪 □□海盗掳劫所为》,《申报(香港版)》,1938年7月4日,第126号第4版。

⑤ 《奉院令为财政部呈请转饬切实保护沿海灯塔员工及设备一案电希遵照》,《台湾省政府公报》1947年冬字第49期,第9页。

⑥ 《请缉扰害灯塔之盗匪》,《申报(上海版)》,1916年2月7日,第15438号第10版。

的灯塔看守头目很快就被"运沪送入同仁医院"①,而吴淞口外三星岛上也是"受伤各华人载沪送某医院疗治"②。海关相关部门和警察的第二步工作则是追查真相;但由于灯塔地处海岛或其他偏僻区域,追查抢劫者的任务则进行得十分艰难。九江关两处灯塔被劫后,"倪省长以该两处地方系怀宁贵池两县交界之地,刻已饬令该县暨水陆警察一体严拏逸盗,并令嗣后如再有此项事件发生,惟该管地方官是问云"③,但等到安庆灯船被劫时,"去腊因该两处灯塔迭被抢劫,曾由九江关监督函请皖省长,饬属协缉,迄未破获"④。不仅如此,1928年的《江西省政府公报》称近来"九江关辖境内灯船灯塔迭被抢劫,竟未破获一起"⑤,"而各处灯船灯塔之遭抢劫者,仍属层见叠出,较前愈甚"⑥。针对灯塔的犯罪活动未能破案或破案率低的报道频频出现。

盗劫事件频发且破案率较低是由于灯塔的区位特点、管理制度的特殊性等因素造成的。首先,从区位特点看,灯塔一般建设在较为偏僻的孤岛、半岛之上,人迹罕至、报警困难,犯罪活动不易被发现,这为盗劫者提供了理想的犯罪环境;第二,灯塔内所存放的灯、透镜、灯油以及灯塔看守者个人财物价值昂贵,从而成为犯罪者觊觎的对象;第三,一些灯塔管理员并不恪尽职守,可能与当地人发生纠纷,从而导致报复性抢劫、盗窃事件发生,甚至有些灯塔管理员与他人串通、监守自盗,损害海关和公众利益;第四,由于地方政府,特别是陆地警察和水上警察缺少严格的考成制度,故平日并无警觉、疏于防范,以致盗窃或抢劫事件发生时束手无策;第五,各县之间边界不明确,导致各县对一些发生在交界地带灯塔的犯罪持观望态度,错过最佳破案时机。由于上述诸种原因,造成灯塔犯罪频发且迟迟不能破案,而较低的破案率又导致犯罪活动变得更加猖獗。

---

① 《爱尔嘉岛盗劫伤人》,《申报(上海版)》,1927年1月13日,第19350号第15版。
② 《海盗抢劫灯塔管理人财物刀伤事主五人》,《申报(上海版)》,1927年2月13日,第19374号第14版。
③ 《盗匪两次劫掠灯塔》,《申报(上海版)》,1917年1月28日,第15786号第7版。
④ 《盗匪屡劫灯船》,《申报(上海版)》,1917年2月18日,第15807号第7版。
⑤ 朱培德:《检发防范灯船灯塔方法仰查照由》,《江西省政府公报》1928年第44期,第51页。
⑥ 宋子文:《致安徽江西湖北省政府函》,《财政日刊》1928年第231期,第6页。

(二)针对犯罪活动的应对策略

对于江西省所发生针对灯塔的犯罪案件破案率较低的事实,省主席朱培德认为如果不对官员制定更加严格的考成法,就不足以解决灯塔被劫而难以破案的局面,故令"民政厅严饬水上公安局,会同各该县县长妥议防范办法,并由厅拟订考成条例"①。也就是说,此时一方面已经意识到需要制定防范灯塔被劫的办法,另一方面也试图从官员的考成入手以解决问题。而九江关代理监督曾唯一在呈送财政部的函件中认为,除要江西省水上公安局会同各县长议定灯塔防护办法并颁订官员的考成条例外,还应该将九江关所属灯船灯塔地点开列清单,请财政部要求"安徽、湖北、江西等省政严订考成,令饬所属从严缉办"②,从而形成多省协同防护灯塔的局面。财政部长宋子文也针对江苏省发生的针对灯塔的犯罪活动下发了措辞严厉的文件,称"沿海各灯塔,与航行安全,及国税收入,关系至巨!惟大都地处荒僻。近据报称:'时有职员被掳之事。'若不设法予以切实保护,危险堪虞!"③他认为针对灯塔的犯罪不止威胁灯塔和工作人员的安全,更是关系航行安全的大事,故要求江苏省务必保障省区内的灯塔工作人员安全。

试图对盗劫灯塔的活动采取具体措施或制定专门办法是相对较晚的事。1928年吴淞全国海岸巡防处认为兴化、南日、七星及舟山群岛区域的灯塔"亦被滋扰,迭次告由,税务司函请保护,而海天辽阔,专恃派舰巡防恐难周到"④,针对这些区域港汊纷歧、盗匪出没的现实,海关通过设置无线电报警装置以快速获取犯罪情况;海关甚至积极与海军部门接洽,期待通过安排专门的水上飞机与无线电报警装置相互配合,以达到抑制犯罪的目的。

而直到1935年,江西省政府才率先向财政部呈送了该省《防护灯塔灯船

---

① 朱培德:《检发防范灯船灯塔方法仰查照由》,《江西省政府公报》1928年第44期,第51~52页。
② 宋子文:《致安徽江西湖北省政府函》,《财政日刊》1928年第231期,第6页。
③ 《令饬切实保护沿海各灯塔服务人员》,《江苏省政府公报》1932年第1002期,第6页。
④ 《海岸巡防处将用水上飞机:防止海盗》,《申报(上海版)》,1925年10月7日,第18896号第14版。

办法》十四条①,其主要内容包括:由水上公安局、灯塔所在地县政府分别负责采取纵横联防办法,所在地保甲和就近所驻其他团队公安机关协防;灯塔灯船所在地附近的居民或往来陆上人民由当地县政府督饬区保甲严密清查;凡往来水上人民或船只由水上公安局督饬当地汛队注意检查;各灯塔看守者由关税务司督饬,不得擅离,如有看守不力者及时撤换;各地现有的灯塔灯船应由关监督公署通知该地县政府及水上公安局分别督饬所属,加以保护;灯塔灯船变更,由关监督公署随时通知该地方县政府及水上公安局,转饬所属知照;各水上警察队每日巡逻灯塔的警士应遵照江西省水上公安局警士巡逻规则,将巡逻情形报告队长,由各队每月汇报水上公安局察核;各灯塔灯船,均应置备警号,如遇有警时,应由看守立即鸣号通知附近区保甲及团队,或水陆警察,协同防缉;置有灯塔灯船地方,附近之区保甲或团队,及警察防护灯塔灯船是否得力,应由该管县政府随时派员实地查察;各灯塔灯船发现警号,该地附近区保甲或团队,及水陆警察延不协同防缉,或平日防查不力,发生劫案,各该管人员,应按其情节,分别从严议处;各区保甲或水陆警察,及其他团队,对于灯塔灯船防护得力着有异常劳绩者,当酌予奖励。

随后总税务司呈报财政部的《海关防止盗匪劫掠灯船灯塔办法》②也得到公布:

一、各灯船灯塔人员,应由该管海关严加诰诫,不得任意离职,并不得与附近居民有聚赌争吵为其他不正当行为,违者立予斥革。

二、各灯船灯塔人员,应在可能范围内,勤加更调,以免与当地居民发生不正当之关系。

三、各灯船灯塔人员,所备之衣服被褥,及其他私有物品,应力求简单;并应开列清单,以备随时查对。

四、各灯船灯塔人员,所存现款,应以足敷实在需要为限,其每月薪给

---

① 《防护灯塔灯船办法(江西省政府咨送经财政部二十四年七月三十日抄发)》,《安徽政务月刊》1935年第10期,第110~111页。

② 《海关防止盗匪劫掠灯船灯塔办法(总税务司拟订呈经财政部二十四年七月三十日公布)》,《安徽政务月刊》1935年第10期,第109页。

之余数,得由该管海关会计课,代为保存。

五、在盗匪较多地方之岸上灯塔人员,应在可能范围内,暂时租赁民房居住,及存储各项用具,以避劫掠。

六、各灯船灯塔之公物及灯用品,应在不妨碍工作范围内,尽量减少,并均加以不易消灭及更改之标记,以免匪徒觊觎。

七、各灯船灯塔所存之火油,以足敷两个月之用为限,置于隐蔽处所,并在油内搀和色剂染作绿色,以资识别。

八、各区巡江事务段长,应饬知所属各灯船灯塔人员,遇有劫案发生,应立向某机关报告,并须详细报明盗匪之衣貌口音去向,及其他有关各情形。

九、各灯船灯塔,均发给万国通用警旗号(B. N. F.),以便遇劫时张挂。

随着1935年江西省的《防护灯塔灯船办法》和海关总税务司的《海关防止盗匪劫掠灯船灯塔办法》先后发布,中国灯塔灯船的防护问题终于有了清晰的责任分工和明确的制度保障,自此以后,灯塔被劫被盗的情况大为好转。

由此可见,尽管部分已有研究在谈到中国海关在灯塔设置和管理制度时总是将其局限于晚清,并且与赫德的相关活动紧密联系在一起,但是赫德的主要贡献是建立了灯塔相关的基本制度,使得沿海沿江的灯塔能够维持基本运转;而更多具体的、更有针对性的制度则是在赫德之后、在民国时期,才慢慢酝酿、提出、订定并一步步付诸实施。以灯船灯塔面对盗窃、抢劫时的防护措施和制度而言,在赫德所处的晚清时期不是没有采取措施,但这些措施却并未能将灯船灯塔置于足够安全的境地。直到20世纪30年代,在财政部、海关总税务司和沿海沿江各地方的共同努力之下,灯船灯塔的防护问题才有了更为明确的制度保障。

总的来看,就近代东亚各地区而言,中国灯塔运行中社会关系的复杂程度明显超过其他地区。中国灯塔管理主体多样,且由于战争政局变动、资金短缺等原因,管理权在不同主体间频繁转换;而在官方与民间正常的合作之外,因灯塔相关的利益导致的冲突也时有发生;由于灯塔往往位置偏僻使得灯塔常常成为犯罪活动的对象,这又让以灯塔为中心的社会关系进一步复杂化。这

/ 第四章 /
技术革命：东亚灯塔的建设与运行

些问题产生的原因多种多样，但国内和国际政治变动在其中有着至为关键的影响。随着20世纪二三十年代国际环境和国内政治趋于稳定，影响灯塔建设和有效运转的负面因素也逐渐减少，同时政府亦通过相关政策和法令的颁布以维护灯塔安全，这些变化都使得这一时期灯塔逐渐实现更为稳定、有效地运转。

小　结

本章使用的文献包括日本递信省相关统计报告、中国的海务报告、《中国海关密档》以及数量众多的报刊资料等。第一节对中日灯塔设备的购买和自造、随后展开的灯塔及其附属设施的建设进行论述，特别是厘清了中国灯塔购买中可能存在的腐败问题，同时为东亚灯塔建设过程和灯站结构等提供了较为丰富的细节。第二节展示了中日灯塔管理的基本构架、灯塔人员日常工作生活情形以及在西方影响下的设备和能源的更新。中日在管理构架和灯塔日常运转方面具有明显共同特征，但在设备更新和能源方式的变革上，日本及日本殖民下的朝鲜和台湾等基本跟上了欧洲的步伐；而中国大陆沿海除其他各国管理下的灯塔外，海关管理的灯塔在能源更新方面明显落后于当时的世界潮流。第三节以中国为例讨论了灯塔建设运行中的社会关系，分为两个方面，一定时期内管理权的稳定、海关与民众的合作、限制针对灯塔犯罪的法规等对灯塔建设运行都具有积极意义；但近代频繁出现的灯塔管理权变更、海关与民众的冲突和针对灯塔的犯罪都对灯塔的正常运转和航行安全有明显的负面作用。

本章获得的认识包括以下两点，一是东亚灯器制造和灯塔建设技术都受到欧洲的影响。中国灯塔主要部件和配件往往从欧洲购买，本地只能制造一些次要配件，欧洲灯器制造技术对中国的影响不言而喻；而日本尽管较早开始了灯器的本土化进程，但其最初也是从英法等国采购灯塔，本土灯器制造技术的源头也是欧洲。在灯塔的建造方面，中国和日本均长期雇佣有欧洲技术人员,其中来自英国的韩得善和Brunton分别长期供职于中国和日本的海务部门,对东亚灯塔建造事业和技术进步的贡献尤大;而日本更是早在19世纪70年代就开始派遣留学生赴英国学习灯塔技术,良好的人才储备成为此后灯塔发展的基础。

二是尽管拥有不少有利条件,但东亚灯塔建设运行面临着许多困难。长途运输、腐败问题、对新能源和新技术认识不足、管理权频繁转换、与民众的冲突、犯罪频发。其中有些困难是可以通过海关海务的具体立法或制定规则进行约束和改善的,如赫德建立一整套制度限制腐败,起到了良好效果;而防止灯塔劫掠相关办法的推行也很好地抑制了针对灯塔的犯罪。但有些问题如长期远赴欧洲采购灯塔而未开启灯器制造的本土化进程涉及欧洲灯塔制造商和英法等国的利益;与民众的冲突、对新技术新能源的认识不足则涉及政府的制度构架和作风,也涉及教育发展和民众素质提高;而灯塔管理权的转换问题更是在近代东亚各地区的利益相关方长期处于敌对或战争状态下而出现的(社会不安定也是针对灯塔犯罪频繁出现的原因之一),这些都难以依靠海务机构个体的力量去改变。上述问题在日本及日本殖民的区域也存在,但在中国海关所管辖的区域和海关灯塔事业进程中表现得尤其突出。

第五章　产业策略:灯塔体系对航运格局的影响

以航路和航运发展为中心的研究(如松浦章、朱荫贵等人的研究),往往是以讨论国家政策导向、制度创新、资金支持、技术优势、价格同盟等在航运发展中的作用为重点,甚至注意到了苏伊士运河的开通、中欧海底电缆的铺设等基础设施建设的作用,一般均未提及灯塔在其中的角色。尽管有不少以灯塔为主题的研究略有提及灯塔对航运发展的积极意义(如毕可思、张耀华等人的论文),但关于灯塔与航运发展关系的专门研究并不多见。江涛的《近代福建沿海助航标志探析》[1]和李芳的《晚清灯塔建设与管理》[2]两篇硕士论文是不多见的有专门谈到灯塔在航运发展中作用的成果。不过,这两篇论文除提供了部分细节之外,与前述论著中所描述的"灯塔有利于航运发展"等语相比并无更多新意。众所周知,灯塔建设有利于航运发展,但却并未发现灯塔在航运格局的形成中有何种特殊价值,这应当也是前述航运史和灯塔史相关研究者没有进一步讨论灯塔与航运关系的缘故。毕可思注意到了欧洲人规划了从近东、中东到远东的灯塔建设方案并由此也把中国从结构上整合到全球网络当中,[3]但他并未进一步讨论灯塔事业对航运格局的作用——这种最直接的影响。由此可见,航路、航运发展的研究成果丰富而深入,灯塔史的研究成果也为数不少,不过到目前为止,并未有明确将灯塔建设和航道完善与航路发展和航运格

---

[1] 江涛:《近代福建沿海助航标志探析》,福建师范大学硕士学位论文,2012年。
[2] 李芳:《晚清灯塔建设与管理》,华中师范大学硕士学位论文,2011年。
[3] [英]毕可思:《石碑山——灯塔阴影里的生与死》,孙立新、吕一旭主编:《"殖民主义与中国近代社会"国际学术会议论文集》,第8~43页。

局结合的更深入的研究成果出现。

对于航路发展和航运格局的影响因素,人们往往容易关注到具有直接效果的部分,学者讨论较多的是苏伊士运河的开通、中欧海底电缆的铺设、国家政策导向、制度创新、资金支持、技术优势、价格同盟等等,而灯塔建设和航道条件改善等因素对航路和航运发展的影响常常难以引起重视。本章主要是在对灯塔建设运行的整个系统和灯塔空间体系已有认识的基础上,分析灯塔体系的完善在东亚航路发展和航运格局形成中所发挥的作用。

第一节 东亚灯塔建设与航运事业

一、灯塔建设与航道条件改善

航道测量技术的进步和航道测量的推进对于灯塔的选址和建设具有明显的促进作用,日益丰富、布局合理的灯塔又使得航道条件不断完善、航行安全得到保障。英国海军部海道测量局在 *China Sea Directory* 第三版中指出"有三种持续改变和变更的引导航行的出版物,它们分别是海图、水路志和灯塔表"[①],而陈寿彭在《中国江海险要图志》例言中则进一步将包括灯塔表在内的三种出版物称为"航海之要,足为标的者"[②],可见,灯塔事业的完善和航行条件的改良是航运事业蓬勃发展的基本前提。

(一)航道改善与航运发展的初步分析

首先,就19世纪中后期的日本而言,航行于日本的船只主要包括汽船、西方帆船和日本帆船三种。其中,日本帆船原来又称为日本形船,由于来自西方

---

① *China Sea Directory*, Vol. III, p. XIII.
② "原例",英国海军部海道测量局编:《中国江海险要图志》卷一,第3页。

/第五章/
产业策略：灯塔体系对航运格局的影响

的帆船和汽船的冲击，其在船只结构中所占的比重越来越低，19世纪末《递信省年报》中将其与西方帆船并列统计，20世纪初开始则不再区分日本帆船和西方帆船，将二者合并为一项统计。以帆船和汽船两种船只而论，在19世纪70年代，二者均保持在两百艘以上，帆船数量甚至一度超过汽船。从70年代末开始，汽船的数量出现迅速增长；帆船数量也保持一定的增长，但此后即便帆船最鼎盛的1907年左右（这一年帆船数量达到2866艘），其总数也仅为汽船总数的四分之一，且此后帆船数量开始逐年下降。[①]据《主税局统计年报书》，到20世纪30年代，汽船数量已经接近两万艘，而这一时期帆船数量已经减少到可以忽略不计。故从船只数量而言，汽船是比帆船（包括日本和西洋帆船）更适合的考察对象。

其次，"毁坏发生率"是指发生完全损毁、沉没、失踪等情况的船只数量占船只总量的比重，从近代航运发展历史来看，由于航道条件复杂导致船只毁坏的情况在导致船只毁坏的因素中占据着最为重要的位置；与"毁坏"相对应的是"破损"，导致船只破损的原因则更为多样化。故从船只毁坏与航道条件之间的关系来看，"毁坏发生率"对分析近代航道条件的变化至关重要。更为重要的是，由于汽船以蒸汽机为动力，其航行速度明显超过帆船。

再次，以蒸汽机为动力的汽船也往往拥有更大的船体和更高的载重量。而较快的航行速度和更大的体量也就意味着对航道条件提出了更高的要求。故从船只特性的角度，汽船的事故发生率也是一个对航道条件变化更为敏感的指标。

基于上述三点，下文将以日本汽船的增长及汽船毁坏发生率的变化讨论灯塔建设和航道条件改善对航运事业发展的影响。日本灯塔建设从19世纪70年代开始保持平稳增长，到20世纪初，其主要航线上和港口区域的重要灯塔基本都已建设完成。如图18所示，与灯塔建设和航道条件改善相对应的是，尽管日本汽船毁坏事故发生率存在较大波动，但长时段的总趋势则表现为下降，特别是在20世纪20年代之后，这种下降趋势尤为显著。

---

① ［日］大藏省编：《大日本外国贸易对照表（明治1—41年）》，东京：东京印刷局，明治四十二年（1909年），第343~348页。

汽船毁坏发生率变化的总体趋势符合对灯塔建设、航道改善促进航运事业发展的一般认识，分析汽船损毁发生率在分析航道条件改善与航运发展方面具有一定的价值，对初步认识前述关系具有指导意义。但汽船损毁发生率也存在不可忽视的缺陷，即导致船只损毁的因素有很多种，而该项指标无法从纷繁的影响因素中分离出航道条件状况在其中的地位和作用。

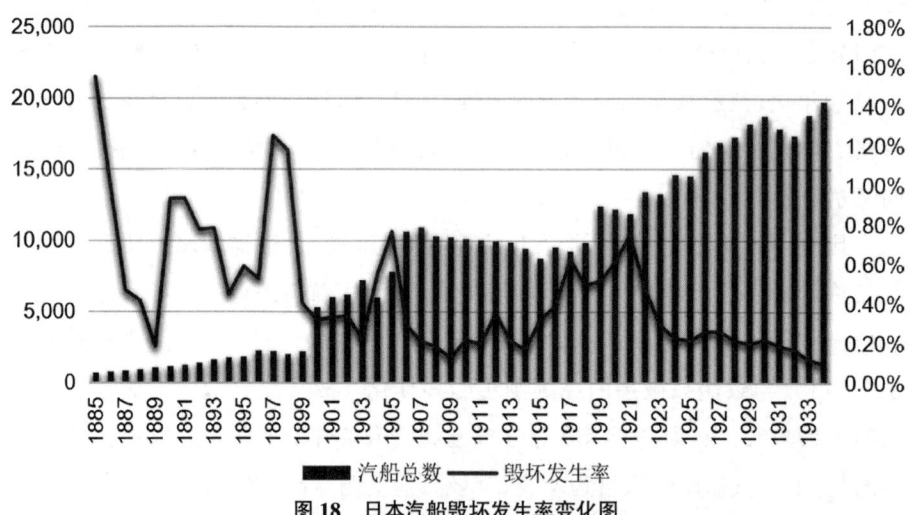

图18　日本汽船毁坏发生率变化图

数据来源：据日本历年递信省所编《递信省年报》中"船舶遭难"相关信息整理、计算，其中部分年份的船舶遭难数据为根据前后年份情况插补所得。

从其他一些指标中可以发现与毁坏发生率的变化相似的情况，这些指标均面临与毁坏发生率同样的问题。日本船只失踪数量（包括汽船、西洋帆船和日本帆船）在19世纪80年代为数不少，个别年份甚至高达二十多艘。但从19世纪90年代中期以后失踪船只数量则出现明显减少，20世纪初降至个位数。由于船只失踪已的情况越来越少，此后失踪船只不再单独统计。而船只失踪的主要原因主要包括两种，一是风灾等原因导致迷失航向并失踪；二是由于航道条件较差导致船只发生搁浅、触礁等事故并沉没而不为人知。尽管可以确认灯塔建设的进程对减少船只失踪有着积极意义，但仍无法从影响船只失踪的因素中将风灾和航道条件区分开来。

实际上，相对于前述指标而言，触礁搁浅伤亡人数是一个与灯塔建设和航道条件改善情况的关系更为密切的指标。建设灯塔和改善航道最主要的目的之一就是要对暗礁、浅滩、沉船等各种障碍物的位置进行标示和指引。而航道条件的改善程度直接关系一般船只航行的安全。但从历年船只触礁搁浅伤亡人数变化来看，似乎并无某种明显的变化趋势；更何况图中所采用的是1924至1939年的数据，作为近代后期的搁浅伤亡人数数据并未体现出灯塔建设和航道条件改善所带来的积极影响。造成这种情形的最重要原因是，近代日本《递信省年报》的伤亡人数统计中并未对货船和数艘进行区分，即便数艘货船失事，其对伤亡人数的影响也并不明显；而一旦有客船失事，其伤亡情况就足以掩盖多艘货船对人数带来的影响，造成该年份伤亡人数大幅度增加。这也就是为什么历年船只触礁搁浅伤亡人数波动较大、难以寻觅规律的原因。

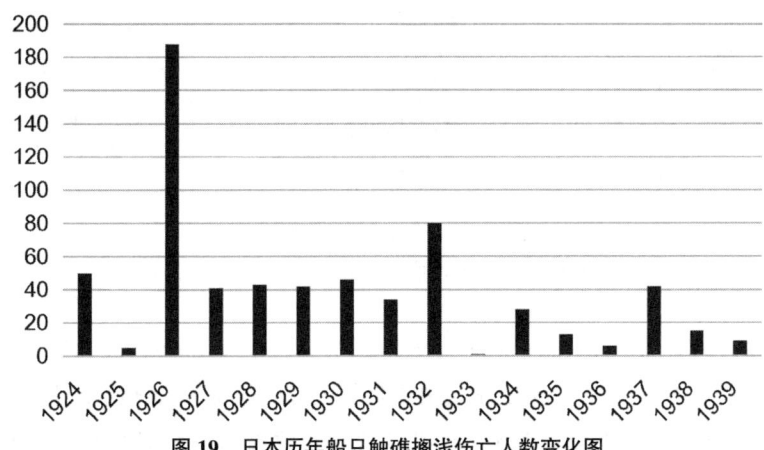

图19　日本历年船只触礁搁浅伤亡人数变化图

数据来源：据日本历年递信省所编《递信省年报》中"船舶遭难"相关信息整理、计算所得。

（二）基于船只触礁发生率的分析

1892年《递信省年报》首次将遭难船只数量分原因统计，这一年船只遭难的原因包括冲突（即船只相撞）、撞击岩礁、海岸乘扬（即搁浅）、暴风或暴风雨、火灾以及其他共六类。此后各个年份的分类或增或减、或分或合，多有变化，其中最重要的变化是1893年开始将船只乘扬和触礁两项合并，称为"暗礁浅濑等撞触之类或乘扬"(后改称乘扬);同年开始,暴风或暴风雨改称"暴风雨"(后改称风灾,再后来则撤销该项、并入"其他"之中)。20世纪20年代开始,遭难船只数量分原因统计的格式基本固定,以这一时期的分类为基础,结合之前分类的特点,可将遭难船只原因分为冲突(Collision)、触礁搁浅(Stranding)、火灾(Fire)、风灾(Storm)、机器损伤(Engine Broken)、浸水沉没(Sinking)、行踪不明或放弃(Unknown)、其他(Others)共八个类别,其中长期持续统计的则是冲突、触礁搁浅、火灾和其他四类。从船只遭难主要原因对比图可以发现,将暴风雨和暴风等风灾统计在内的"其他"类别长期是最主要的船只遭难原因;其次则是触礁搁浅和冲突,而火灾导致的船只事故则相对较少。

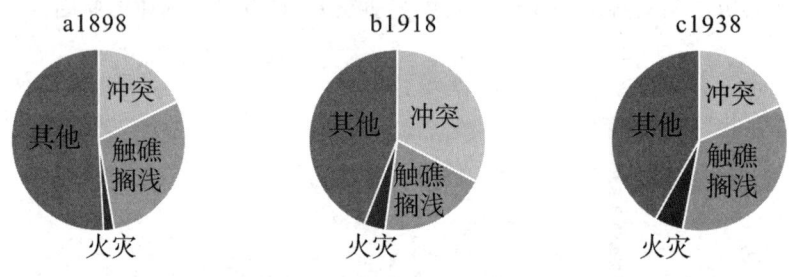

图20 船只遭难主要原因对比图

数据来源:据日本历年递信省所编《递信省年报》中"船舶遭难"相关信息整理、计算所得。

触礁搁浅作为造成船只遭难最主要原因之一,与航路标识和航道条件直接相关,船只触礁搁浅事故往往是由于灯塔尚未及时建设、航道条件尚未完善引发的。触礁发生率是指触礁、搁浅等情况导致破损的船只数量与船只总量的比值,以触礁发生率为指标可以剔除船只总数变化的干扰,可以更准确观察灯塔建设进程对航行安全的影响。从日本灯塔总数与船只触礁发生率变化来看,灯塔数量长期保持平稳增长,在20世纪20年代之后出现快速增长的势头;而触礁发生率在20世纪初之前波动较大,甚至在灯塔不断增加的同时,反而出现触礁发生率快速上升的情况,随后的十多年里触礁发生率开始保持平稳。20世纪20年代中期,随着灯塔建设的加快推进,触礁发生率也在此时出现转折并迅速降低。

/ 第五章 /
产业策略：灯塔体系对航运格局的影响

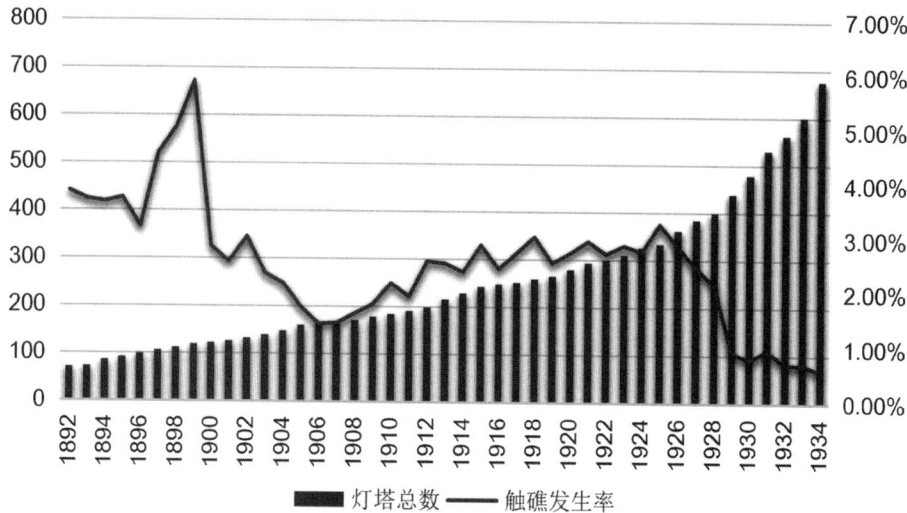

图 21　日本灯塔总数与船只触礁发生率变化图

数据来源：据日本历年递信省所编《递信省年报》中"船舶遭难"相关信息整理、计算，其中部分年份的船舶遭难数据为根据前后年份情况插补所得。

Spearman相关系数和Pearson相关系数是两种用于检验两组变量之间相关关系显著程度的指标。

其中，Spearman相关系数的计算公式为：

$$r = \frac{\sum_i (x_i - \bar{x})(y_i - \bar{y})}{\sqrt{\sum_i (x_i - \bar{x})^2} \sqrt{\sum_i (y_i - \bar{y})^2}}$$　　公式3

Pearson相关系数的计算公式为：

$$r = \frac{\sum_{i=1}^{n} (X_i - \overline{X})(Y_i - \overline{Y})}{\sqrt{\sum_{i=1}^{n} (X_i - \overline{X})^2} \sqrt{\sum_{i=1}^{n} (Y_i - \overline{Y})^2}}$$　　公式4

运用SPSS 22.0统计分析软件对灯塔总数变化和触礁发生率两组数据进行相关分析，可以得到以Spearman相关系数和Pearson相关系数表达的两份报告，结果如下：

203

表22 Pearson相关分析结果表

Correlations		触礁发生率	灯塔总数
触礁发生率	Pearson Correlation	1	-.651**
	Sig.（2-tailed）		.000
	N	43	43
灯塔总数	Pearson Correlation	-.651**	1
	Sig.（2-tailed）	.000	
	N	43	43

**. Correlation is significant at the 0.01 level（2-tailed）.

表23 Spearman相关分析结果表

Correlations			触礁发生率	灯塔总数
Spearman's rho	触礁发生率	Correlation Coefficient	1.000	-.557**
		Sig.（2-tailed）	.	.000
		N	43	43
	灯塔总数	Correlation Coefficient	-.557**	1.000
		Sig.（2-tailed）	.000	.
		N	43	43

**. Correlation is significant at the 0.01 level（2-tailed）.

其中Pearson显著水平P=0.000,小于0.05,所以拒绝原假设无关,触礁发生率和灯塔数量变化存在显著的线性相关关系;Spearman显著水平P=0.000,小于0.05,所以拒绝原假设无关,触礁发生率和灯塔数量变化存在显著的线性相关关系。Pearson相关系数R=-0.651,位于-0.8到-0.5之间,说明触礁发生率和灯塔数量变化为中度负相关;Spearman相关系数P=-0.557,位于-0.8到-0.5之间,说明触礁发生率和灯塔数量变化存在中度负相关。Pearson和Spearman显著水平和相关系数都说明,可以得出触礁发生率和灯塔数量变化存在中度线性负相关关系的结论。

这一"中度线性负相关关系"的结论可以说明,尽管灯塔建设和航道条件改善对航行事故发生率的降低有积极意义是众所周知的事情,但灯塔数量增长与触礁发生率的降低并非简单的线性相关关系。从图21来看,触礁发生率的变化有一定滞后性,触礁发生率的降低过程与灯塔建设进程的步调并非高度一致。设置灯塔是因为航运事业快速发展的需要,在成规模设置灯塔的早期阶段,由于航运的发展(新的航线的增加、航行船只特别是汽船的大量增加)速度较快,新建灯塔的速度远远赶不上航运发展的需求;随着航线上、港口内船只的增加,交通日益繁忙,事故的风险也随之上升,所以事故发生率并不会出现明显的、持续的下降,甚至在一定时期内事故发生率还会出现增长。但当灯塔建设进入到一定阶段,关键航线和节点的灯塔都设置完毕,航道管理也逐步进入正轨,则此时事故发生率会开始出现明显的、持续的下降。

总的来看,航道测量技术的发展及其成果的应用是灯塔选址必不可少的基础,而灯塔的建设则又进一步促进航道条件的改善,使航行安全得到保障。经过数十年灯塔的建设和对航道的维护,东亚区域航行条件得到了很大改善,加之航行技术的改进、船只质量的提升等其他因素的共同作用,即便各种人为因素引发的事故常有发生,各种因不可控的自然因素等引发的事故也时有发生,但因航道条件原因造成的严重的触礁、搁浅等事故已经有明显减少。

二、区域灯塔与航道结构分析

灯塔建设和航道条件的改善对航运事业的发展有着至关重要的意义,但以整个东亚为对象的研究仍然只能提供对灯塔分布和航运发展总体格局的认识。具体到某个特定小区域内,灯塔与航路的关系如何、航道条件改善如何促进航运事业的发展,则需要选取一定区域进行个案分析。基于以上考虑,下文将选取在近代东亚航运事业发展中具有关键地位和指标意义的长江口区域和九州西岸区域进行分析,以期获得对微观层面上灯塔与航路关系更为清晰的认识。

(一)长江口区域分析

前文已以灯塔区为基本单位,对东亚灯塔的分布和区域差异进行了讨论。

远光灯塔和近光灯塔区域分布差异的形成,部分原因是各区域地理环境的差异和相关建设主体的重视程度高低,但不同灯光射程灯塔本身功能的差别也是不可忽视的。作为远光灯塔最主要的组成部分,狭义灯塔与其他类型灯塔的功能差别同样值得注意。

下文将以长江口的灯塔为例,分析不同灯光射程、不同类型的灯塔在小区域内是如何分布、如何发挥各自功能以保障航行的便利性和安全性。通过对图22的观察,可以发现长江口的数十座灯塔基本可以分为三部分,一是分布在黄浦江沿线的港口内灯塔;二是均匀分布于长江主航道中的灯塔;三是佘山灯塔。

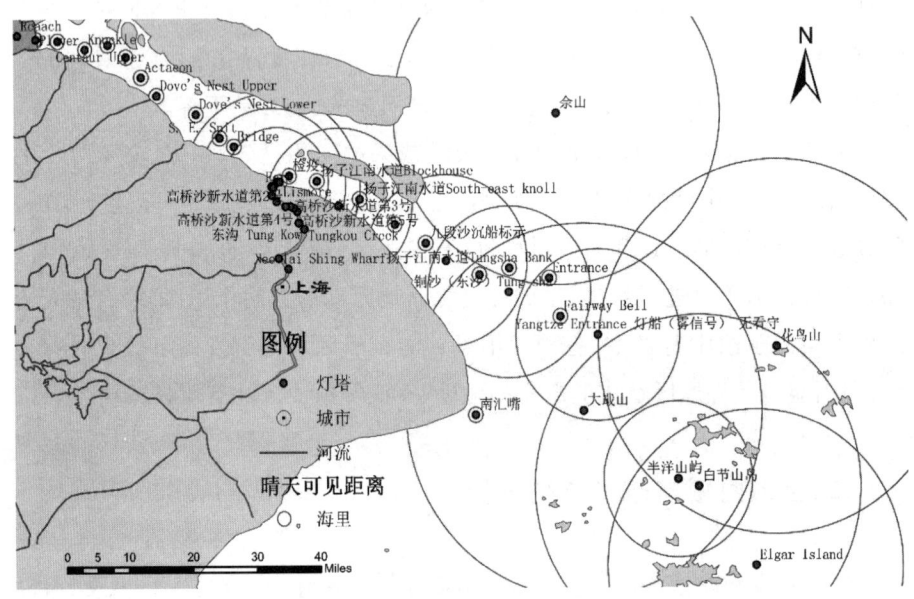

图22 长江口灯塔分布图(1938年)

数据来源:灯塔数据根据1938年日本水路部编《东洋灯台表》相关部分整理所得。

沿黄浦江分布的各灯塔类型共有十余座,部分灯塔设置的时间不详,但除与长江交汇处的少数灯塔外(吴淞灯塔建于1865年,黄浦江口导灯建于1903年),多数设置较晚,普遍应当是在20世纪30年代左右建成。这些灯塔类型丰富,有灯竿、灯标、狭义灯塔各一座,其余均为挂灯浮标和导灯;而狭义灯塔(吴淞灯塔)、导灯(黄浦江口导灯)和灯标(Woosung Training Wall)位于黄浦江口,而各个灯竿、挂灯浮标则分布在黄浦江口以上的河段。

/ 第五章 /
产业策略:灯塔体系对航运格局的影响

黄浦江口以上河段灯塔的灯光射程普遍不远,而江口的吴淞灯塔、黄浦江口导灯、Woosung Training Wall灯标的灯光射程则分别达到12、10和7海里。其中吴淞灯塔光分三色,"白色弧光乃系指示船只驶往长江上游之标识,而红、绿二色弧光则为引导船只进出黄埔江口水道之用"①,该灯塔在附近各灯塔中地位最为重要。黄浦江沿岸是江海关港口的组成部分,对于从长江转入黄浦江的船只而言,溯流而上所见各灯塔在设置时间、类型、灯光射程的不同反映出这两类灯塔在功能和地位上的差别。吴淞附近"有拦江沙一处,因水浅则吃水深之船不能过"②,船只在入港时,保证其在这一带的安全极其重要,故包括吴淞灯塔在内的该区域各灯塔均设置较早,灯光射程也较远;而船只一旦入港,航速减缓且港内有其他设置可以为航行提供参考,故对灯塔的需求性较小,使用一些建造成本低、设置简单的灯标即可满足要求。

分布于长江主航道中的灯塔可以吴淞附近的检疫挂灯浮标为界分为上游和下游两段,上游全部为挂灯浮标,均于20世纪30年代以后设置;而下游灯塔的类型较多,包括灯船、灯标、挂灯浮标等,且部分灯塔设置的时间较早,如其中的铜沙灯船设置于1855年,是中国设置最早的近代灯塔。在灯光射程上,上游灯塔的射程普遍较近,而下游的Yangtze Entrance灯船、铜沙灯船、扬子江南水道九段灯船和扬子江南水道九段灯标的灯光射程均达到10海里以上。所有这些灯塔基本呈连珠状均匀分布在长江主航道中心线上,为进出长江口的船只提供安全、便捷的航行条件。但上游和下游的灯塔在功能上仍是很不一样,外船来到长江口后,面对江口的浅滩、沙洲等复杂的地理环境,如何安全地进入长江主航道是航行中最为关键的一步,故船只对下游的灯塔设施有较高的要求,Yangtze Entrance灯船、铜沙灯船等设置较早、灯光射程较远即是要满足这类要求;而船只一旦进入长江口,来到长江主航道,则只需沿着连珠状的挂灯浮标前进即可保证基本的航行安全,因此对长江口以上主航道中灯塔的灯光射程也并无更高的要求。

将佘山灯塔单独列出是因其在长江口灯塔分布格局中具有无可替代的重

---

① [英]班思德:《中国沿海灯塔志》,第244页。
② 《为拨船船钞事并附总税务司呈总理衙门节略由》(1883年8月11日第230号通令),《旧中国海关总税务司署通令选编》第1卷,第264页。

要作用。佘山灯塔又名沙尾山(Shaweishan)灯塔,初设于1871年,位于长江口外佘山山顶,"佘山灯塔建设主旨,乃为引导北来船只,驶进扬子江口之用,而借以指示扬子江南口北水道",特别是与东边的花鸟山灯塔和南边的大戢山灯塔遥相呼应(佘山、花鸟山、大戢山灯塔是长江口附近最为重要的三座灯塔)确保船只航行安全。尽管后来佘山附近水道因淤塞严重而不再使用,但"出入扬子江口之船只,尚恃以定方向,且为指导趋避鸡骨礁之用"[①]。不止来自华北的船只,甚至来自朝鲜半岛、日本各港口的船只也均要依赖佘山灯塔的引导以进入长江;而20世纪30年代佘山附近水道不再使用后,灯光射程达22海里的佘山灯塔作为自长江口北上南下的船只确定航向、避开礁石的重要标识,地位依然十分重要。

以长江口区域灯塔空间结构的案例来看,一定区域内不同灯光射程的灯塔功能各异,共同保障船只在该区域安全、便捷地航行。以远光灯塔和近光灯塔而论,近光灯塔一般分布在内河、港湾,远光灯塔多分布在江河出海口和海上。近光灯塔在内河、港湾的分布并不均匀,其中灯光射程较近的分布在江河内的航道中,灯光射程较远的则分布在内河河口、港湾入口等较为重要的位置;而远光灯塔则往往分布在江河出海口和海上的孤岛、半岛、暗礁等位置,对海上行船的安全、便捷提供着更为重要的服务。总的来说,将15海里作为远光灯塔和近光灯塔具有相当的合理性,基本上可以将江河口、海上灯塔和港口、内河灯塔明确地区分开,而前者对于近代海上航运线路的研究具有关键的指标意义。

(二)九州西岸区域分析

自平户海峡至鹿儿岛海湾为九州西岸,这里多岛屿、半岛、海峡、港湾,是日本海岸线最曲折的区域之一。《日本水路志》对九州西岸的气候有详细描述:这里在冬季的几个月流行西北风及偏西风,强烈的风常常引发巨浪;而夏季流行东南风,风力强劲,台风也常常光临这一区域;降雨丰富且月降雨量均衡,海洋性气候特征明显。[②]

---

① [英]班思德:《中国沿海灯塔志》,第223页。
② [日]水路部:《日本水路志》第1卷,第56页。

/第五章/
产业策略:灯塔体系对航运格局的影响

历史上长崎港长期是日本与东亚各国交往中最重要的节点,近代长崎港是九州西岸最重要的港口,也是日本的重要港口之一。尽管长崎的关税总收入并不及横滨等港口,但在20世纪初期和之前的一段时间里,长崎的出入港的外国船只却是日本各港中最多的;远远超出其他港口的船钞收入额也表明长崎港在近代早期的航运繁荣。航运事业的快速发展对航行便利和航行安全提出了新的要求,这也使得九州西岸成为近代早期日本灯塔布局中的重点区域之一。

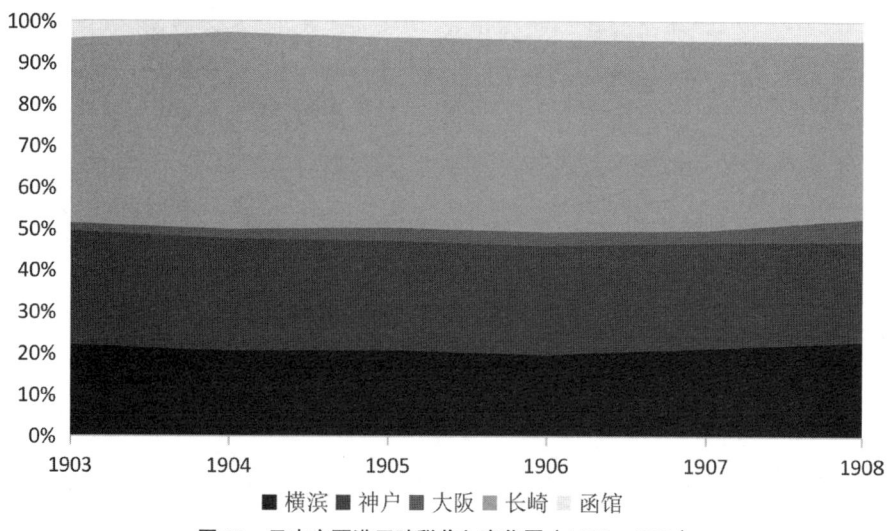

图23　日本主要港口吨税收入变化图(1903—1908)

数据来源:根据历年日本大藏省主税局编《主税局统计年报书》中"税关收税额表"信息整理、计算所得。

九州西岸在19世纪70年代建成伊王岛、岛原、大濑埼三座灯塔,其中伊王岛灯塔在1871年已经亮灯,是日本最早设置的重要灯塔之一,处于进出长崎港的必经之路上;大濑埼设置于福江岛的西南角,这是从中国沿海的上海、宁波等港口进入长崎港航运线路上的关键位置;而岛原灯塔则是来到九州西部的各个船只进入岛原湾和有明海各港口的不可或缺的指引。从灯塔设置的位置可以发现,这一时期建造灯塔和完善航道的重点区域位于从中国海岸线中部各港口进入九州西部各港的线路上,这种特点与同时期的航运发展和重要航线的分布是一致的,说明灯塔的建设往往是与航运事业发展的需要相适应。

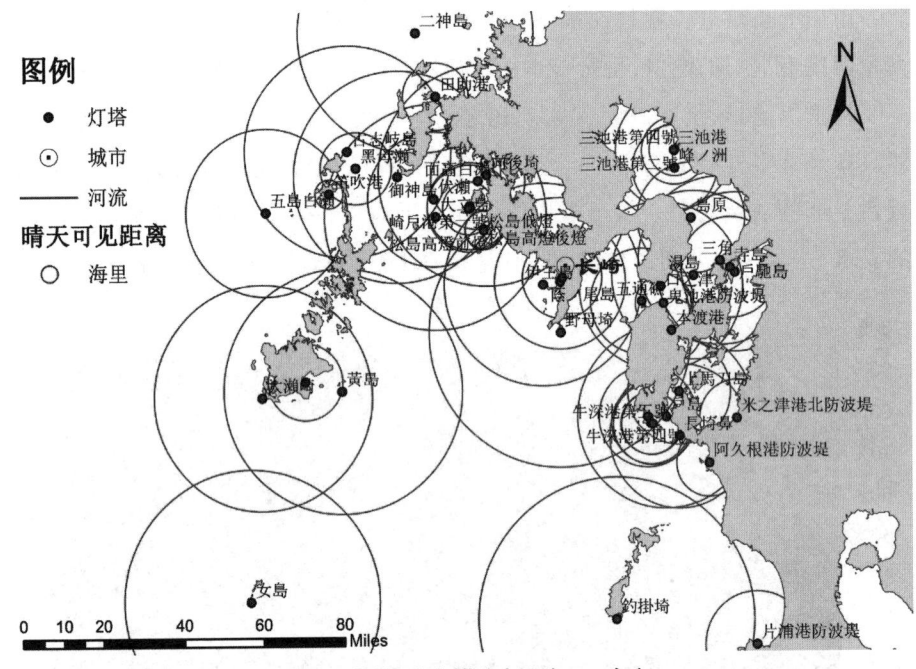

图 24　九州西部灯塔分布图（1938 年）

数据来源：灯塔数据根据1938年日本水路部编《东洋灯台表》相关部分整理所得。

尽管长崎港在与东亚各地区的航运往来中占有显要的位置，但从1908年之后，长崎港在日本港口体系中的地位已经开始明显下降；与此相对的是明治四十一年（1908年）开港的三池港，随着航道条件的改善和交通的完善，其作为一个煤炭输出港迅速崛起，到昭和九年（1934年）三池港的出入港船舶数量已经远远超过长崎港，船舶吨位接近长崎港的两倍，吨税收入为长崎港的三倍以上。① 这一时期灯塔建设事业平稳推进，到1938年，九州西部已建成超过五十座灯塔。从九州西部的港口分布和航路线路的发展来看，可以将区域内的主要灯塔分为南线、西线、北线三个部分。

南线是来自中国南方、东南亚以及欧洲各港口船只进入九州西部的线路，这条线上最重要的灯塔是1896年亮灯的钓挂埼灯塔和1927年亮灯的女岛灯

---

① 《主税局统计年报书（第61回）》，东京：大藏省主税局，昭和九年（1934年），第613、615页。

/第五章/
产业策略:灯塔体系对航运格局的影响

塔。钓挂埼灯塔位于下甑岛南端,从南边北上至牛深港和三池港的船只往往循着该灯塔的灯光前行。女岛灯塔建在钓挂埼灯塔西北方向78海里处的女岛之上,灯光射程达27.5海里,该灯塔是自中国南方、东南亚以及欧洲各港口至长崎港的重要指引。

西线是近代中日之间航运最为繁忙的线路之一,其中最重要的即为上海和长崎之间的往来。对南线有重要意义的女岛灯塔在船只经西线进入长崎、三池等港口的过程中亦发挥着重要作用,是来自中国海岸线中部的船只进入九州西岸时最早看见的灯塔;前述大濑埼灯塔则是船只接下来看见的第二座灯塔,其灯光与女岛灯塔的灯光发生重叠,使得船只航行于此不会出现灯光的盲区。船只继续前行,则可以看见建于1934年的黄岛灯塔,其灯光射程达到25.5海里;1932年建立的野母埼灯塔则担负着船只进入伊王岛灯塔灯光范围、驶入长崎港之前的最后一道指引光线。女岛灯塔、大濑埼灯塔、黄岛灯塔、野母埼灯塔、伊王岛灯塔共同构成了安全防护网络,使得船只从西线进入长崎等港口更为安全、便利。

北线也是九州西岸重要的航行通道,这一海域小岛众多、航行条件复杂,故线路上的灯塔数量也多于南线和西线。行于北线的船只首先在伊王岛灯塔灯光的指引下一路向北偏西方向行进,接着依次经过大立岛灯塔、伏濑灯塔、御神岛灯塔、黑母濑灯塔等多座重要灯塔,在古志岐岛灯塔附近分出多条线路,一条线路是向北经过对马岛的神埼灯塔后到达釜山等朝鲜南岸和东岸的港口,或者继续一路北上抵达海参崴等港口;另一条线路是向东经过二神岛后沿关门海峡进入濑户内海区域的各个重要港口,或者沿本州西北岸北上到达函馆等港口;第三条线路向西经过五岛白濑灯塔后沿着朝鲜半岛西南沿岸的各个灯塔照射的线路北上,最终到达中国的山东半岛、渤海湾、辽东半岛各港口。以20世纪20年代以长崎和大连之间的定期航线来看,从长崎出发的船只会经过釜山、木浦、群山、仁川、镇南浦后达到大连港。①另外,从中国海岸线中部的上海等港口出发的船只去往濑户内海的各个港口时,在九

---

① 南满洲铁道株式会社大连埠头事务所:《大连港》,大连:满洲日日新闻社,大正二年(1913年),第7页。

州西部区域也将依次在五岛白濑、古志岐岛、二神岛等灯塔指引下行进。

所有经过南线、西线和北线的船只进入九州西部海域后就将根据需要进入各个港口。以该区域长崎港和三池港两大港口而言,长崎港的线路相对简单,一般到达伊王岛灯塔的船只会经过港湾内的荫ノ尾岛灯塔和ハンドー瀬灯塔到达锚地。达到三池港的则相对复杂,当船只出现在野母埼灯塔附近的时候,距离三池港尚有25海里以上的距离,这段航路中潜藏着不小的航行风险。从野母埼灯塔向东,船只将依次经过五通礁灯塔、口之津灯塔、汤岛灯塔(汤岛为一平顶岛,岛南一里弱的地方水浅,而岛两侧中央水道则水深、便于航行)[①]、岛原灯塔(该灯塔设于岛原小船锚地北口的小岛上)[②]和峰ノ洲灯塔灯光照射的相关区域后进入三池港,并在三池港灯塔和港口内多座航行标志的指引下进入锚地。

由此可见,作为近代日本与东亚其他国家和地区交往最为密切的港口之一,长崎港所在的九州西岸地区较早对航行安全和航路标识建设提出了要求,由此该地区成为日本布局近代灯塔的重要区域之一。随着长崎港的相对衰落和三池港等其他港口的兴起,九州西岸的港口格局发生了一定的变化,但从19世纪后期开始形成的南、西、北三条航线及其相应的灯塔分布格局并未发生重大改变,并在20世纪上半叶得到进一步完善。

总的来看,与船只航行安全相关的指标多种多样,通过对比分析发现,灯塔建设和航道改善对于船只触礁、搁浅有明显的改善作用,相对于受到更多因素影响的船只事故发生率等指标而言,船只触礁发生率与灯塔建设和航道改善存在更为直接的关联。船只触礁发生率的变化可以反映在航运发展中灯塔建设和航道改善所发挥的作用。随着灯塔建设和航道改善,相关区域获得了更为有利的航运发展环境。根据长江口区域和九州西岸区域为例展开的两个个案分析可见,航运和交流活动需求不断增加往往会对灯塔建设和航道改善提出新的要求;而在灯塔建设和航道完善的背景下,东亚各国乃至东亚和世界的贸易和交流活动日益增长,长江口和九州西岸逐渐建立起丰富而稳定的航运线路。

---

① [日]水路部:《日本水路志》第4卷,东京:水路部,明治三十三年(1900年),第111页。
② [日]水路部:《日本水路志》第4卷,第112页。

/第五章/
产业策略:灯塔体系对航运格局的影响

第二节　东亚内部航运发展的区域分析

资本主义的扩张和世界航运事业的发展对灯塔布局和航道条件提出了更高的要求。而随着灯塔的建设和航道条件不断完善,船只触礁发生率明显降低,与越来越安全的航道相伴而生的则是航运事业的进一步发展。下文将对东亚范围内的两个小区域即以上海为中心的航运网络、中国环渤海区域与日本的贸易关系进行考察,通过这两个案例认识在灯塔建设和航道改善的背景下,东亚区域内航运事业发生了什么样的变化。

一、环渤海与日本贸易关系变迁

地理学认为贸易对象之间距离与贸易流动之间存在反比关系,距离(空间距离和政治、文化、社会距离)越远所产生的成本就越高,而国与国之间商品和服务的难度就越大;那么,贸易主体为降低成本就会选择距离近的对象进行贸易。滨下武志所认为的1894至1902年间中国对外贸易总体趋势即"英国垄断地位的崩溃,是与美国、印度、日本的介入同步进行的,而亚洲区域内的贸易则快速增大"[1],这种变化就是从一种远距离的贸易转向一种近距离的贸易从而降低了贸易成本的经济选择的结果。吴松弟、樊如森等人在滨下武志研究的基础上进一步认为,对于中国北方近代对外贸易而言,整体上可以分为清末和民国两个阶段。在第一个阶段即1860年至20世纪初,北方地区的主要贸易对象国是欧美国家。进入第二个阶段即20世纪前半期,"对日本的直接贸易,逐步超越了通过香港、上海中转而进行的对欧美贸易,日本成为环渤海各港的主要外贸对象国";"自1915年起天津、青岛、大连三港直接进口占进口总值的比

---

[1] [日]滨下武志著:《中国近代经济史研究》,高淑娟、孙彬译,南京:江苏人民出版社,2006年,第1页。

重达70%,而直接出口占出口总值比重,1925年也达到54.9%～74.4%"。[①]

上述观点都表达了对近代中国外贸趋势的判断,即在19世纪末20世纪初亚洲尤其是日本逐渐成为中国特别是中国环渤海港口的主要贸易对象。但吴、樊等人的论述中并未言明,与日本的直接贸易额具体是在什么时候超越通过香港、上海中转进行的对欧美贸易额,从而使日本成为环渤海港口对外贸易的最主要对象。实际上,日本分别超越香港和上海的年份相差较大。这一小节首要目标即试图厘清日本对环渤海港口的贸易如何阶段性取代香港、上海,而逐渐成为环渤海港口对外贸易主要对象的事实。

选择与日本的贸易作为本节分析对象,更重要的原因是日本在晚清整个对外贸易中逐渐占据重要的地位。从日本占中国对外贸易比重变化可以看出,

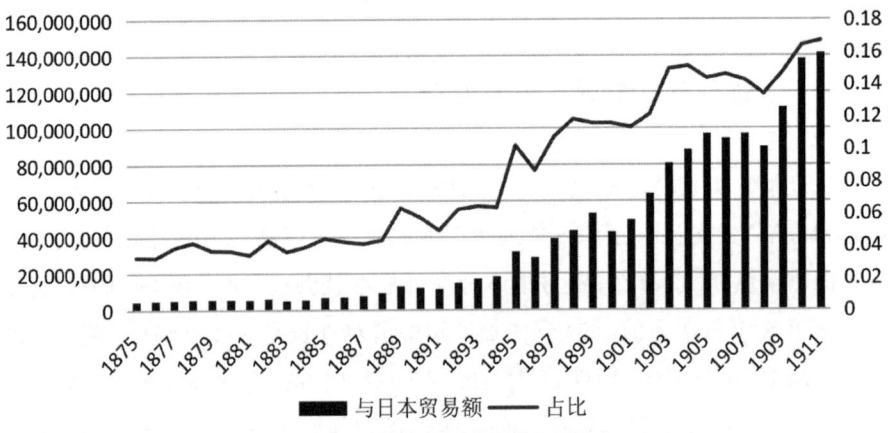

图25　日本占中国对外贸易比重变化

数据来源:根据《中国旧海关史料(1859—1948)》中历年贸易额整理、计算所得。

日本在1875年以来的20多年时间里,贸易量不断增加,在中国对外贸易中所占的份额节节攀升,在1895年之后就基本稳定在10%以上,并呈现阶段性上升趋势。中日贸易不断发展的格局中,在地理空间上与日本更为临近的中国环渤海贸易究竟处于怎样一种地位,显然是值得思考和分析的。本节另一目标即试图解释日本在晚清以来环渤海港口贸易变迁中的地位,具体包括:日本与

---

① 吴松弟、樊如森等著:《港口腹地与北方的经济变迁(1840—1949)》,杭州:浙江大学出版社,2011年,第344页。

环渤海港口的贸易在超过香港、上海之后,日本在环渤海对外贸易中的优势程度,以及这种优势地位的持续时间。

近代海关贸易可分为埠际贸易和国际贸易两部分,本节参考唐巧天对于埠际贸易的划分方法,[①]结合近代海关贸易的特点和以商品流动方向为标准划分的国际贸易,分为六种模式:

(A-国内港口;B-国内港口;C-国家或地区;D-国家或地区)

模式一(洋货直接进口):C→A

模式二(洋货转运进口):C→B→A

模式三(洋货转运出口):C→A→D

模式四(土货直接出口):A→C

模式五(土货转运出口):A→B→C

模式六(土货转运进口):A→C→B

前三种模式成为洋货贸易部分,后三种模式关于土货贸易部分,下文的讨论将以这六种国际贸易模式展开。海关贸易报告中并不涉及中国土货出口之后的国与国转运或洋货进口到中国之前的国与国转运,故本书所称的"转运"只包括国内各埠之间的转运;即使各埠之间的转运,也不包括以环渤海口岸为来源地的土货转运出口。

在洋货贸易方面,在环渤海港口洋货贸易中,以环渤海港口为中转点的洋货转运进口(C→B→A)和洋货转运出口(C→A→D)(二者合称洋货转口,即Foreign Re-exports)的量很小,因此可以忽略不计。故洋货贸易中重点讨论的是以环渤海港口为目的地的洋货直接进口和洋货转运进口贸易。

---

① 唐巧天:《上海外贸埠际转运研究(1864—1930年)》,复旦大学博士学位论文,2006年。

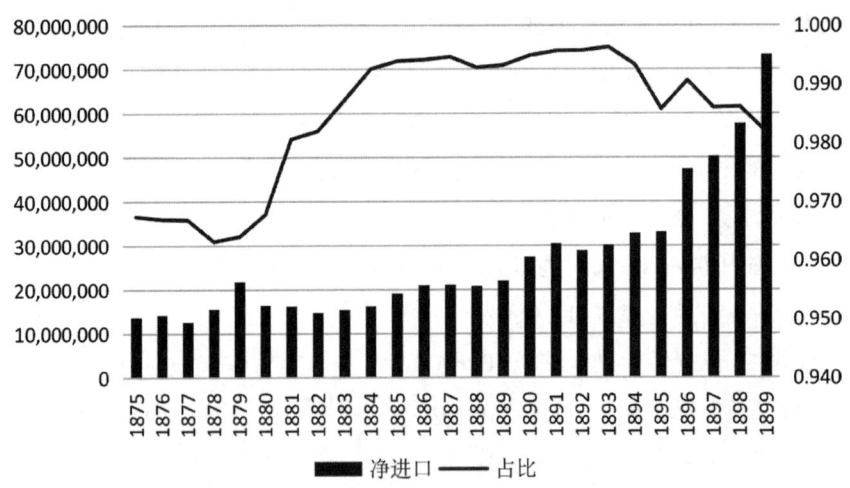

图26 环渤海港口洋货净进口占总进口比重

数据来源：根据《中国旧海关史料(1859—1948)》中历年环渤海各口贸易额整理、计算所得。

在土货贸易方面，以环渤海港口为目的地的土货转运进口(A→C→B)量很小(如图27)，几乎可以忽略不计，故不再本节讨论范围之内；而本节关于环渤海港口土货贸易主要涉及土货直接出口和以环渤海港口为中转的土货转运出口。

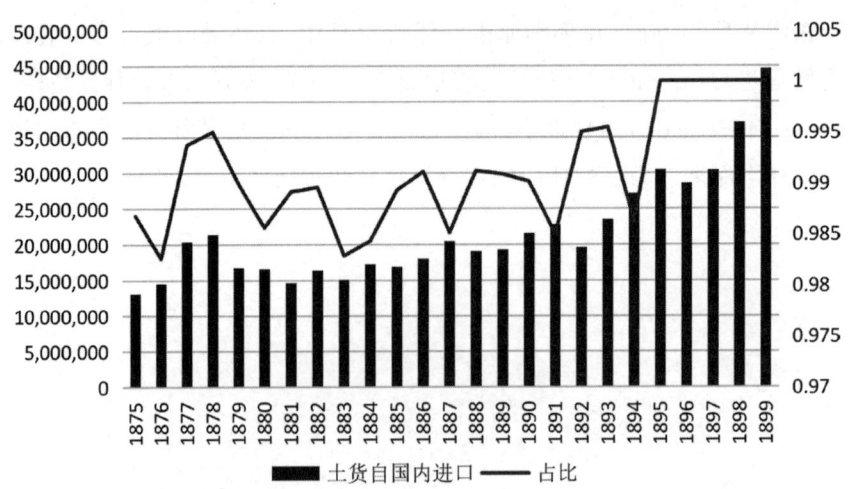

图27 环渤海自国内港口土货转运进口占土货进口的比重

数据来源：根据《中国旧海关史料(1859—1948)》中历年环渤海各口贸易额整理、计算所得。

/第五章/
产业策略:灯塔体系对航运格局的影响

关于时间断限和空间范围。本书时间跨度为1875至1911,以1875年为起始年份是因为"1875年始有全国贸易报告;同年,复采用海关两为记值单位"①,而以1931年为截止时间则是因这一年东北沦陷而使整个环渤海的贸易格局发生重大变化。本节的"环渤海港口"主要是指牛庄、芝罘、天津、秦王岛、大连、胶州几个港口。

(一)日本在何时超越香港、上海

环渤海港口自日本、中国香港的贸易属于洋货直接进口(D→A)和土货直接出口(A→C),而与上海的洋货进口则属于洋货转运进口(D→A→B)和土货转运出口(A→B→C)。

首先需要说明的是,与日本直接贸易的增加并不意味着转运进出口的减少,如胶州"1905年埠际洋货进口总值为6458010海关两,而1906年达9995622海关两(主要来自上海),或者说是增长了55%"②。甚至在1907年牛庄的洋货直接进口中"31%的洋货直接进口来自香港,31%来自日本,而27%来自美国"。可见,本节所提出日本与环渤海港口的贸易日益超越香港、上海成为环渤海港口最主要贸易伙伴,这一观点不是针对单个港口、单种商品,而是就环渤海港口群的整体贸易趋势而言。

直接进出口:日本超越香港(1891—1898)

环渤海各口在1890年之前曾长期将香港作为土货直接出口对象,而在1891年开始就将日本作为了最重要的土货直接出口对象,并在1891至1893年间出现快速增长;随后有所下降,但在1895年之后出现井喷式增长,环渤海港口土货直接出口到国外目的地中日本占据了绝对的主要位置。

---

① 郑友揆:《中国的对外贸易与工业发展》,上海:上海社会科学院出版社,1984年,第303页。
② 《1906年胶州海关报告》,中国第二历史档案馆、中国海关总署办公厅编:《中国旧海关史料(1859—1948)》第43册,第277页。

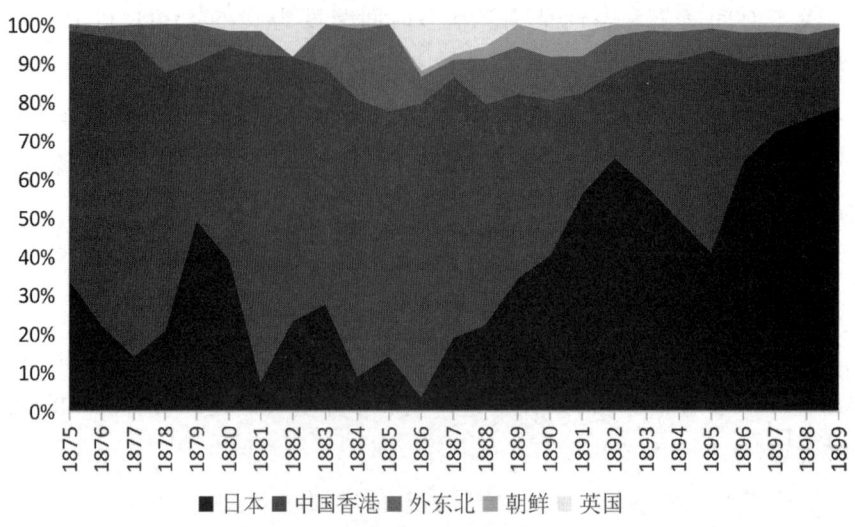

■ 日本　■ 中国香港　■ 外东北　■ 朝鲜　■ 英国

图 28　环渤海港口土货直接出口变化

数据来源：根据《中国旧海关史料（1859—1948）》中历年环渤海各口贸易额整理、计算所得。

通过环渤海港口洋货直接进口主要来源占比则可以发现，1895年之前与日本、英国的洋货进口贸易占比不仅远不如香港，而且起伏不定；虽然在1883年

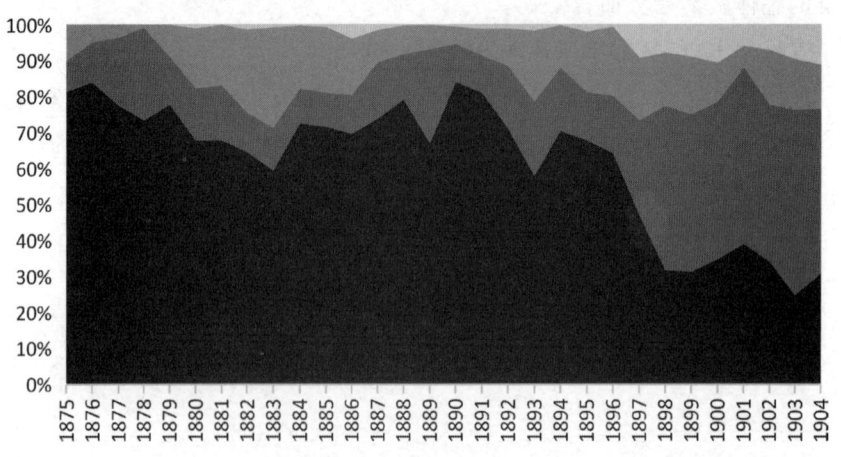

■ 中国香港　■ 日本　■ 英国　■ 美国

图 29　环渤海港口洋货直接进口主要来源占比

数据来源：根据《中国旧海关史料（1859—1948）》中历年环渤海各口贸易额整理、计算所得。

第五章
产业策略：灯塔体系对航运格局的影响

左右英国占比出现一个高位，但也只是昙花一现。与日本的洋货进口贸易占比在1895年之后开始急剧增长；而相对地则是香港所占比例迅速下滑。在日本首次成为环渤海港口最重要的土货直接出口对象的7年后，即1898年，日本也成为环渤海港口最重要的直接进口来源国，并且自日本进口的比例长期稳定在环渤海直接进口总值的30%~40%之间。

进出口总值：日本超越上海（20世纪初）

1905年牛庄的报告中认为"一个讨论得多的主题是与日本的贸易有一个增长繁荣和日本产品取代了欧美产品的地位"[1]。而环渤海港口的欧美产品主要都是通过上海等港口转运获得的。仅仅又过了一年，天津的报告也谈到"以直接从国外代替从上海购买洋货，这种商业秩序的改变越来越成为一种惯例，也易于增加我们的进口税收而不必相应地大量增加进口总量"[2]。"以上提及的直接从来源国而非从上海市场购买洋货的趋势在1905年变得十分明显，在1906年更进一步得到巩固；这种增长趋势和对日直接贸易的巨大增长解释了直接进口值增长近900万两的原因"[3]。"直接进口总值（40000000海关两）中近12000000海关两价值归功于悬挂日本国旗的船只带来的商品，那实际上意味着达到这个量的进口来自日本且主要由日本商品构成"[4]。就在1905、1906年间，环渤海的主要港口的海关报告都指出同样一个现象，即日本日益成为环渤海港口直接对外贸易的最主要对象。

但是，若对1905、1906年之后的年份稍加留心的话就会发现，实际情况并没有1905、1906年报告中那么简单：在本节所考察的时间段内，有一些港口的直接对外贸易长期没有超越转口贸易，最典型的就是天津出口。如1907年"总出口中——来自天津的17253000海关两和来自秦王岛的1429000海关两——

---

[1] 《1905年牛庄海关报告》，中国第二历史档案馆、中国海关总署办公厅编：《中国旧海关史料（1859—1948）》第41册，第208页。

[2] 《1906年天津海关报告》，中国第二历史档案馆、中国海关总署办公厅编：《中国旧海关史料（1859—1948）》第43册，第223页。

[3] 《1906年天津海关报告》，中国第二历史档案馆、中国海关总署办公厅编：《中国旧海关史料（1859—1948）》第43册，第223页。

[4] 《1906年天津海关报告》，中国第二历史档案馆、中国海关总署办公厅编：《中国旧海关史料（1859—1948）》第43册，第223页。

只有来自天津的2071000海关两和来自秦王岛的66000海关两是直接出口到国外"①。可见，直接出口到国外的只是极少一部分。而1909年的报告中则称"这些数据可能展示了一种增长的趋势，即从上海购买洋货而非从来源国"②。1910年出口方面则是"直接出口到美国、欧洲和日本总计为1845474。出口到国内各埠(主要是上海)为21836468，再重新装船至沿岸或国外"③。甚至到了20世纪30年代，"一些著名的中国商人合力尝试开启从日本进行直接进口贸易"④，但却发现货币兑换的波动超出其控制，故而放弃了这种不要中间商而直接贸易的尝试，转而继续进行转口贸易。

(二)日本在环渤海港口对外贸易中的地位

1907年牛庄的"土货直接出口中95%的目的地是日本"⑤。1909年牛庄的"洋货直接进口的45%来自日本"，而更值得注意的是"日本占据了90%的直接出口份额，其仍然有更深入扩展的空间"。⑥

1908年大连的贸易中，"该年可查的洋货直接进口值为17215936海关两。日本当然地拥有该项贸易的最大份额，其贡献了总值的59%；美国的份额为32%，而余下的9%由下列各国构成，依次递减为朝鲜，英国，德国和符拉迪沃斯托克"⑦。同时，1907年"在(天津和秦皇岛)土货直接进口来源各国中，日本

---

① 《1907年天津海关报告(包括秦王岛)》，中国第二历史档案馆、中国海关总署办公厅编：《中国旧海关史料(1859—1948)》第45册，第208页。

② 《1909年天津海关报告》，中国第二历史档案馆、中国海关总署办公厅编：《中国旧海关史料(1859—1948)》第49册，第285页。

③ 《1910年天津海关报告》，中国第二历史档案馆、中国海关总署办公厅编：《中国旧海关史料(1859—1948)》第52册，第322页。

④ 《1922—1931牛庄海关十年报告》，中国第二历史档案馆、中国海关总署办公厅编：《中国旧海关史料(1859—1948)》第159册，第322页。

⑤ 《1907年牛庄海关报告》，中国第二历史档案馆、中国海关总署办公厅编：《中国旧海关史料(1859—1948)》第45册，第191页。

⑥ 《1909年牛庄海关报告》，中国第二历史档案馆、中国海关总署办公厅编：《中国旧海关史料(1859—1948)》第49册，第251页。

⑦ 《1908年大连海关报告》，中国第二历史档案馆、中国海关总署办公厅编：《中国旧海关史料(1859—1948)》第47册，第184页。

/ 第五章 /
产业策略:灯塔体系对航运格局的影响

占有突出的位置,从日本进口总值为9424000海关两,这一进口值由多样的产品构成,主要是棉纱、木材、布匹、火柴、纸张和海藻"①。1911年秦王岛的海关报告总结道:"总的来说,伴随着以上提及的主要出口品种的异常,对国内各埠的出口发展不可预期,同时,我们出口贸易的全面发展几乎完全在对外直接贸易。"②

1910年大连的"洋货直接进口值从1909年的1220万上升到1870万,而沿岸洋货进口则从290万下降到180万。日本(包含朝鲜)理所当然地拥有直接贸易的最大份额,总计达1430万"③。同年,牛庄"洋货进口总值达18946798,其中8771958表示直接进口而10174840表示沿岸贸易。直接贸易显示出超过1909年的1730000的增长,而沿岸贸易减少了1956000"④。牛庄的"直接贸易(进口)中的日本占比从1909年的约45%增长到该年可查的超过50%"⑤。同时,1910年天津的进口中"32644289表示与外国直接贸易,而20668748海关两的洋货是从中国各口(主要是上海)进口"⑥。而1911年天津的"国外直接进口值合计达33824371海关两,超过前一年115万两;而经上海转运来的总计为19676668海关两"⑦。到了1931年,秦王岛"本地市场上外国的和外国样式的商品中20%产于中国,40%产于日本,而剩下的40%产自其他国家"⑧。

---

① 《1907年天津海关报告(包括秦王岛)》,中国第二历史档案馆、中国海关总署办公厅编:《中国旧海关史料(1859—1948)》第45册,第207页。
② 《1911年秦王岛海关报告》,中国第二历史档案馆、中国海关总署办公厅编:《中国旧海关史料(1859—1948)》第55册,第232~233页。
③ 《1910年大连海关报告》,中国第二历史档案馆、中国海关总署办公厅编:《中国旧海关史料(1859—1948)》第52册,第264页。
④ 《1910年牛庄海关报告》,中国第二历史档案馆、中国海关总署办公厅编:《中国旧海关史料(1859—1948)》第52册,第286页。
⑤ 《1910年牛庄海关报告》,中国第二历史档案馆、中国海关总署办公厅编:《中国旧海关史料(1859—1948)》第52册,第287页。
⑥ 《1910年天津海关报告》,中国第二历史档案馆、中国海关总署办公厅编:《中国旧海关史料(1859—1948)》第52册,第322页。
⑦ 《1911年天津海关报告》,中国第二历史档案馆、中国海关总署办公厅编:《中国旧海关史料(1859—1948)》第55册,第248页。
⑧ 《1922—1931秦王岛海关十年报告》,中国第二历史档案馆、中国海关总署办公厅编:《中国旧海关史料(1859—1948)》第159册,第337页。

胶州1910年的海关报告指出，"洋货进口值，直接（1200万两）和沿岸（880万两），总计为20887297海关两"①。而胶州1911年的海关报告也称其"洋货进口值，直接（13371472）和沿岸（7768484），总计达21139956海关两"。

由于欧战的爆发，日本的对外贸易有一个重大发展时期，"在这个时候，日本的金融地位——受益于战争和由于战争而分散了欧洲人的运力——已经有巨大的发展以至于其与天津的贸易远远超过其他记录，她占据了收益和船舶表第一的位置，提供多数的布匹、化学品、电子材料、纸张和染料"②。但欧战结束后，日本的发展势头迅速受到遏制，天津的报告中认为"（欧战后）日本产品继续止步不前，由于抵制也由于欧洲和中国工厂产品的竞争"③。

以胶州作为案例比较欧战爆发前和欧战结束后经过两年的恢复，1913年以百万海关两为单位的洋货直接进口分列如下：日本，10.4；德国，5.17；法国，3.46；俄国太平洋港口，2.5；香港，2.2；美国，1.1；英国，0.8；比利时，0.78；荷兰，0.74。而1921年以百万海关两为单位的洋货直接进口分列如下：日本，30；香港，5.3；美国，2.7；英国，1.48；朝鲜，0.89；法国，0.58；德国，0.38；俄国太平洋港口，0.24；荷兰，0.17；比利时，0.05。④可见战后日本虽然一定程度上保持着环渤海港口最重要贸易伙伴的地位，但是其领先势头已经大不如欧战之中了。

而在下一个十年，胶州"同美国、香港、英国、荷兰、加拿大和澳大利亚的贸易产生了令人吃惊的发展，而日本占总值的份额从70%降到43%，尽管仍然保持着其重要的——但却非独领风骚的——地位。这样，在1922年该港口以百万海关两为单位的分国别的洋货直接进口值分列如下：日本，39.07；美国，5.59；香港，4.3；英国，2.45；法国，1.23；德国，1.01；朝鲜，1.04；俄国太平洋港口，0.45；荷属东印度，0.50；荷兰，0.30；英属印度，0.10"；"1931年，随着贸易值的

---

① 《1910年胶州海关报告》，中国第二历史档案馆、中国海关总署办公厅编：《中国旧海关史料（1859—1948）》第52册，第385页。

② 《1912—1921海关十年报告》，中国第二历史档案馆、中国海关总署办公厅编：《中国旧海关史料（1859—1948）》第156册，第150页。

③ 《1912—1921天津海关十年报告》，中国第二历史档案馆、中国海关总署办公厅编：《中国旧海关史料（1859—1948）》第156册，第150页。

④ 《1912—1921胶州海关十年报告》，中国第二历史档案馆、中国海关总署办公厅编：《中国旧海关史料（1859—1948）》第156册，第219页。

/ 第五章 /
产业策略:灯塔体系对航运格局的影响

巨大增长(94230000),以百万海关两计的各个主要国家所占份额如下:日本,40.50;美国,14.55;香港,9.83;英国,8.52;德国,6.17;荷兰,4.35;法国,2.06;荷属东印度,1.63;英属印度,1.38;意大利,0.83;朝鲜,0.81;加拿大,0.72;丹麦,0.61;澳大利亚,0.44;俄国太平洋港口,0.20"。[1]可见日本与胶州的贸易远远超过其他国家。

在1891至1898年间超过香港和1905至1906年间超过上海之后,日本成为环渤海港口的最主要贸易对象;而日本的这一优势地位在第一次世界大战中得到巩固,战后虽然有所下滑,但是直到1931年,其在环渤海港口的对外贸易中仍然占有最重要的地位。

二、以上海为中心的区域航运发展

随着灯塔建设和航道完善,航道安全状况不断改善。在这一背景之下,以上海为中心的各条航线发生的变化,也是值得关注的点。尽管《申报》史料在近代上海乃至近代中国研究中都有着重要地位,但仅占据每一天《申报》小小一方版面的船期表由于难以提供更多历史的细节,常常为史学研究者所忽视。但笔者研究发现,对于近代航运发展而言,船期表所能提供的信息远远超出中国的边界,甚至对认识以上海为中心的整个东亚航运网络的发展都具有指标意义。

(一)船期表的内容与结构

《申报》为1872年4月30日在上海创办的一份中文报纸,至1949年5月27日休刊为止,连续发行27000多期。该报自第一期开始,即有刊载当日和前后几日上海与全国、全世界各个港口之间的船只往来信息。《申报》最初为8个版面,船只往来信息往往位于第8版,后随着版面数量的变化,发布船只往来信息的版面发生了一定变化,先后调整至第4版和第16版等版面。该版块最

---

[1] 《1922—1931胶州海关十年报告》,中国第二历史档案馆、中国海关总署办公厅编:《中国旧海关史料(1859—1948)》第159册,第450页。

初并无正式的名称,一般称"十月三十日进口船列左"和"十一月初一日出口船列左",采用的是年号纪年方式;随着时间的推移,该版块开始使用正式名称,1911年12月21日定名为"轮船进出口期",此前与轮船同时提及的帆船、煤船等信息不再提及,同时轮船驶离和抵达日期开始使用公元纪年。1915年4月12日至1915年10月14日之间为"轮船进出日期",1915年10月15日至1921年1月4日为"轮船进出口日期"。

此后分为进口和出口两项,进口轮船信息方面,1921年1月5日至1932年11月30日和1935年4月4日至1936年4月7日为"轮船进口报告",1932年12月1日至1935年4月3日为"轮船进口预告";1936年4月8日起改为"进口轮船报告"。出口轮船信息方面,1927年3月3日至1927年8月13日为"轮船出口报告",而1921年1月5日至1927年3月2日和1927年8月14日至1932年1月1日则使用"轮船出口日期";出口信息于1932年1月7日起改为"轮船出口报告",1935年7月26日起改为"出口轮船报告"。

战争对航运事业有着明显的负面影响,随着"八一三事变"和淞沪抗战的爆发,"进口轮船报告"和"出口轮船报告"于1937年8月13日后停止发布,《申报》也于1937年12月14日起停刊。1938年10月10日《申报》复刊,而同期第27版开始以"船期"之名发布船只进出口消息,至1939年3月17日均以"船期"之名发布。1939年3月18日起改名为"《申报》船期表",1943年3月1日最后一次发布消息后,该版块从《申报》中撤销。

尽管《申报》船期表标题和内容结构发生过多次变化,同时其在一定时期内曾因战争原因停止发布,但其在近代大部分时段内持续发布船只进出口信息,且内容结构总体保持稳定。这些信息为理解以上海为中心的近代航运发展、研究近代航运网络的形成和特点提供了重要材料。

船期表的基本信息一般包括时间、船名、进出口类别、船只类别、进口自或出口往某口岸、公司名,如《申报》1872年5月30日进入上海的船期信息为:

今将二十三日进口各船列左
舟山　　轮船　　由宁波　　旗昌
洞庭　　又　　　由汉口　　美记

/ 第五章 /
产业策略:灯塔体系对航运格局的影响

陈鱼门	又	由香港	
因脱泼司	又	由伦敦	
崔落脱	帆船	由汕头	广丰①

"又"表示与前一条记录中的船只类型相同,"公司名"为空则说明并非所有的船只都会提供公司信息,甚至部分船只的公司信息为"船主"。出口信息与进口信息的格式相似,不同之处在于,会预告接下来数日的出口信息。此后数十年,船期表的格式虽有微调,但从早期和后期表中所能提取的信息总体一致。

《申报》中还有另一类船期信息,如:

> 本局大有轮船准于本月初四日起往来宁波上海,其由上海开船期每逢礼拜二四六,其由宁波开船期每逢礼拜一三五,每日准四点钟开轮。其船在申停泊虹口本局北栈马头,在甬停泊分局马头,所有搭客、装货、水脚均随大例。②

这是上海轮船招商局在《申报》以广告形式发布《招商局轮船往来宁波》消息,该局从光绪元年(1875年)四月初三开始,长期在《申报》发布这类信息。

还有一些船期广告涉及国际航运:

> 兹有帆船一只准于十七日开往长崎,凡贵客欲附装货物者,请来本账房面议为荷此布。③

在各公司发布的这类信息中可以得到从船期表中获取的相关信息,其甚至比船期表中的信息更为丰富。但由于这类信息是以相关公司发布的广告形

---

① 《申报》(上海版),1872年5月30日,第26号第8版。
② 《申报》(上海版),1875年5月8日,第928号第6版。
③ 《申报》(上海版),1881年9月9日,第3002号第5版。

式出现,而大量未发布广告的船只信息是缺失的,故从数据完整性和连续性上看,其价值不如历年发布的船期表。

(二)航运网络的发展与变迁

通过对《申报》历年船期表中时间、船名、进出口类别、口岸等信息的提取,形成船只往来的"驶离口岸-抵达口岸"表格,可用于分析近代上海与中国其他港口,甚至与东亚乃至世界的相关港口之间航运线路的增长变化情况。

从《申报》船期表中提取的船只"驶离口岸-抵达口岸"信息可运用社会网络分析方法进行处理。Gephi是一款用于社会网络分析的开源软件,将已经标准化处理的1873和1933年船期信息输入该软件,经过模块化和结构化操作后,可获得图30中的航运网络图。

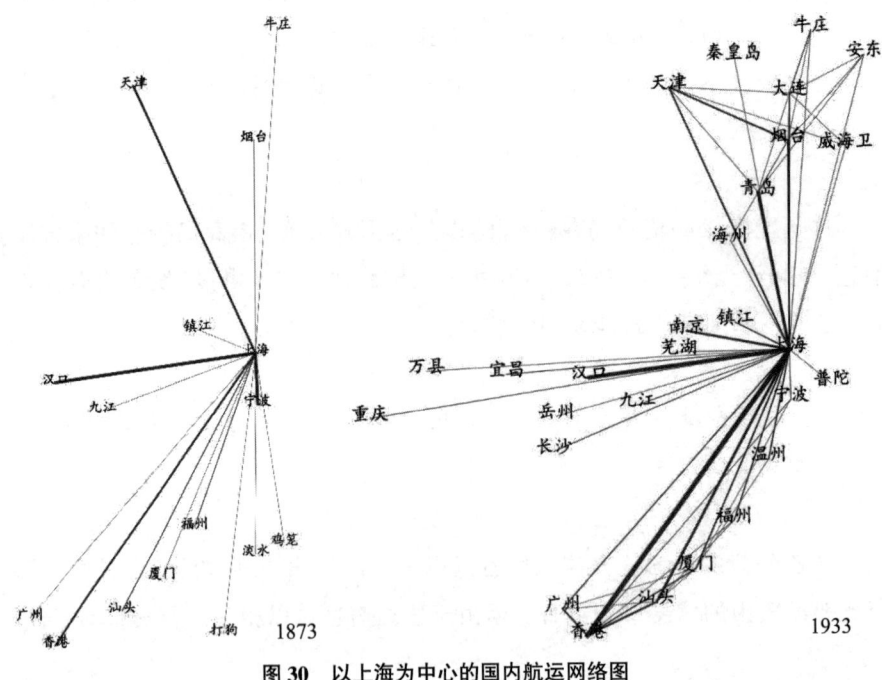

图30 以上海为中心的国内航运网络图

数据来源:根据历年《申报》船期表中上海和其他港口之间往来的船期信息整理、计算所得。

第五章
产业策略：灯塔体系对航运格局的影响

从1873年的情况来看，上海主要的船只往来对象是香港、宁波、天津和汉口；其余十多个港口与上海的航运往来规模明显小于前述各个口岸。这一时期这类上海与其他口岸的航运关系以直接往来为主，规模尚不算大，航运线路的结构也较为简单。经过60年的发展，到1933年时，上海与各口岸的航运关系发生了巨大变化。具体来看，第一，随着通商口岸的增加和航运事业的发展，与上海发生直接往来的港口数量大大增加，几乎所有沿海沿江的口岸均与上海有着直接航运往来。第二，在航行的班次上，出现大量一艘轮船在上海与多个口岸之间连续航行的情况，反映上海与相关区域日益发展成为一个联系紧密的整体。第三，许多口岸也开始承担起上海与其他口岸航运往来的中介者的角色，这反映的是随着航运事业的发展，航运线路上的各个节点的地位和功能产生分化；而港口之间功能的分化和层级的产生，也就意味着航运网络的发展进入一个新的阶段。

除了以上海为中心的中国国内航运线路的发展，国际航运线路也日益发展和成熟。在中国航运线路上，上海和长崎的往来在历史上即有着十分重要的地位；而1872年4月30日《申报》第一期船期表中即包括上海和长崎之间的行船往来信息。以1872年5月上海与日本之间的船只往来看，在8艘到达上海的船只中，有2艘明确是从长崎出发的；其余6艘的出发地则标注为"东洋"，即应当来自包括长崎、神户、横滨在内的日本主要港口。在9艘从上海出发的船只中，目的地明确标注为长崎的达到5艘，另有1艘目的地为长崎和兵库，其余3艘船只中还有2艘标注为"东洋"。彼时上海在中国的对外贸易格局中已占据主导，而长崎与上海之间航运活动的频繁、在日本各主要港口中遥遥领先，表明这一时期长崎在东亚区域航运格局中具有十分重要的地位。

表24　上海与东亚各国船只往来表（1872年5月）

离\抵上海时间	船名	船型	出发自	到达	公司
1872.05.06	隔波		东洋	上海	船主
1872.05.08	花旗公司		东洋	上海	万昌
1872.05.10	麦耶加	轮船	东洋	上海	怡和
1872.05.12	格白色	帆船	上海	长崎	德全

续表

离\抵上海时间	船名	船型	出发自	到达	公司
1872.05.12	哑力格那	轮船	上海	东洋	美公司
1872.05.13	米亚加	轮船	上海	长崎	大英书信馆
1872.05.14	密耶加	轮船	上海	长崎	同孚
1872.05.14	受司	轮船	长崎	上海	旗昌
1872.05.16	天财	兵船	上海	长崎/兵库	大英书信馆
1872.05.17	受司	帆船	上海	长崎	马立师
1872.05.20	恩王	兵船	上海	长崎	书信馆
1872.05.21	美耶加	轮船	东洋	上海	同孚
1872.05.23	麦才脱	帆船	长崎	上海	
1872.05.24	牛也克	轮船	东洋	上海	美公司
1872.05.26	台根	帆船	上海	神户	美记
1872.05.27	非里克	帆船	东洋	上海	
1872.05.29	牛也克	轮船	上海	东洋	美公司

资料来源:根据《申报》相关时期船只往来资料整理。

此后长崎与中国各港口的贸易进一步发展,明治二十七年(1894年)出版的《日清韩要事便览》所列"长崎到清国各港航程"中包括威海卫、牛庄、山海关、上海、旅顺、大沽、芝罘、香港八个港口。[①]根据19世纪末20世纪初的地图中所提供的航路信息可以恢复这一时期的主要航运线路图,通过东亚主要航运线路图可以发现,这一时期航路地图往往将上海作为中国沿海航运线路中最为重要的节点,与此相对,长崎则是日本在东亚航运格局中至为重要的节点。

尽管长崎航运繁忙、出入港船舶数量众多,但其对外贸易额却远不及横滨和神户,这种差别在一定程度上预示着长崎在未来发展中的不利地位。

吨税收入和船只吨位直接相关,可以作为分析航运事业发展状况的可靠依据。从20世纪上半叶的日本主要港口吨税收入变化图来看,横滨、神户的吨

---

① [日]井仓和钦编:《日清韩要事便览》,东京:群玉阁,明治二十七年(1894年),第134页。

/ 第五章 /
产业策略：灯塔体系对航运格局的影响

税收入额总体保持平稳增长，在日本吨税格局中的地位最为重要；大阪在早期吨税格局中占有的份额较低，但经过二十多年的发展，到20世纪30年代中期已经成为仅次于横滨、神户的重要港口；门司港的吨税占比有一定下降，但仍是日本的重要港口之一。与前述各港口相对的是，长崎港在20世纪上半叶进入一个地位快速下降的轨道，作为近代早期中日贸易中最为重要的港口，长崎港的吨税收入占比在1913年尚勉强维持在仅次于神户、横滨和门司的位置；但到1934年，其吨税收入占比不仅远远不及横滨、神户、大阪、门司等主要港口，甚至也落后于许多其他港口。

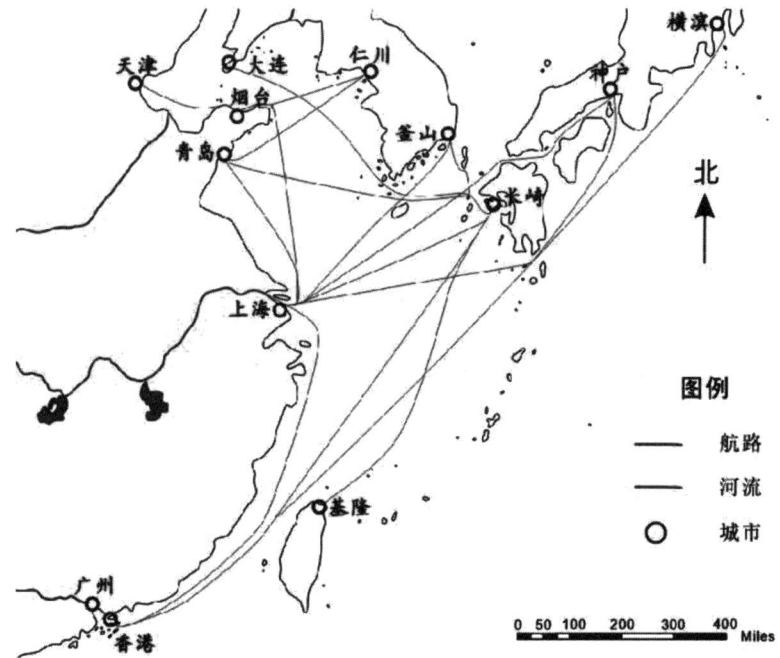

图31　东亚主要航运线路图

底图来源：据日本陆地测量部明治二十七年（1894年）再版发布的《假制东亚舆地图》等19世纪末20世纪早期的地图所绘。

推究长崎港在日本乃至东亚航运网络中地位下降的原因，一是随着灯塔建设和航道条件的改善，以及航行技术和船只建造技术的发展，中日其他港口之间的航运往来变得更直接、更便利、更安全，长崎港原有的优势在减弱；二是随着本州的横滨、神户、大阪等主要港口所在地区对外贸易的发展和经济的繁荣,长崎港所在的九州地区受到腹地范围狭小的限制,导致九州地区与该区经济发展的差距越来越明显;三是随着交通条件的改善,来自本区域其他港口的竞争在这个时期有所加剧。

由此可见,在近代数十年的历史进程中,随着航行设施的建设和航道条件的改善,东亚航运事业获得巨大进步,航运网络逐步得到完善。但航运的发展有着明显的区域差异,部分港口因为近代航运条件的改善获得发展的助力,而部分港口则因为航运线路和航运中心的转移而逐渐衰落。

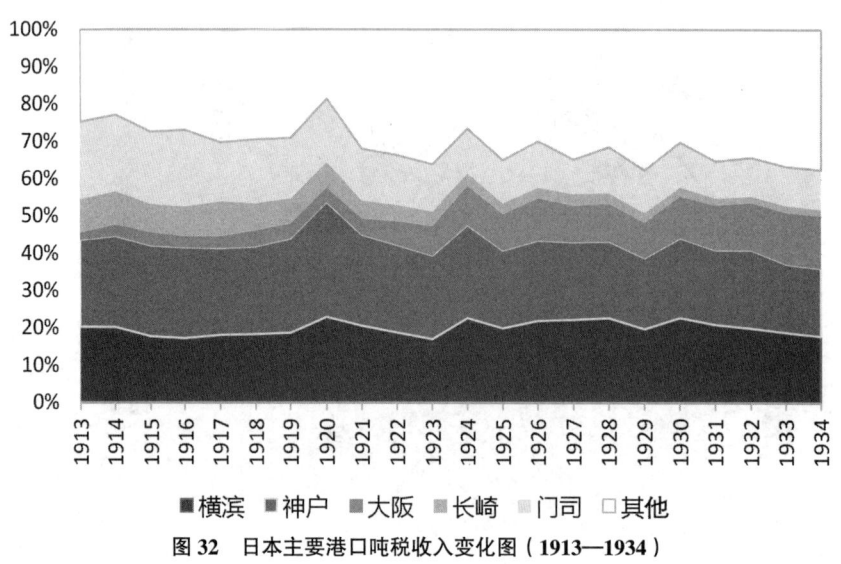

图 32　日本主要港口吨税收入变化图(1913—1934)

数据来源:根据历年日本大藏省主税局编《主税局统计年报书》中"税关收税额表"信息整理、计算所得。

总的来看,资本主义的扩张和世界航运事业的发展对灯塔布局和航道条件提出了更高的要求。而随着灯塔建设的推进和灯塔分布的渐趋合理,船只航行中的搁浅、触礁等事故发生率逐渐降低,加之船只建造技术的进步和无线电等先进技术在航路标识领域的应用,航道条件和航行安全状况得到明显改善。与航道条件改善相伴随的是航运事业得到快速发展,世界各重要港口之间逐渐发展出稳定的交往关系。与世界航运发展趋势一致,东亚各个港口之间、东亚港口与世界各重要港口之间也形成了较为固定的航运线路,而灯塔和其他助航设施构成的航道系统则成为海上交往活动得以顺利进行交通基础。特别是在一些航运繁忙、条件复杂的港口和航线上,灯塔和其他助航设施构成了复杂的航道网络,对航运活动的意义尤其明显。

第三节　东亚航运格局的变迁

根据上一节的分析可以发现,在灯塔建设和航道条件不断改善的同时,随着东亚各国政府和商人在航运业的投资不断增加,以及在第一次世界大战给东亚带来的积极影响等其他有利条件的作用下,环渤海与日本之间、以上海为中心的相关区域之间以东亚资本和力量主导的航运活动都在20世纪前期获得较快发展,反映了东亚内部贸易和交往日益密切的历史过程。

但通过在近代东亚从事航运的公司国别分布来看航运格局,则会发现情况并没有那么简单。仅以《申报》中1872年5月上海与东亚各国往来的十多个航次(表24)来看,几乎全部为英国和美国公司的船只;以1873年1至4月进入上海的所有船只来看,航行次数在10次以上的全部为英、美、法等国公司,其中美商旗昌和同孚航行分别达116次和37次,英商怡和(33次)、马立师(19次)、禅臣(19次)、太古(11次)则分别超过10次;其余公司往往在10次以下,其中中国航运公司的数量不少,但各家公司的航行次数均远远不及上述外国公司。如果将时间拉长到一个年份,根据1873年《申报》船期表得到的进出上海船只分公司统计看,美商旗昌遥遥领先于其他公司,航行次数达到945次;其次则是英商太古和怡和,航行次数分别达到177和165次;在航行次数超过50次的公司中,除了轮船招商局外,其余全部为英国和美国公司。

以上分析说明,如果仅仅是对航行船只总量和贸易总量进行观察,只能得到对区域航运和贸易发展情况的粗略认识,要深入摸清区域内航运事业各种力量的消长和航运格局的变化,则需要对航运活动中各个国家和各个公司的情况做出更为细致的分析,才能得到比较可靠的认识,并以此为基础寻找这种力量消长和结构变化产生的内在原因。

一、日本在进入本国港口的船只中占优

下文将首先对1873至1933年间进入日本各港口的船只进行分国别的讨论。其中,本节各项统计中所称日本船只一般是指在日本本土或在台湾地区(1895年之后)、朝鲜半岛(1908年之后)等殖民地注册的船只;而作为租借地的大连或后来的辽东半岛(二者在日本相关统计中均称为关东州)并不包括在内,20世纪30年代后期处于日本实际控制之下的中国东北地区(满洲国)亦不包括在内。①本节所称中国船只则是指在清政府或中华民国政府实际控制之下的区域注册的船只,而不包括各个外国租借地和占领区。

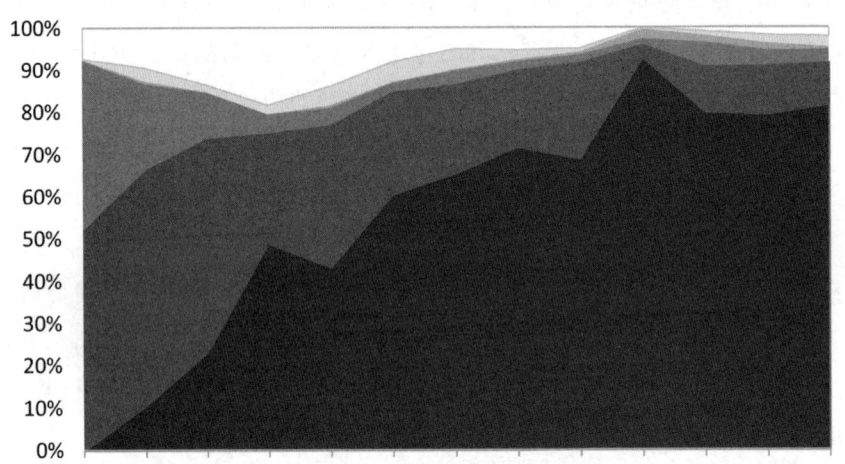

图33 进入日本港口船只数量分国别比重

数据来源:根据日本大藏省编《大日本外国贸易四十一年对照表(自明治元年至同四十一年)》的"外国入港船四十一年对照表"和1913至1933年历年大藏省主税局编《主税局统计年报书》的"外国贸易船舶出入表"相关数据整理、计算所得。

---

① 《主税局统计年报书 第60回(昭和8年度)》,东京:大藏省主税局,昭和十年(1935年),第610页。

/ 第五章 /
产业策略：灯塔体系对航运格局的影响

从历年进入日本港口的船只数量分国别变化趋势来看,在19世纪80年代之前,进入日本港口最多的是悬挂英国旗的船只,其次是美国船只,反映了这两个积极拓展全球航运的国家及其商人对于与日本进行贸易和交往的重视。但从19世纪80年代开始,日本本土航运公司迅速崛起,在入港船只数量上超过英国和美国,使得船只悬挂的日本旗成为日本各港口最为常见的旗帜。随着日本入港船只的增加,英国和美国在入港船只中所占比重不断下降,尤其是美国下降趋势尤其明显。英国和美国不止面对来自日本的竞争,还面临着来自完成统一战争之后的德国的竞争,德国的入口船只数量在19世纪80年代超过美国,成为仅次于日、英两国的力量。随着日本航运企业对中日之间航运关系以及远洋航运的经营等因素的影响,日本入港船只数量在19世纪末获得持续的增长;而20世纪10年代的发展则使日本在入港船只数量上的优势进一步凸显。

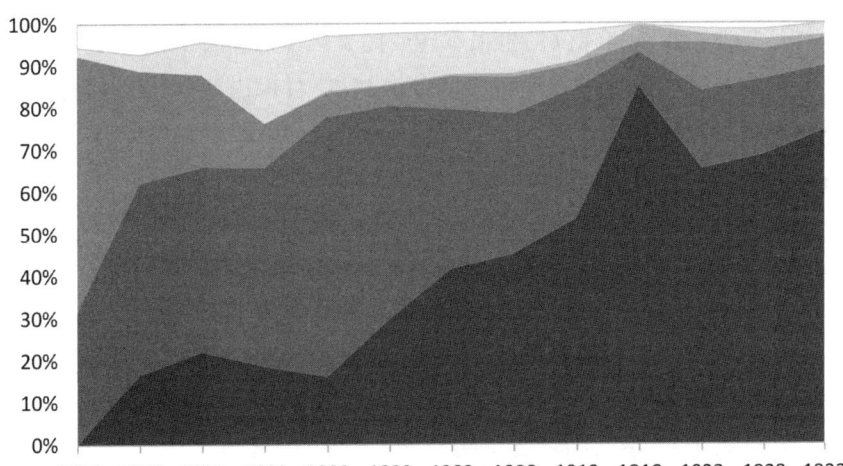

图34 进入日本港口船只吨位分国别比重

数据来源:根据日本大藏省编《大日本外国贸易四十一年对照表(自明治元年至同四十一年)》的"外国入港船四十一年对照表"和1913至1933年历年大藏省主税局编《主税局统计年报书》的"外国贸易船舶出入表"相关数据整理、计算所得。

由于各国船只特点和运力大小不同,相对于船只数量而言,船只吨位总量的变化可以更清晰地反映各个国家之间航运实力和份额的变化。从进入日本港口的各国船只吨位来看(图34),与入口船只数量的变化情况又有明显的差别,最为直观的就是,日本船只在总吨位当中所占份额的优势并不明显。究其原因,乃是因为日本船只吨位相对于英美船只而言普遍较小,故尽管数量较多,但在吨位上却难以有明显的优势。

从时间线上分析,19世纪70年代进入日本港口的各国船只中,尽管英国数量最多,但在入港船只总吨位上却是不如美国的。英国船只入港总吨位在19世纪70年代末方超过美国,成为进入日本港口最重要的航运力量,并将这种优势一直保持到20世纪初;而在英国迅速扩张航线的同时,日本航运企业在政府的支持下也超过荷兰和德国,成为占据入港吨位第三位的国家。尽管日本发展迅速,甚至在19世纪80年代超过了美国,不过相比于英国入港船只总吨位仍有着明显的差距。1908年左右,崛起的日本在入港船只吨位上已经超过英国,但某种程度上也只是势均力敌。与入口船只数量所反映的情况一致,真正使日本入口船只数量和吨位发生根本转变的是第一次世界大战。随着第一次世界大战中欧洲各国无暇东顾带来的发展契机,日本由此奠定了在入港船只数量和吨位上的绝对优势地位。即便20世纪20年代英美等国在日本的航运活动有所恢复,但日本本国船只占主导地位的格局并未发生改变。

二、英日船只在中国港口表现强势

中国的航运业在发展水平和发展阶段变化上与日本都有一定的差异。以进入中国港口的船只数量分国别占比情况来看,在19世纪80年代之前的大部分时间里,进入中国口岸最多的是英国籍船只,其次是美国船只,排名第三的是德国船只,而中国船只在数量上尚处于微不足道的地位。英国将船只数量上的优势长期保持,直到20世纪初仍然和日益增多的中国船只不相上下;与此相对的是进入日本港口的船只中,日本籍船只在19世纪80年代后期已经超过英国。作为近代早期在中国沿海沿江航运活动中具有重要地位的美国轮船公司,随着19世纪80年代末旗昌轮船公司的出售,美国船只在进入中国港口船只总数中的比重越来越低。与美国船只数量的减少相比,德国船只所占比重则长期保持平稳,在日本崛起之前长期位于中国和英国之后,处于第三的位置。20世纪初,中国政策环境改善,使得被迫悬挂外国旗的中国船只的减少,加之中日航运业发展入口船只数量的不断增加,英国和德国所占份额都开始明显被压缩;到第一次世界大战结束的时候,德国所占份额已经微乎其微,而英国籍入口船只占比也已经远远不及中国,仅以微弱的优势超过日本。

在20世纪初,尽管进入中国港口的中国船只数量超过英国,但中国船舶公司在近代中国沿海沿江航运结构中的地位或许并没有那么乐观。一方面,与外国航运公司不同的是,中国的船舶当中存在着大量的帆船,这类船舶载重量小、航行速度慢、航期相对不固定,已经基本被西方和日本船公司所淘汰;另一方面,中国船只(即便是轮船)吨位往往偏小,甚至是远远不及英美等国,这就使得以船只数量而论可能掩盖一些重要的事实。

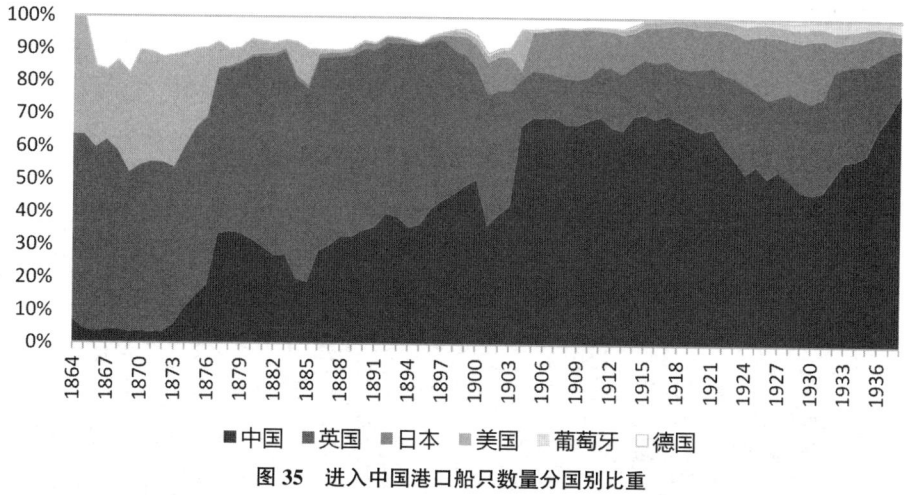

图35 进入中国港口船只数量分国别比重

数据来源:根据《中国旧海关史料(1859—1948)》历年船舶入口数据整理、计算所得。

实际上,相比于日本港口的航运活动中日本航运公司所表现出的快速成长并最终占据主导地位的情况,在中国港口的航运活动中,中国的航运业则远没有那么幸运,包括英、美以及日本在内的各个航运大国在中国展开了激烈的竞争。

以进入中国港口的船只吨位分国别占比来看,吨位为指标反映的近代中国航运格局与数量为指标的格局有明显的不同。19世纪70年代中期之前,进入中国港口的英国和美国船只总吨位占据明显的领先位置,英国以微弱的优势超过美国,而德国居于第三位,但吨位远远不及英美。70年代中期开始,入港的中国船只总吨位占比增加很快,特别是随着轮船招商局对旗昌轮船公司的收购,中国迅速超过美国成为中国各港口中仅次于英国的航运力量。20世纪初英国入口轮船吨位所占份额出现明显下降,而这主要是因为入港的日本以及德国船只总吨位的快速增长所致。与通过进入中国港口船只数量变化所反映的情况相同的是,第一次世界大战爆发后,入港的英国和德国船只总吨位都出现明显下降,与此相对的则是中国和日本入港船只总吨位的上升。但随着1931年"九一八事变"的发生,中日关系迅速恶化,航运往来减少反映到进入中国港口的船只总吨位中,则是中国和日本的份额都出现下降;而随着1937年抗日战争的全面爆发,中日的份额进一步下降;与这些变化相对的是,其他国家特别是英国的份额出现明显上升。从1864至1938年间,尽管入港的中国、日本等国船只总吨位都有过高速增长时期,但即便所占份额最高的时候与英国都有明显的差距;即便在中国的份额中,也只是轮船招商局一家独大,如晚至1926年招商局仍然独家垄断温州至上海的航线。①进入中国港口的英国船只吨位总数有过波动和下降,但英国从未失去在中国沿海沿江航运中的主要地位。

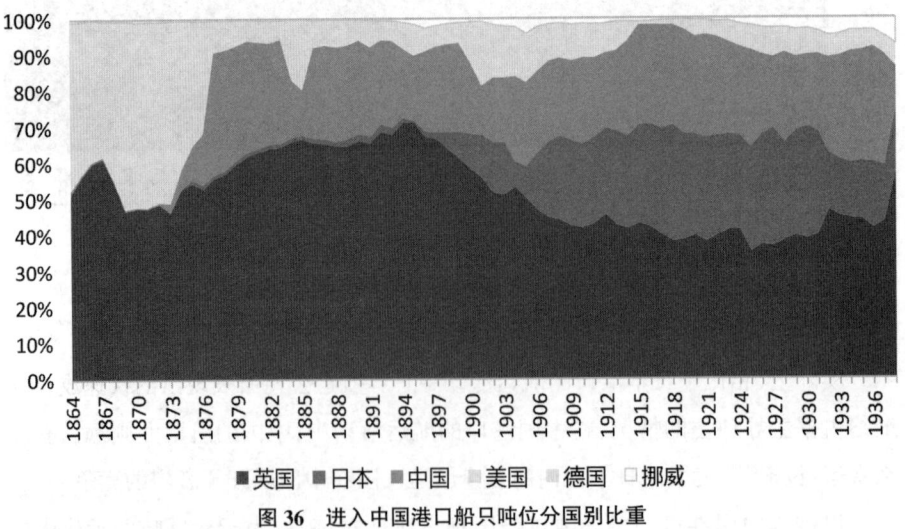

图36 进入中国港口船只吨位分国别比重

数据来源:根据《中国旧海关史料(1859—1948)》历年船舶入口数据整理、计算所得。

---

① 聂宝璋、朱荫贵编:《中国近代航运史资料(第二辑)》上册,北京:中国社会科学出版社,2002年,第754页。

/ 第五章 /
产业策略:灯塔体系对航运格局的影响

总的来看,在近代早期的东亚航运活动中,以英美为代表的西方国家的航运公司拥有先进技术、充足资金等优势,因而在航运格局中获得了明显的强势地位,中国和日本的传统帆船航运形式受到明显压制,日渐衰落。但随着明治维新之后日本政府对航运事业的重视,日本的航运公司获得快速发展,在进入日本港口的船只总吨位中所占比重步步提升,经过一段时期的发展,实现对西方的超越并最终在日本航运格局中占据主导地位,若考虑到在日本租借的大连或辽东半岛(关东州)注册的船只(1933年关东州籍的入口船只吨位相当于日本籍入口船只吨位的十分之一)①和在日本实际控制下的满洲国注册的船只均未包括在前述份额中,则可知日本在本国航运格局中的主导地位远比前述统计数字表现得更为稳固。反观中国,政府在税收政策和轮船公司设立条件上都对本土企业进行限制,使得原本因资金不足、技术缺乏而处于弱势地位的中国航运企业更加举步维艰;尽管此后随着政策的松动,中国本土航运企业也获得了一定程度的发展,在进入中国港口的船只吨位中所占比重有所上升,但中国政府和中国航运企业始终未能发展形成对中国沿海沿江航运事业的主导能力。

三、日本独占台湾地区、朝鲜半岛对外航运

台湾最早于19世纪80年代中期在刘铭传的主导下开通了各口岸之间的航线,相关船只"从事运输,兼通文报"②;并曾成立商务局,但随着刘铭传的去职,机构被撤销,相关业务也陷入停滞。但台湾与福建有着长期稳定的贸易往来,即便日本殖民时期,台湾与福建的关系仍十分密切。以淡水税关统计的帆船数据为例,从1897年二月至1898年九月间,从福州、泉州、厦门入港至淡水大稻埕港之船舶高达1649只;1898年一月至九月一日,有734只船入港;1898年八月的一个月航至该地者,厦门有37只,福州有33只,宁波有10只,台湾的基隆有1只,也就是说,80%以上是从福建航至淡水的船舶。③在轮船方面,最早开

---

① 《主税局统计年报书 第60回(昭和8年度)》,第610页。
② 汪敬虞:《建省前后的台湾经济》,《历史研究》1987年第5期。
③ [日]松浦章著:《清代台湾海运发展史》,卞凤奎译,台北:博扬文化事业有限公司,2002年,第69页。

通大陆和台湾之间轮船航运的是英商德忌利士（ダグラス）轮船公司；该公司是香港轮船公司中最早创立者，甲午战争之前对中国南部和台湾之间的航线形成垄断局面。①但在1895年之后，随着日本对台湾的占领，大阪商船公司意识到"内地台湾之间以及台湾沿岸早日展开海运航线……是在台湾统治上以及该岛拓殖上当务之急"②，于是推动台湾总督府于1896年开设大阪台湾航线，此后这类"命令航线"不断增加。而随着大阪商船到达淡水，德忌利士公司的业务开始出现衰退迹象，并于明治三十五年（1902年）撤退台湾航线。以1909年（宣统元年）二月出入福建省厦门港的定期航路轮船的名称一览表来看，从厦门航行至台湾的大阪商船"城津丸"和"大仁丸"在淡水，"漳州丸"在台南；1909年的时候，连接大陆和台湾的航路由大阪商船公司所垄断。③随着航线的增加，航运公司也不断增多，包括大阪商船公司、日本邮船公司、山下汽船公司、近海邮船公司等都对以台湾为中心的航线投入了大量船只。日本殖民下的台湾，总督府实行的是海运保护政策，对"台湾内地间""台湾沿岸线""台湾中国间""台湾朝鲜满洲间""台湾南洋间"共计16条航线、34艘船舶进行补助，年补助金额350万元，④这也就使得其他轮船公司无力与这些总督府补助下的日本轮船公司竞争，实现了日本各轮船公司对台湾相关航线的独占地位。

　　朝鲜半岛的情况与台湾地区有所不同，以大正五年（1916年）朝鲜的航运线路来看，总督府规定了三条命令航路，分别是近海航路、沿岸航路和河川航路。其中，近海航线包括元山浦塩斯德（海参崴）线；沿岸航线包括雄基门司线、元山雄基线、釜山郁陵岛线、釜山浦项线、釜山丽水线、釜山济州岛线、木浦丽水线、木浦济州岛多岛海线、仁川木浦线、仁川海州线、仁川镇南浦线等十一条线路；河川航路包括大同江航路镇南浦载宁津江浦线、鸭绿江航路新义州中江镇江界线共两条线路。这些命令航线均由朝鲜邮船会社、镇南浦汽船合资

---

① ［日］松浦章：《近代日本中国台湾航路の研究》，大阪：清文堂，2005年，第73页。
② ［日］松浦章著：《日治时期台湾海运发展史》，卞凤奎译，台北：博扬文化事业有限公司，2004年，第222页。
③ ［日］松浦章：《清代台湾海运发展史》，第73～74页。
④ ［日］吉开右志太：《台湾海运史（1895—1937）》，黄得峰译，南投："国史馆"台湾文献馆，2009年，第1页。

会社两家公司完成,其中前者负责近海及沿岸航路,后者负责河川航路。在此之外,沿岸及河川航路的航运活动中和日本与朝鲜之间的航线上,日本邮船会社、大阪商船会社等日本轮船公司均参与其中。①朝鲜与日本本土的贸易额长期占有绝对优势地位,且这种地位随着《日韩合并条约》的签订进一步巩固。从明治四十三年(1910年)贸易对象看,朝鲜与中国和英国的贸易额居于其次,但分别仅为日本的五分之一到六分之一;②到昭和五年(1930年),除与中国的贸易尚及与日本本土贸易的六分之一外,朝鲜与其他国家的贸易额已经少到可以忽略不计。③与西方各国直接贸易的减少使得西方航运公司难以在朝鲜半岛有所作为,这些都为日本航运企业进一步发展创造了十分有利的条件。

四、作为日本航运业发展策略的灯塔建设与航海鼓励

汽船是随着蒸汽机的发明而出现的新式运输工具,在工业革命后的欧美各国最早投入使用。19世纪90年代之前的很长一段时期,日本航运业实力较弱,日本海域的各类大型船舶,特别是蒸汽船都以欧美所属船只为主。从1875年纳入统计的船舶来看,进入日本港口的英国船舶吨位为日本的2倍,进入日本港口的美国船舶吨位约为日本的4倍。④到1893年入港英国船舶吨位近日本的4倍,⑤且英国船舶中90%为汽船,日本39%为汽船。日本在船舶规模上与英国为代表的西方各国有着明显差距,这就造成了二者对灯塔等航行安全设施的需求存在明显不同。英美等国对鼓励和支持日本灯塔事业的发展表现

---

① 朝鲜总督府编:《朝鲜总督府施政年报·大正5年度》,汉城:大和商会印刷所,大正七年(1918年),第101~102页。

② 朝鲜总督府编:《朝鲜总督府施政年报·明治43年》,汉城:朝鲜总督府印刷所,明治四十五年(1912年),第245~246页。

③ 朝鲜总督府编:《朝鲜总督府施政年报·昭和5年度》,汉城:朝鲜总督府印刷所,昭和八年(1933年),第133页。

④ "外国往来船入港十八个年对照表",[日]大藏省关税局编:《大日本外国贸易(自明治元年至同十八年)十八个年对照表》,东京:大藏省印刷局,1886年,第235~244页。

⑤ "外国入港船二十七年对照表",[日]大藏省编:《大日本外国贸易(自明治元年至同二十七年)二十七年对照表》,东京:大藏省印刷局,1894年,第239~240、244~245页。

出很大热情,日本最早一批灯塔的规划建设中,神子元岛、野岛埼、剑埼、观音埼、长崎伊王岛和横滨本牧、函馆港口的灯塔根据英国公使的意见设置,而佐多岬、长崎港口西的一些灯塔则根据美国公使的意见而设置。[1]

但是,从这个时期以帆船和日本形船为主的情况来看,本国航运业对设备先进、射程较远的灯塔的需求并不强烈,日本政府对此有明确认识。1884年,在对前一时期灯塔建设和航运发展的表现进行总结后,日本政府指出,灯塔建设事业为外国及其船舶公司所期望,灯塔建设所带来的便益也主要为外国航运业所享有;[2]这是日本在19世纪七八十年代政府建设灯塔热情不高、灯塔事业发展缓慢的关键原因。与此同时,日本政府在Brunton等高级外国雇员任期结束后决定不再续聘,[3]即是相信外国职员统筹灯塔选址、建设事务会考虑以外国船只需求为主,也是造成灯塔建设成果为外国船只享有的原因之一。[4]日本政府认识到,主导灯塔建设的国家可以通过不同时期的产业政策调整,让灯塔建设的成果向本国航运企业倾斜。由此,在英美航运业处于强势的时期,日本对建设灯塔持消极态度;在欧美各国施加的压力之下,经过1869至1873年间短暂的增长后,日本灯塔建设进入14年的缓慢发展时期。19世纪90年代之前,私人投资是日本灯塔资金的最主要来源之一;截至1889年,私设灯塔占灯塔总数的一半以上,[5]政府并未全力直接参与灯塔建设。[6]随着本国汽船的增长和航运需求的增加,日本开始考虑如何根据本国航运需求在产业政策中加入新的灯塔建设计划。1885年,日本颁布灯台位置咨询会规则,[7]以更好地按照本国航运发展的阶段性特点进行灯塔选址和建设。灯台位置咨询会在1885年底

---

[1] [日]海军大臣官房编:《海军制度沿革(卷15)》,第355页。

[2] 《灯台位置撰定委员ヲ設ク》,1884年,日本国立公文书馆藏,编号:A15111627100。

[3] Kieran M. Rohan, "Lighthouses and the Yatoi Experience of R. H. Brunton," *Monumenta Nipponica*, Vol. 20, No. 1, 1965, pp. 64-80.

[4] 《灯台位置撰定委员ヲ設ク》,1884年,日本国立公文书馆藏,编号:A15111627100。

[5] [日]递信大臣官房文书课编:《递信省第四年报(1889年)》,东京:递信省,1891年,第92~93页。

[6] [日]递信省编:《递信事业史(第6卷)》,第1303页。

[7] 《工部省灯台位置谘询会规则ヲ定ム》,1885年,日本国立公文书馆藏,编号:A15111064800。

/第五章/
产业策略:灯塔体系对航运格局的影响

即随工部省的废除而不复存在,①但选址相关工作则由海路诸标位置调查委员会有条不紊地继续进行。日本政府意识到,灯塔事关航行公共安全,理应由政府完全掌控,②于1888年和1889年分别颁布了《航路标识条令》③和《私设航路标识取缔条规》④,确定以官设灯塔为主的大方针,并将大量私人灯塔收归政府统一管理。19世纪80年代相关机构的设立和制度的建设为此后灯塔事业的发展打下基础。

灯塔建设的最终目的是为航运发展服务,故灯塔事业不只要实现灯塔建设的自主,更重要的是要符合日本航运发展的阶段性需求和内在规律性。这就意味着想要灯塔在本国航运业发展中发挥更大作用,就需要将灯塔建设与航运业发展现状和航海鼓励政策的推行相协调,从产业政策来看,日本政府也确实在往这个方向努力。日本一方面制定航海鼓励政策直接补助各个公司进行航路开拓和轮船建造,另一方面积极推动对航运相关事业的补助,⑤负责灯塔事务的灯台局即是航运关系事业补助的一个重要对象。日本对灯塔事业的补助在战争时期表现明显,但并非意味着服务于战争当时的需求是建设灯塔的唯一目的。日本认识到,战争中建设的灯塔和开拓的航路不仅仅对于展开军事行动有直接作用,而且对航运发展同样重要;若在战争紧急状态下出现选址不合理、不利于航运发展的航路标识,则可能因重新选址建设而导致额外支出的增加。⑥故在建设灯塔的时候,选址必须谨慎,不仅要符合军事需要,而且这些灯塔的位置也应当处于重要的航运线路上,⑦这对此后航运业的发展具有十分重要的意义。以中日甲午战争而言,由于原有航运实力不强加之中日甲午战争的负

---

① [日]递信省编:《递信省第一年报》,第135页。
② [日]海上保安厅灯台部编:《日本燈台史 100年の步み》,第32页。
③ 《航路標識条例ヲ定ム》,1888年,日本国立公文书馆藏,编号:A15111627100。
④ 《従来私設ノ航路標識取缔条规ヲ定ム》,1889年,日本国立公文书馆藏,编号:A15111847100。
⑤ [日]亩川镇夫:《海事读本》,第118页。
⑥ 《横須賀鎮守府航路指導標海上竿灯建設費增額の件》,1894年,日本防卫省防卫研究所藏,编号:C10125600800。
⑦ [日]海上保安厅灯台部编:《日本燈台史 100年の步み》,第51页。

241

面影响,日本航运业的国际航运萎靡不振。①战争期间,日本因军事目的在九州北岸等地建立灯塔,仅1894年日本本土就建成灯塔15座。②随着战后经费的充裕,航路标识预算也大幅度增加;③同期推进的日本占领下的台湾灯塔建设计划也有利于航路标识管理所灯塔资金和技术人员的增长,④灯塔的大量建设为航运的发展创造了良好条件。在资金充裕、推进灯塔事业的同时,日本政府适时地在1896年颁布了《航海奖励法》《造船奖励法》等相关法令,⑤这些航海和造船补助政策与灯塔建设计划相辅相成,共同推进本国航运业发展和在本土航运格局中份额的提升。

1903年,入港的日本本国船舶总吨位已经与英国相当,⑥随后的日俄战争期间和战后,日本又在本国北方等地建设了大量灯塔,⑦相关航海鼓励政策也在继续发挥作用。到1906年,日本汽船吨位达七百多万吨,而日本帆船和日本形船的吨位共计则不到8万吨,⑧日本三类船只吨位合计占入港各国船舶总吨位的比重达40%左右(图34),明显超过排名第二的英国。

为了适应航运发展的需求,1909年日本政府颁布了新的《远洋航路补助法》取代《航海奖励法》,⑨提高了对受补助船舶的基本要求,鼓励大型船舶从事远洋航运。1914年爆发的第一次世界大战则是另一个契机,随着战争期间欧洲各国航运势力收缩,日本迎来航运大发展的局面,汽船数量和吨位也出

---

① 《遠洋航路補助法ヲ定ム》,1908年,日本国立公文书馆藏,编号:A15113738100。
② [日]递信大臣官房编:《递信省第九年报》,第497页。
③ [日]海上保安厅灯台部编:《日本燈台史 100年の步み》,第39页。
④ 《航路標識管理所二兼任ノ技師書記及技手ヲ置ク》,1895年,日本国立公文书馆藏,编号:A15112954900。
⑤ 《航海奨励法○造船奨励法ヲ定ム》,1895年,日本国立公文书馆藏,编号:A15113107900。
⑥ "外国入港船三十七年对照表",[日]大藏省编:《大日本外国贸易三十七年对照表(自明治元年至同三十七年)》,东京:大藏省印刷局,1905年,第301~302、306~307页。
⑦ [日]海上保安厅灯台部编:《日本燈台史 100年の步み》,第40页。
⑧ "外国入港船四十一年对照表",[日]大藏省编:《大日本外国贸易四十一年对照表(自明治元年至同四十一年)》,第339、344页。
⑨ 《遠洋航路補助法制定航海奨励法廃止》,1909年,日本国立公文书馆藏,编号:A03020783700。

/ 第五章 /
产业策略:灯塔体系对航运格局的影响

现高速增长,到一战结束时,入港日本船舶吨位达到入港船舶总吨位的80%以上(图34)。大量速度快、船体大、载重量多的汽船对航行安全设施提出了更高要求,故20世纪10年代日本建设灯塔的速度也明显加快(图3)。日本政府在1928年酝酿吨税法改革,尽管遭到日本船主协会的激烈反对,①仍在不断推进。1929年完成吨税法改革后,灯塔建设资金更加充裕,确立了灯塔建设的三年计划。②随着关键地点的灯塔布局日益完善,日本海域航道条件得到根本改善,触礁发生率在数年内迅速降低,1934年触礁发生率仅为1899年的十分之一(图21)。与此同时,日本航海鼓励政策得到强化,航运获得进一步发展。尽管20世纪二三十年代欧美在日本的航运势力稍有恢复,但日本船只在本国航运格局中仍保持了绝对优势。灯塔的建设和航道条件改善保证了本国航运事业的顺利发展,灯塔建设与航海鼓励同步促进本国航运业发展的状态一直保持至二战初期。

由此可见,从19世纪70年代到20世纪30年代,在历次产业政策调整中,日本的灯塔建设计划和航海鼓励政策确实存在明显的共时性。一般开展较大规模的灯塔建设计划的同时,往往会伴随着航海鼓励政策的推行,继而出现日本航运业的发展和在本土航运格局中份额的提升。在这一过程中,灯塔建设计划与航海鼓励政策所呈现出的共同作用于本国航运发展的情形并非一种时间上的巧合,而是日本政府根据本国航运业发展的内在规律性和阶段性特点而采取的产业发展策略。日本通过灯塔建设与航海鼓励的政策协作实现了本国航运业的快速发展并最终占据了本土航运格局中的优势地位。

---

① 《噸税法改正反対に関する陳情書》,1928年,日本国立公文书馆藏,编号:A08072083200。
② [日]海上保安厅灯台部编:《日本燈台史 100年の歩み》,第61页。

小　结

　　本章主要利用日本大藏省主税局和中国海关历年统计报告以及《申报》船期表中的船舶数量、吨位、船期、船舶触礁搁浅等信息和部分贸易数据，对由灯塔建设和航道条件改善带来的航运发展及其所产生的影响进行分析。

　　第一节通过对比分析发现，船只触礁发生率与灯塔建设和航道改善存在更为直接的关联。船只触礁发生率的变化可以反映在航运发展中灯塔建设和航道改善所发挥的作用。进而以九州西岸和长江口为案例分析，表明随着灯塔建设和航道改善，相关区域获得了更为有利的航运发展环境。第二节则发现与世界航运发展趋势一致，东亚各个港口之间、东亚港口与世界各重要港口之间也形成了较为固定的航运线路，而灯塔和其他助航设施构成的航道系统则成为海上交往活动得以顺利进行的交通基础。第三节发现中国大陆和日本及其殖民下的朝鲜半岛、台湾地区的航运发展存在明显差异：日本的航运公司利用在日本本土、台湾、朝鲜实行的命令航线等政策和资金补贴，在政府支持下获得快速发展，在进入日本港口的船只总吨位中所占比重步步提升，最终实现对西方的超越并在日本航运格局中占据主导地位；而中国政府在税收政策和轮船公司设立条件上都对本土企业进行限制，使得原本因资金不足、技术缺乏而处于弱势地位的中国航运企业更加举步维艰；即便后来获得一定的发展，但中国政府和中国航运企业始终未能发展形成对中国沿海沿江航运事业的主导能力。

　　本章的主要认识是，随着灯塔建设和航道条件的完善，东亚区域内各国各地区、东亚与世界各主要国家的贸易迅速繁荣，由此东亚渐渐深入地参与到国际分工和全球贸易网络中来。但由于各国的政策环境和发展阶段不同，各国航运企业的资金和技术条件不同，灯塔事业的推进对各国各地区航运发展的影响产生了明显差异。日本本土航运企业在经历短期的迷惘后走上了不断发展壮大、足以与西方各国主要航运企业抗衡的道路。与日本情况不同的是,在资金、技术、政策的限制下,近代中国的航运企业长期举步维艰,而此时却不得不面对来自西方甚至日本航运企业日益激烈的竞争压力,除轮船招商局之外,中国轮船公司始终未能在中国沿海沿江航运格局中占据显要位置,更未能在东亚乃至世界航运格局中扮演重要角色;而招商局和西方、日本航运公司则在获得中国沿海沿江航运的主导权后,通过运价同盟和公票局形成垄断局面,在抑制其他航运公司发展的同时,形成对中国整个航运事业的不利局面。灯塔建设对航运发展的积极意义是不言而喻的,灯塔建设和航道改善虽然使得航运企业获得了某种程度的发展。但是,当东亚特别是中国航运企业在资金、技术和制度等条件尚未准备充分的时候,不断完善的灯塔等航道设施以及其他公共基础设施被拥有资金、技术、管理等优势的西方航运企业和政府支持下的日本航运企业更充分利用,中国航运企业的发展受到了更强烈的冲击。

结　论

从关于近代东亚灯塔的相关研究来看,日本灯塔研究的论著较为丰富,其中在灯塔建造历史和来自欧洲的灯塔技术传播问题上取得的成果尤其深入。[①]朝鲜半岛的灯塔研究时段主要集中在日本占领时期,研究者聚焦于一些重要港口的灯塔发展情况。[②]专门针对台湾地区灯塔的研究成果不多,仅有的成果也是以日据时期为主。[③]从这些成果上看,尽管在某一方面取得了认识,但普遍是站在灯塔主管机构(如日本灯台局、殖民地总督府等)的视角进行观察,往往忽视了其他主体,特别是私人在灯塔中的作用;更重要的是,对灯塔资金

---

① ［日］海上保安厅灯台部编:《日本灯台史　100年の步み》;［日］加藤勉、藤冈洋保:《灯台に投影された日本の近代》,日本建筑センター编:《らぴど for BCJ Partners》2000年第5期;Kieran M. Rohan:《明治初期の外人「雇い」:プラントンの灯台の建设》,《ソフィア:西洋文化ならびに东西文化交流の研究》1965年第2期;［日］五十畑弘:《明治初期における英国からの技术移植》,《日本土木史研究发表会论文集》1987年第七回,第79~87页;［日］平塚四郎、佐藤建吉:《犬吠埼灯台とプラントン——明治草创期における灯台の技术移转》,《机械技术史(3)——第三届中日机械技术史国际学术会议论文集》,云南昆明,2002年,第160~165页;［日］柿原泰:《お雇い外国人とイギリス帝国のエンジニア》,《Journal of the History of Tokyo University》2000年第18卷,第33~44页。

② ［韩］金宗宪:《大韩帝国时期的灯塔研究》,《大韩建筑学会论文集》2005年第21卷第6期,第85~96页;［韩］安雄喜:《基于草梁港口旧地图的分析看釜山航标的起源》,《韩国航海与港口研究杂志》2014年第38卷第5期;［韩］安雄喜:《李朝晚期开埠后釜山港的近代灯塔研究》,《韩国航海与港口研究杂志》2014年第38卷第5期,第541~547页。

③ 王淑慧、蔡明坤:《清末恒春地区涉外事件与鹅銮鼻灯塔兴建之关系(1867—1883)》,(台湾)《美和学报》2016年第1期。

的研究成果难以寻觅,而厘清灯塔资金制度和灯塔资金来源问题是认识灯塔发展历史的一个重要方面。同样令人遗憾的是,现有的关于近代中国灯塔的研究中,对外国政府和其他主体建设和管理下的灯塔不够重视甚至缺乏关注。对近代中国灯塔进行研究最早的一本著作是班思德的《中国沿海灯塔志》①,书中述及近百个灯塔,但这些几乎全部为20世纪30年代已归中华民国海关管理的灯塔,对于该时段仍在英、日等国管理下的中国沿海灯塔以及部分归属地方政府管理的灯塔罕有涉及,由此可见该书内容仅仅覆盖中华民国海关管辖区域,书名"中国沿海"并不符实;《中国航标史》②的近代部分也几乎没有涉及非中国海关管理的灯塔。毕可思指出,"在1928年之前,海关都是从事这项工作(航行安全设施计划)的唯一的中国官方机构"③,从某种程度上说,他描述的都是事实(毕竟仍有其他政府部门如中华民国海岸巡防署、青岛地方政府等进行了灯塔建设和管理),然而这并不能让我们对近代中国沿海沿江的灯塔建设情况有一个更为完整、清晰的认识,甚至会由此产生某种误解。其他如陈诗启、毕可思、张耀华等人的灯塔相关研究论文④也基本是站在中国海关的立场进行讨论。而在灯塔资金问题上,对于近代中国灯塔资金类型的认识并不完整,即便是对船钞的认识,也存在明显的偏差。⑤这些认识偏差或视角局限,很大程

---

① [英]班思德:《中国沿海灯塔志》。
② 叶嘉畲编:《中国航标史》。
③ Robert Bickers, "Infrastructural Globalization: Lighting the China Coast, 1860s-1930s," *The Historical Journal*, Vol. 56, No. 2, 2013, pp. 431-458.
④ 这些论文包括陈诗启:《中国近代海关海务部门的设立和海务工作的设施》,《近代史研究》1986年第6期;[英]毕可思:《石碑山——灯塔阴影里的生与死》,孙立新、吕一旭主编:《"殖民主义与中国近代社会"国际学术会议论文集》,第8~43页;李芳:《晚清灯塔建设与管理》,华中师范大学硕士学位论文,2011年;张耀华:《中国近代海关之航标》,中国航海博物馆编:《上海:海与城的交融》,第252~265页;江涛:《近代福建沿海助航标志探析》,福建师范大学硕士学位论文,2012年。
⑤ 吴兆莘:《中国税制史》,第202页;财政部财政年鉴编纂处:《财政年鉴》,第418页;顾宇辉:《船钞稽考》,《国家航海》2011年第1辑,第41页。

度上由于三个方面原因造成：一是目前常见的资料中，连续的、系统的灯塔数据缺乏；二是从特定机构的作用出发造成的研究视角的局限；三是对于灯塔在近代世界航运发展中的地位认识不足。

实际上，近代东亚灯塔建设远非中国海关或日本灯台局等某个机构的事务，不论从组织机构、资金管理、技术传播还是从灯塔在航运格局形成中发挥的作用来看，近代东亚灯塔的发展都是一个多主体参与的、非常复杂的过程。本书利用以档案馆收藏为主的新资料和从航海需求出发的新视角，对几个传统灯塔历史研究已经注意到的问题逐一进行重新分析，即：谁要建设灯塔？谁在负责灯塔建设运行？灯塔资金和技术从哪来？这几个问题对本书最后一部分灯塔与航运关系的研究至关重要。在厘清前述问题的基础上，本书站在东西方交往和东亚航运格局的角度，回答了一个最为关键的问题，即：灯塔为谁所用？

随着18世纪中期工业革命的爆发和机器大工业生产的到来，以英国为代表的西方各国对海外市场和原料产地的需求越来越强烈，这刺激了航运特别是远洋航运事业的发展；而蒸汽机的发明、造船技术的革新以及航海技术的进步则极大地促进了航运事业在全世界的扩展。

但随着轮船逐渐成为航运活动的主角，越来越大的船体、逐渐增长的载重和不断加快的航速使得航运发展中的风险也是显而易见的。即便在航行设施相对完善的大不列颠海域也有着非常高的重大事故发生率，船只在世界其他海域面临的航行困难可想而知。在这种情形之下，英国等西方各国一方面在本土加强灯塔建设和升级，另一方面则在世界各条重要航线和重要海域扩大测量活动，并在奥斯曼帝国、印度、马来群岛、印度支那和东亚各地海域推进灯塔建设计划。

东亚灯塔发展是一个多方参与、内容复杂的过程，在灯塔资金收入和支出、航道测量和灯塔选址、灯塔建设和日常运行等诸方面灯塔事务中，各国各地区可以明显分为以英美为代表的西方各国和中国、日本等东亚各国两条线索。

在西方各国方面，最早是璞鼎查等重要人物通过报刊发声表达了对中国建设灯塔的期待，而更重要的是以英国为代表的西方各国通过相关条约对东亚各国的灯塔建设提出了明确要求。灯塔资金上，英美等国已建立有较为完善的灯塔资金制度,这些国家以本国灯塔税收制度为蓝本,尝试对东亚各国灯塔收支制度进行规范;英国的灯塔税制度和美国的吨税制度都成为中国、日本负责税收事务的职员特别是外国雇员进行制度设计时重点参考的对象。在航道测量和灯塔选址上,英法等西方各国较早展开对东亚海域的航道测量,尤其是英国海军部综合以英国为主的各国测量成果编制出版相关航海图书,成为东亚各国航道测量和灯塔选址的重要基础和依据。在灯塔建设运行上,西方各国乐见本国技术人员参与到东亚灯塔事业中,而东亚各国主要灯塔技术人员长期由英国人担任,这些技术人员都成为东亚灯塔事业快速发展的重要条件。总的来看,以英美为代表的西方各国从全球贸易角度和自身航运发展的需求出发,在东亚灯塔建设实践中对东亚各国进行制度、技术、人员的输出以促进灯塔事业的发展。

在东亚各国方面,灯塔资金问题上,通过在近代海关船钞、船税等征收标准和用途规定方面对西方相关制度的借鉴,灯塔资金的收入和支出逐渐确立了合理的制度。东亚各国在发展过程中主动学习英美等国的灯塔税收制度,这些变化都使得东亚各国的相关税费收入都有明显的英美灯塔税收制度的特征。在航道测量和灯塔选址上,尽管早期测量和选址以使用西方测量成果为主且主要的灯塔技术人员都是来自西方国家的雇员,但东亚各国出于国家海疆安全和自身技术发展的考虑,也对西方测量选址的技术方法进行学习、借鉴开展自主航道测量,特别是日本在19世纪80年代就禁止了外国人在日本海域的测量活动。在灯塔建设运行上,东亚各国对西方技术人员也持开放态度,对他们有着相当的信任,并向这些技术人员学习,特别是日本较早实现了相关技术的本土化。总的来看,东亚各国在灯塔建设早期由被动转而主动地引进西方技术人员、学习西方制度和技术、应用西方相关测量成果,但日本较早意识到了技术本土化对于实现近代化和保障海疆安全的重要性,并努力地将这一理念贯彻在灯塔发展和跟西方的技术交流中;中国也有人注意到了灯塔技术本土化的重要性,但近代中国灯塔核心部件仍完全从西方进口,近代沿海沿江的灯塔的测量和选址、建设与运行仍主要掌握在海关外籍职员和其他外国租借地政府手中。

西方各国对东亚相关税收进行调整,对东亚航道测量和灯塔建造技术输出,东亚各国各地区主动对灯塔相关税收和灯塔制度进行改造,以西方相关成果为基础对灯塔进行创新,逐渐使东亚灯塔建设完善并成为世界灯塔网络的一个重要组成部分,这既是西方资本主义各国的需要,也是东亚各国主动选择的结果。反映的是拥有先发优势的资本主义国家试图拓展对东亚的贸易、将东亚各国各地区融入其资本主义市场体系的努力,也反映了东亚各国试图在对西方的学习和模仿中实现发展的一种愿望。

灯塔是近代最重要的海上航路标识,灯塔体系对航运发展的积极意义不言而喻。通过建设和完善灯塔体系,东亚的航道条件得到改善,更加便利、经济、安全的航行条件则推动基于航运的货物贸易和人员往来,航行活动由此进一步展开。

然而,这远非关于灯塔所发挥作用的全部内容。

19世纪中后期至20世纪早期,随着西方的扩张和工业革命在东亚的推进,被迫开放的日本、中国与世界各主要国家的贸易变得繁荣,由此逐渐参与到国际分工和全球贸易中。当东亚灯塔初设的时候,中日航运都远不足以与西方各国竞争,东亚航运的主导权牢牢掌握在西方国家手中;70年后,东亚建立起了较为完善的灯塔体系,就整个航运事业格局来看,西方国家实现了将东亚灯塔和航运纳入其主导的世界体系的目的,东亚航运的主导权仍然掌握在西方国家手中。

但是,从东亚局部的航运发展情况来看,各国航运业的分化已经产生。

在英国等欧美国家大力推动全球灯塔建设以促进航运发展的背景下,中国在外籍税务司管理的海关主导下,根据欧美航运需求制定灯塔等航运公共基础设施的建设计划,并在采购先进设备、建设远光灯塔方面花费巨大,然而,原本落后的航运业却由于缺乏相应有效的航海鼓励政策,增长乏力。努力建设灯塔并使之合理分布于沿海沿江的中国,不仅无法在远洋航运中占有一定份额,甚至沿岸埠际贸易的主导权也掌握在西方和日本手中。从这个角度看,尽管中国政府和民间力量曾试图推动本土化的航道测量,也曾试图发展轮船航运业以争夺中国沿海沿江航运的主导权,但结果均事与愿违。实际上,从轮船的数量、船只平均吨位、航行的速度来看,中国船只对先进灯塔的需求并不强烈。近代中国海关等机构在客观上达成了西方在中国沿海沿江推进灯塔建设计划的愿望,让中国沿海沿江灯塔最终成为西方主导的世界灯塔网络的一个部分,为西方和日本搭建了通往中国各个港口的"海上公路",由此对原本被政策困扰、资金有限、规模较小、技术实力不足、正处在转型关键时期的近代中国航运业的进步乃至整个经济发展产生了明显的负面影响。

与中国不同的是,日本一方面在资金、政策上对本国航运企业的发展予以大力支持,另一方面在不同时期根据本国航运业发展状况制定相适应的灯塔建设计划,从而做到将有限的资源最大地用于相对落后的本国航运业的需要,而不是相对发达的外国航运业的需要。进入20世纪以后,日本本国航运业加速发展,大量速度快、船体大、载重量多的汽船对航行安全设施提出了更高要求,故日本建设灯塔的速度明显加快。日本在修建灯塔方面依据本国船只状况而不是西方需求的做法,收到了较好的效果,日本航运企业在完善的航行基础设施条件和积极的海运政策支持下迅速兴起,在与西方的竞争中逐渐占据有利地位。如果日本灯塔计划的制订权不是控制在日本人手中,而是像中国那样控制在外人组成的中国海关总税务司手中,便难以在各个时期采取不同产业策略,以使得灯塔建设成果优先服务于本国船只。

就航运格局形成的影响因素而言,国家航海鼓励政策导向、制度创新、资金支持、技术优势、价格同盟已经被充分讨论和认识;而灯塔建设和航道完善与苏伊士运河的开通、中欧海底电缆的铺设等基础设施建设一道构成了分析航运竞争格局不可忽视的另一类因素。尤其对于灯塔而言,灯光照亮之处,各个国家、各家公司均可以尽可能利用;但在面对这些看似对每一个主体而言都是公平的基础设施类因素时,由于相关主体的发展阶段不同、资金和技术实力不同,各个主体拥有的是明显不均等的机会。特别是在近代自由放任式竞争的背景下,随着灯塔等相关基础设施的不断完善,原本拥有资金实力、技术优势、政府航海鼓励政策支持并处于价格同盟内部的主体可以更充分地利用这些公共基础设施,其优势将进一步巩固,而原本处于弱势地位的主体的处境则变得更加艰难。

近代东西方各国发展阶段不同,所拥有的条件各异,这就意味着国际社会不能以同样的标准要求各国,各国也要认清自身情况而不能盲目照搬它国经验。当一国的发展刚刚起步,在资金、技术和制度等条件尚未准备充分的时候,如果将有限的资源大量投入到包括灯塔在内的、以先发国家的标准建立的公共基础设施领域,为世界上各个国家、各个企业提供更优质的公共服务,这很难说是一个明智的选择。因为各个主体自身条件的差异,会导致在面对表面上机会均等的公共基础设施时,不同国家、不同企业等主体利用公共资源的能力各不相同,后发国家的国民和企业由于资金、技术、政策等方面的限制,对高标准的公共基础设施尚未有深入认识和明确需求;而这些先进的公共基础设施却是那些具有先发优势国家的企业所处发展阶段急需的,往往就会被这类国家及其相关企业更充分利用。

近人认为,"航海之要,足为标的者,厥有三事,一曰海图,二曰书志,三曰灯塔"[①],可见灯塔在近代航海事业发展中举足轻重的作用。东亚灯塔是19世纪中期以来东方和西方经济、文化的一个重要交汇点,东西方各国在其中各有所需、各有所得,扮演着不同角色。近代东亚灯塔体系和航运格局研究对理解近代灯塔、航运发展及其过程中的东西方关系具有重要意义。矗立于东亚海岸的灯塔已经在风浪中守望过往船只上百年,而对灯塔所映射出的东西方互动和东亚国际关系中相关问题的探索将比灯塔本身延续的时间更久更远。

---

① "原例",英国海军部海道测量局编:《中国江海险要图志》卷一,第3页。

参考文献

一、统计汇编

[1][英]金约翰辑;傅兰雅,金楷理口译;王德均笔述.海道图说[G].上海:江南制造局,1874.

[2]通商海关总营造司编.通商各关沿海沿江建置灯塔灯船灯杆警船浮椿总册[G].上海:通商海关造册处,1879—1892.

[3]英国海军海图官局编,陈寿彭译.中国江海险要图志[G].上海:经世文社,1901.

[4]财政部财政年鉴编纂处.财政年鉴[G].上海:商务印书馆,1935.

[5]海关总税务司署编.各国海关行政制度类编[G].上海:海关总税务司署统计科,1937.

[6]海关总税务司署编.海关法规汇编[G].上海:海关总税务司署统计科,1937.

[7]财政年鉴续编[G].南京:财政部财政年鉴编纂处,1945.

[8]王铁崖编.中外旧约章汇编[G].北京:生活·读书·新知三联书店,1959.

[9]姚贤镐编.中国近代对外贸易史资料1840—1895(全三册)[G].北京:中华书局,1962.

[10]聂宝璋编.中国近代航运史资料,第一辑[G].上海:上海人民出版社,1983.

[11]蒋廷黻编.筹办夷务始末补遗[G].北京:北京大学出版社,1988.

[12]天津市档案馆编.三口通商大臣致津海关税务司札文选编[G].天津:天津人民出版社,1992.

[13]汤象龙编.中国近代海关税收和分配统计(1861—1910)[G].北京:中华书局,1992.

[14]陈霞飞编.中国海关密档[G].北京:中华书局,1996.

[15]中华人民共和国交通部安全监督局编.航标法规标准汇编[G].北京:人民交通出版社,1997.

[16]续修四库全书编纂委员会编.筹办夷务始末[G].上海:上海古籍出版社,2002.

[17]聂宝璋,朱荫贵编.中国近代航运史资料,第二辑[G].北京:中国社会科学出版社,2002.

[18]本书编译委员会.旧中国海关总税务司署通令选编[G].北京:中国海关出版社,2003,2007.

[19]天津海关编译委员会编译.津海关史要览[G].北京:中国海关出版社,2004.

[20]青岛海关编.山东解放区海关史料综览[G].北京:中国海关出版社,2006.

[21]江恒源主编.中国关税史料[G].北京:中国海关出版社,2009.

[22]严中平.中国近代经济史统计资料选辑[G].北京:中国社会科学出版社,2012.

[23]Master R. N. John W. King. China Pilot[G]. London: The Hydrographic Office, Admiralty, 1861.

[24]Inspector General of Customs. List of the Chinese Lighthouses, Lightvessels, Buoys and Beacons[G]. Shanghai: Statistical Department of the Inspectorate General, 1872-1901.

[25]Inspector General of Customs. Report on Lights, Buoys, and Beacons[G].

Shanghai: Statistical Department of the Inspectorate General, 1877-1910.

[26]Captain Charles J. Bullock, R. N., F. R. G. S. The China Sea Directory, Vol. 3, Second Edition[G]. London: The Hydrographic Office, Admiralty, 1884.

[27]Frederick W. Jarrad, R. N. The China Sea Directory, Vol. 4, Second Edition[G]. London: The Hydrographic Office, Admiralty, 1884.

[28] The Hydrographic Office of Admiralty. The China Sea Directory, Vol.3, Third Edition[G]. London: The Hydrographic Office, Admiralty, 1894.

[29]A. M. Bisbee, 陈恩焘, 贾凝禧. International Marine Conference, Washington, 1889: Report[G]. Shanghai: Statistical Department of the Inspectorate General, 1898.

[30]Inspector General of Customs. List of Lighthouses, Light-vessels, Buoys and Beacons on the Coast and Rivers of China[G]. Shanghai: Statistical Department of the Inspectorate General, 1902-1925.

[31] Names of Places on the China Coast and the Yangtze River, Second Issue[G]. Shanghai: Statistical Department of the Inspectorate General, 1904.

[32]Inspector General of Customs. Report of the Marine Department[G]. Shanghai: Statistical Department of the Inspectorate General, 1911-1927.

[33]Inspector General of Customs. List of Lighthouses, Light-vessels, Buoys and Beacons, ETC., on the Coast and Rivers of China[G]. Shanghai: Statistical Department of the Inspectorate General, 1926-1949.

[34]Stanley F. Wright. The Origin and Development of the Chinese Customs Service, 1843-1911 [G]. Shanghai: Statistical Department of the Inspectorate General, 1936.

[35]中国第二历史档案馆、中国海关总署办公厅编.中国旧海关史料（1859—1948）[G].北京:京华出版社,2001.

[36]中华人民共和国海关总署办公厅编.中国近代海关总税务司通令全编[G].北京:中国海关出版社,2013.

[37]吴松弟整理.美国哈佛大学图书馆藏未刊中国旧海关史料(1860—1949)[G].桂林:广西师范大学出版社,2014.

[38]中华人民共和国海关总署办公厅、中国海关学会编.海关总署档案馆藏未刊中国旧海关出版物(1860—1949)[G].北京:中国海关出版社,2017—2018.

[39][日]灯台局编.诸标便览表,明治十五年[G].横滨:灯台局,1882.

[40][日]递信大臣官房文书课编.递信省年报(明治19—昭和15年)第1-53回[G].东京:递信省,1886—1940.

[41][日]递信省灯台局编.航路标识便览表,明治二十二年至明治二十七年[G].东京:递信省,1889—1894.

[42][日]大藏省主税局编.主税局统计年报书(明治24—昭和20年),第18—71回[G].东京:大藏省主税局,1891—1945.

[43][日]胜安芳编.开国起原·各国条约,明治二十六年[G].东京:筑地活版制造所,1893.

[44][日]水路部编.日本水路志(第2卷),明治二十七年[G].东京:水路部,1894.

[45][日]水路部编.台湾水路纪要,明治二十八年[G].东京:水路部,1895.

[46][日]海员俱乐部编.航海指针,明治三十一年[G].神户:海员俱乐部,1898.

[47][日]水路部.朝鲜水路志(第二版),明治三十二年[G].东京:水路部,1899.

[48][日]航路标识管理所编.航路标识管理所年报(明治38—大正2年),第1-5卷,第4卷、第5卷附图[G].横滨:航路标识管理所,1905—1913.

[49][日]统监府编.韩国施政年报(明治39,40年),明治四十一年[G].东京:统监府,1908.

[50][日]水路部编.东洋灯台表,明治四十一年至昭和十三年[G].东京:水路部,1908—1938.

[51][日]大藏省.大日本外国贸易对照表(明治1—41年)[G].东京:东京印刷局,1909.

[52][日]堀田金吾编.现行海事法规集,明治四十二年[G].大阪:堀田航

盛馆,1909.

[53]朝鲜总督府递信局编.朝鲜总督府递信年报(明治44年度)[G].汉城:朝鲜总督府官房总务局印刷所,1912.

[54][日]山田正良编.航海指针,大正二年[G].神户:海员协会,1913.

[55][日]内务省土木局编.土木局统计年报,第21回,大正二年[G].东京:内务省土木局,1913.

[56]朝鲜总督府观测所编.日用便览,大正二年至昭和十九年[G].仁川:朝鲜总督府观测所,1913—1944.

[57][日]航路标识管理所编.航路标识便览表,大正七年至大正九年[G].横滨:航路标识管理所,1918—1920.

[58]朝鲜总督府递信局.朝鲜总督府递信统计要览,大正八年至昭和九年[G].汉城:朝鲜总督府递信局,1919—1934.

[59][日]航路标识管理所编.日本航路标识便览表,大正十年至大正十一年[G].横滨:航路标识管理所,1921—1922.

[60][日]递信省灯台局编.灯台局年报(大正12—昭和12年),第6-10回,第6回附图[G].横滨:递信省灯台局,1923—1937.

[61]台湾总督府交通局递信部编.递信志·航路标识编,昭和三年[G].台北:台湾总督府交通局递信部,1928.

[62][日]内阁官房记录课编.现行法令辑览(第3卷),昭和四年[G].东京:帝国地方行政学会,1929.

[63][日]帝国地方行政学会编.现行朝鲜法规辑览(第3卷),昭和九年[G].东京:帝国地方行政学会,1934.

[64][日]水路局编.灯台表,第1-2卷,昭和二十四年[G].东京:水路局,1949.

二、法案和档案

[1]An Act Imposing Duties on the Tonnage of Ships or Vessels[B]. Washington, D.C.: Library of Congress, U.S.A, 1790.

［2］United States Commerce, October 1, 1790, Tonnage Duties［B］. Washington, D.C.: Library of Congress, U.S.A, 1790.

［3］An Act for the Remission of the Tonnage Duties on Certain French Vessels［B］. Washington, D.C.: Library of Congress, U.S.A, 1795.

［4］Third Congress of the United States: At the Second Session, an Act for the Remission of the Tonnage Duties on Certain French Vessels［B］. Washington, D.C.: Library of Congress, U.S.A, 1795.

［5］An Act Making Appropriations for Building Lighthouses and Beacons, and Placing Buoys, and for Improving Harbours and Directing Surveys, Twentieth Congress, Sess. 2, Ch. 25［B］. Washington, D.C.: Library of Congress, U.S.A, 1829.

［6］An Act to Repeal the Tonnage Duties upon Ships and Vessels of the United States, and upon Certain Foreign Vessels. (a), Twenty-first Congress, Sess. 1, Ch. 219［B］. Washington, D.C.: Library of Congress, U.S.A, 1830.

［7］An Act to Exempt the Vessels of Portugal from the Payment of Duties on Tonnage. (a), Twenty-second Congress, Sess. 1, Ch. 93, 104, 105［B］. Washington, D.C.: Library of Congress, U.S.A, 1832.

［8］Merchant Shipping Law Amendment Act 1853［B］. London: The National Archives, UK, 1853.

［9］Merchant Shipping Repeal Act 1854［B］. London: The National Archives, UK, 1854.

［10］Merchantile Law Amendment Act 1856［B］. London: The National Archives, UK, 1856.

［11］Merchant Shipping Act 1894［B］. London: The National Archives, UK, 1894.

［12］灯台费用调书［B］.东京:早稻田大学图书馆所藏大隈重信关系资料,1869.

［13］明治元年至二年九月灯台费用调书［B］.东京:早稻田大学图书馆所藏大隈重信关系资料,1869.

[14]灯台建筑入费予算原文[B].东京:早稻田大学图书馆所藏大隈重信关系资料,1870.

[15]灯台·灯船·浮标·礁标便览表[B].东京:早稻田大学图书馆所藏大隈重信关系资料,1872.

[16]大藏省汽船挂报告书[B].东京:早稻田大学图书馆所藏大隈重信关系资料,1875.

[17]灯台寮雇外人等级ニ关スル英公使书翰[B].东京:早稻田大学图书馆所藏大隈重信关系资料,未知年份.

[18]警视局:欧洲航路费用予算调书[B].东京:早稻田大学图书馆所藏大隈重信关系资料,未知年份.

[19]大藏省汽船掛:汽船运用仮规则[B].东京:早稻田大学图书馆所藏大隈重信关系资料,未知年份.

[20]三菱会社并支那汽船会社比较表[B].东京:早稻田大学图书馆所藏大隈重信关系资料,未知年份.

[21]英国灯台税抄译[B].东京:早稻田大学图书馆所藏大隈重信关系资料,未知年份.

[22]邮便汽船·三菱两会社所属船舶一览表[B].东京:早稻田大学图书馆所藏大隈重信关系资料,未知年份.

三、报　纸

[1]盗劫灯塔[N].申报,1885,03(06).

[2]水路测量标条例[N].官报,1890,05(27).

[3]抽完吨税[N].台湾日日新报,1899,2(19).

[4]吨税章程[N].台湾日日新报,1899,7(21).

[5]吨税章程[N].台湾日日新报,1899,7(23).

[6]批饬发落[N].申报,1901,03(10).

[7]上海县署琐案[N].申报,1901,03(15).

[8]上海县署琐案[N].申报,1901,03(31).

[9]押犯病毙[N].申报,1901,03(04).

[10]难民抢劫关艇[N].申报,1911,09(21).

[11]请缉扰害灯塔之盗匪[N].申报,1916,02(07).

[12]盗匪两次劫掠灯塔[N].申报,1917,01(28).

[13]盗匪屡劫灯船[N].申报,1917,02(18).

[14]灯塔公物失窃之查缉[N].申报,1918,10(30).

[15]海参崴近事[N].申报,1920,08(18).

[16]海岸巡防处将用水上飞机:防止海盗[N].申报,1925,10(07).

[17]爱尔嘉岛盗劫伤人[N].申报,1927,01(13).

[18]海盗抢劫灯塔管理人财物[N].申报,1927,02(13).

[19]粤军分入赣闽十日内即可总攻[N].申报,1932,03(22).

[20]财部通咨保护灯船[N].申报,1933,12(08).

[21]南通常阴沙灯船被劫[N].申报,1933,12(11).

[22]南通十一圩港灯船被劫[N].申报,1936,05(17).

[23]海外一灯塔 竟被"海盗"掳劫 煤油被掠主任及职员均被掳 今后各轮船航行将发生困难[N].申报,1938,07(03).

[24]闽灯塔管理员失踪 □□海盗掳劫所为[N].申报,1938,07(04).

四、期刊报道

[1]高丽国事:箭射英国兵船测量海道水手[J].万国公报,1875,(360):26.

[2]大俄国:测量海道[J].万国公报,1880,(573):16.

[3]南洋大臣行查呈办海图人员文[J].萃报,1897,(14):9-10.

[4]江督刘咨询呈请测绘沿海地图人员朱正元品行学术札(附朱正元原禀,又续禀)[J].时务报,1897,(45):8-10.

[5]测量海道深浅法[J].格致新报,1898,(10):6-7.

[6]测绘海口[J].南洋七日报,1902,(29):176.

[7]法人测绘雷州之地图[J].鹭江报,1904,(78):12.

[8]测绘闽海险要图[J].广益丛报,1908,(172):3-4.

[9]设立海图局之计划[J].大同报(上海),1908,10(19):36.

[10]测绘宜划清海界[J].大同报(上海),1909,12(14):36.

[11]外务部测绘领海荒岛之计画[J].外交报,1909,9(9):12.

[12]热忱建灯塔(浙江)[J].兴华,1922,19(14):24.

[13]海关规定入口船钞章[J].银行杂志,1925,3(4):104.

[14]附录九江关所属灯船灯塔辖境地点清册(附表)[J].财政日刊,1928,(231):6-9.

[15]检发防范灯船灯塔方法仰查照由[J].江西省政府公报,1928,(44):52-53,4.

[16]东沙岛近三年来飓风之经验民国十五年至十八年止(未完)[J].海军期刊,1929,2(3):53-61.

[17]东沙岛近三年来飓风之经验民国十五年至十八年(续)[J].海军期刊,1929,2(4):45-49.

[18]致海关总税务司梅函(十九年七月廿二日)为准将益利公司等所建菜花山灯塔即予收回管理并将垫用建筑支用等款照数拨还事[J].航业月刊,1931,1(10):4-6.

[19]令饬切实保护沿海各灯塔服务人员[J].江苏省政府公报,1932,(1002):7.

[20]邻省要闻:东门岛渔民损资建筑灯塔[J].渔况,1932,(44):5.

[21]为咨请转饬各海关迅将所管各处灯塔及航行标识设置地点办理情形详细呈报汇送过部以备查考由[J].交通公报,1933,(469):42,5.

[22]为咨请拨付船钞以供航政建设之用由[J].交通公报,1934,(552):30.

[23]海关防止盗匪劫掠灯船灯塔办法[J].安徽政务月刊,1935,(10):150.

[24]防护灯塔灯船办法[J].安徽政务月刊,1935,(10):151-153.

[25]防护灯塔灯船办法业经审核修正令饬遵照(附表)[J].江西省政府公报,1935,(143):19-22.

[26]准咨财政部请本府令饬奉节县府将状元磊劫匪案查获究办并通饬各县妥为保护海关所设各地灯塔灯船处所等由令仰遵照[J].四川省政府公报,1935,(25):28-29.

[27]海关防止盗匪劫掠灯船灯塔办法[J].江西省政府公报,1935,(275):5-9.

[28]中华民国东海岸舟山羣岛普陀设有私立灯塔[J].交通公报,1935,(624):44-45.

[29]中华民国东南海岸泉州附近崇武设有私立灯塔布告[J].交通公报,1935,(658):49-50.

[30]中华民国东南海岸泉州港设有私立灯塔布告[J].交通公报,1935,(658):50-51.

[31]行驶舟山群岛之慈航轮被盗骑劫[J].航业月刊,1935,3(4):6-7.

[32]各轮船公司请愿修理沥港灯塔[J].航业月刊,1935,3(4):6.

[33]状元磊标杆宝被劫一案请饬严缉赃匪并通饬保护灯船灯塔请查照转饬遵办[J].财政日刊,1936,(2420):3-4.

[34]为据穿山等轮船公司请收管及添立灯塔等情请转咨转饬核办由[J].交通公报,1936,(814):31-32.

[35]为据上海航政局呈据海州办事处报称大浦港陈家港有分别添设灯塔浮筒之必要等情相应咨请查照转饬核办由[J].交通公报,1936,(832):48-49,2.

[36]航商请愿修理沥港灯塔[J].航业月刊,1936,3(12):16.

[37]全国海岸线起讫起点暨重要港湾岛屿深度面积及灯塔航程一览表[J].申报年鉴,1936,年刊:165-168.

[38]中国南海各岛屿华英名对照表[J].申报年鉴,1936,年刊:168-171.

[39]准实业部咨送海关布告以接收浙江太平山西北角私人所设灯塔及改变情形仰转饬所属各渔业机关团体转告渔民鱼商知照由[J].山东省政府公报,1937,(429):29-30,4.

[40]奉院令为财政部呈请转饬切实保护沿海灯塔员工及设备一案电希遵照[J].台湾省政府公报,1947,冬字:49,9.

[41]钱江试航成功,筹设灯塔浮标[J].航业通讯,1948,(45):27-28.

五、专　著

[1]贾士毅.民国财政史[M].上海:商务印书馆,1917.

[2]黄序鹓.海关通志[M].北京:共和印书局,1921.

[3][日]高柳松一郎著,李达译.中国关税制度论[M].上海:商务印书馆,1927.

[4][日]马场镪一著,李祚辉译.财政学新论[M].上海:太平洋书店,1928.

[5][英]班思德著,李廷元译.中国沿海灯塔志[M].上海:海关总税务司署统计科,1933.

[6]贾士毅.民国续财政史[M].上海:商务印书馆,1933.

[7]何炳贤.中国国际贸易[M].上海:商务印书馆,1937.

[8]财政部海关总税务司署.十年来之海关[M].重庆:中央信托局印制处,1943.

[9]薛赍时.财政学新论[M].上海:商务印书馆,1947.

[10][英]莱特著,姚曾庚译.中国关税沿革史[M].北京:生活·读书·新知三联书店,1958.

[11]胶澳商埠局编.胶澳志[M].台北:成文出版社,1968.

[12]樊百川.中国轮船航运业的兴起[M].成都:四川人民出版社,1985.

[13]陈诗启.中国近代海关史问题初探[M].北京:中国展望出版社,1987.

[14]汪敬虞.赫德与近代中西关系[M].北京:人民出版社,1987.

[15][美]刘广京著,邱锡鏾、曹铁珊译.英美航运势力在华的竞争1862—1874[M].上海:上海社会科学院出版社,1988.

[16]彭德清.中国航海史(近代航海史)[M].北京:人民交通出版社,1989.

[17]吴兆莘.中国税制史[M].上海:上海书店,1989.

[18][美]费维恺著,虞和平译.中国早期工业化[M].北京:中国社会科学出版社,1990.

[19]叶松年.中国近代海关税则史[M].上海:上海三联书店,1991.

[20]汪家君.近代历史海图研究[M].北京:测绘出版社,1992.

[21][英]魏尔特著,陈敖才、陆琢成等译,戴一峰校.赫德与中国海关[M].厦门:厦门大学出版社,1993.

[22]陈诗启.中国近代海关史(晚清部分)[M].北京:人民出版社,1993.

[23]戴一峰.近代中国海关与中国财政[M].厦门:厦门大学出版社,1993.

[24]朱荫贵.国家干预经济与中日近代化[M].北京:东方出版社,1994.

[25]朱荣基.近代中国海关及其档案[M].深圳:海天出版社,1996.

[26]陈诗启.中国近代海关史(民国部分)[M].北京:人民出版社,1999.

[27]叶嘉畲编.中国航标史[M].北京:中华人民共和国海事局,2000.

[28]国际航标协会编,中华人民共和国海事局译.国际航标协会助航指南(第四版)[M].北京:人民交通出版社,2003.

[29]连心豪.中国海关与对外贸易[M].长沙:岳麓书社,2004.

[30][美]马士著,张汇文泽.中华帝国对外关系史[M].上海:上海书店出版社,2006.

[31]文松.近代中国海关洋员概略——以五任总税务司为主[M].北京:中国海关出版社,2006.

[32]朱荫贵.中国近代轮船航运业研究[M].北京:中国社会科学出版社,2008.

[33][英]魏尔特编.关税纪实[M].北京:中国海关出版社,2009.

[34]陈向元.中国关税史[M].北京:中国海关出版社,2009.

[35][日]岩井茂树著,付勇译.中国近代财政史研究[M].北京:社会科学文献出版社,2011.

[36]车祖荫.外交部实务述要及外人在华沿海及内河航运权考察[M].南京:凤凰出版社,2012.

[37]任智勇.咸同时期的榷关与财政[M].北京:北京师范大学出版社,2020.

[38]Zaheer Baber. The Science of Empire: Scientific Knowledge, Civilization, and Colonia[M]. Albany: State University of New York Press, 1996.

[39]Hansvan De Ven. Breaking with the Past: The Maritime Customs Service

and the Global Origins of Modernity in China[M]. New York：Columbia University Press，2014.

[40][日]井内金太郎.水路测量术[M].东京:水路部,1897.

[41][英]W.J.L.Wharton著,水路部译.水路测量书[M].东京:水路部,1897.

[42][日]岸崎昌.税关及仓库论[M].东京:博文馆,1900.

[43][日]辻井弥次郎.关税纲要[M].神户:明辉社,1905.

[44][日]武田英一.关税行政纲要[M].东京:宝文馆,1912.

[45]南满洲铁道株式会社大连埠头事务所编.大连港[M].大连:满洲日日新闻社,1913.

[46][日]绵贯音次郎.关税及税关(大正7年)[M].东京:宝洋行,1918.

[47][日]住田正一.近海港湾论[M].东京:岩松堂书店,1921.

[48][日]绵贯音次郎.关税及税关,大正13年[M].东京:岩松堂书店,1924.

[49][日]野崎胜辉.海事法要论[M].冈山:冈山县立儿岛商船学校校友会,1924.

[50][日]小林行昌.关税经济论[M].东京:岩松堂书店,1925.

[51][日]板垣只二.关税行政法论[M].东京:青山堂书店,1931.

[52][日]野村次夫.关税法大意[M].京都:政经书院,1934.

[53][日]铫子观光协会编.犬吠埼灯台史[M].铫子:铫子观光协会,1935.

[54][日]和田清.关税概论(下卷)[M].东京:富士出版社,1941.

[55][日]递信省编.递信事业史(第6卷)[M].东京:递信协会,1944.

[56][日]海上保安厅灯台部编.日本灯台史100年の步み[M].东京:灯光会,1969.

[57][日]松浦章.近代日本中国台湾航路の研究[M].大阪:清文堂,2005.

[58][日]和歌山县教育委员会编.樫野埼灯台·官舍及びエルトゥール ル号事件に关する调查研究报告书[M].和歌山:和歌山县教育委员会,2013.

[59][日]松浦章编著.北太平洋航路案内のアーカイヴズ:船舶データ ベースの一端[M].吹田:关西大学アジア文化研究センター,2015.

[60][日]松浦章编著.近代日本の中国·台湾汽船航路案内:船舶データベースの一端[M].吹田:关西大学アジア文化研究センター,2015.

[61][日]松浦章著,杨蕾等译.温州海上交通史研究[M].北京:人民出版社,2016.

六、期刊论文

[1]汤象龙.鸦片战争前夕中国的财政制度[J].财经科学,1957,(01):49-83.

[2]邓利娟.十九世纪下半期台湾海关税收分析[J].台湾研究集刊,1985,(04):77-86,92.

[3]汪家君.浙江海区近代历史海图的初步研究[J].测绘学报,1986,(02):155-159.

[4]陈诗启.中国近代海关海务部门的设立和海务工作的设施[J].近代史研究,1986,(06):94-112.

[5]聂宝璋.轮船的引进与中国近代化[J].近代史研究,1988,(2):141-161.

[6]戴一峰.论清末海关兼管常关[J].历史研究,1989,(6):95-108.

[7]汪家君.浙江海区近代历史海图研究与编集鉴定出版[J].中国航海,1990,(01):95.

[8]龚定鑫.略论几个航标名词[J].上海海运学院学报,1990,(03):72-78.

[9]李金明.清代海关的设置与关税的征收[J].南洋问题研究,1992,(03):78-90.

[10][日]松浦章著,徐建新译.清末大阪商船公司开设长江航路始末[J].近代史研究,1992,(6):71-83.

[11]汪家君.近代历史海图集编制的特殊原则和方法[J].杭州大学学报(自然科学版),1993,(01):98-103.

[12]陈争平.1895—1936年中国进出口贸易值的修正及贸易平衡分析[J].中国经济史研究,1994,(01):105-120.

[13]朱荫贵.从中日两国近代航运业发展状况的不同看国家政权在近代

化过程中的作用[J].教学与研究,1994,(02):67-71.

［14］汪家君,汪晓燕,陈丽聪.近代历史海图在港口航道工程中的应用例析——浙江虾峙门口外浅段航道的历史冲淤[J].海洋通报,1995,(03):74-80.

［15］汪家君.近代历史海图与港口航道工程[J].海洋通报,1995,(03):11-18.

［16］管宁.中日两国近代工业化道路分歧浅析[J].日本研究,1996,(03):11-19.

［17］朱荫贵.1927—1937年的中国轮船航运业[J].中国经济史研究,2000,(01):37-54.

［18］陈锋.20世纪的晚清财政史研究[J].近代史研究,2004,(01):245-281.

［19］魏际刚.中日近代运输业发展的比较制度分析:以轮船运输为例[J].世界经济,2004,(02):55-60.

［20］卫家骏,沈淳.灯标最大可见距离的计算[J].航海技术,2006,(06):8-9.

［21］王儒年,徐凌艳.一份弥足珍贵的航道建设史料[J].史学月刊,2007,(10):133-136.

［22］[日]松浦章著,卞凤奎译.日据时期台湾与福建的帆船航运[J].海交史研究,2010,(1):122-133.

［23］顾宇辉.船钞稽考[J].国家航海,2011,(01):34-47.

［24］陈勇.晚清时期海关洋税的统计与汇报[J].历史档案,2011,(03):60-68.

［25］吴松弟.中国旧海关出版物评述——以美国哈佛燕京图书馆收藏为中心[J].史学月刊,2011,(12):54-63.

［26］陈勇.晚清海关洋税的分成制度探析[J].近代史研究,2012,(02):76-87.

［27］朱荫贵.甲午战后外国列强在中国沿海航线上的争夺(上)[J].许昌学院学报,2012,(03):87-91.

［28］[日]松浦章著,杨蕾译.清末上海的北洋汽船航路[J].国家航海,2012,(1):59-83.

[29]刘永连.广东地方政府与东沙群岛管辖权之争[J].民国档案,2013,(01):67-72.

[30][日]松浦章.太平洋邮船公司从上海到美国的定期航班[J].近代中国,2013,22:101-119.

[31]许光秋.国外海洋史研究状况[J].海洋史研究,2014,(01):339-343.

[32]王列辉.航运网络与港口发展——以近代上海港为中心[J].史林,2014,(2):1-8.

[33]韩祥,李宏.近代财政统计中货币换算问题之实例分析[J].江海学刊,2014,(4):156-162.

[34]姚永超.中国旧海关海图的时空特征研究[J].历史地理,2014,30:267-278.

[35][韩]河世凤(하세봉).近年来韩国海洋史研究概况[J].海洋史研究,2015,(01):375-384.

[36]李鹏.晚清民国川江航道图编绘的历史考察[J].学术研究,2015,(02):96-103,160.

[37]陈勇.洋税为何分成:对《何为"洋税分成"》一文的回应[J].中国经济史研究,2016,(02):175-183.

[38]王瑞成.何为"洋税分成":《晚清海关洋税的分成制度探析》一文辨正[J].中国经济史研究,2016,(02):175-183.

[39]刘利民.近代中国水道测量事业的民族化进程述论——以海道测量局为中心的考察[J].晋阳学刊,2016,(03):32-44.

[40]王淑慧,蔡明坤.清末恒春地区涉外事件与鹅銮鼻灯塔兴建之关系(1867—1883)[J].美和学报,2016,(1):29-46.

[41]张诗丰.晚清海关大巡船的沿海灯塔防卫职能研究[J].海关与经贸研究,2018,(04):62-73.

[42]王宏斌.清代南海帆船海道考[J].安徽史学,2018,(04):5-15.

[43]邢思琳.英国新发现粤海关中英文船钞执照[J].国家航海,2018,21(02):123-133.

[44]黄普基,周晴.近代珠江干流河道演变特征研究——基于近代英国所

绘海图[J].历史地理,2018,37(01):51-61.

[45]Frederick J. Cox. The American Naval Mission in Egypt[J]. The Journal of Modern History, 1954, 26(2): 173-178.

[46]Roy M. MacLeod. Science and Government in Victorian England: Lighthouse Illumination and the Board of Trade, 1866-1886 [J]. Isis, 1969, 60(1): 4-38.

[47]Eric Tagliacozzo. The Lit Archipelago: Coast Lighting and the Imperial Optic in Insular Southeast Asia, 1860-1910 [J]. Technology and Culture, 2005, 46(2): 306-328.

[48]Michael Brian Schiffer. The Electric Lighthouse in the Nineteenth Century: Aid to Navigation and Political Technology[J]. Technology and Culture, 2005, 46(2): 275-305.

[49]Michael Gardiner. Robert Louis Stevenson and the Meiji Enlightenment[J]. The Yearbook of English Studies(Victorian World Literatures), 2011, 41(2): 58-72.

[50]Robert Bickers. Infrastructural Globalization: Lighting the China Coast, 1860s-1930s[J]. The Historical Journal, 2013, 56(2): 431-458.

[51]Kieran M. Rohan.明治初期の外人「雇い」:プラントンの灯台の建設[J].ソフィア:西洋文化ならびに東西文化交流の研究,1965,(2):41-60.

[52][日]辻冈正己.日本資本主義成立過程における政府と政商との結合の必然性(四)[J].广岛经济大学研究论集,1973,7:15-30.

[53][日]池田龙彦.コンクリート灯标の建设[J].コンクリート工学,1978,(11):27-33.

[54][日]五十畑弘.明治初期における英国からの技术移植[J].日本土木史研究发表会论文集,1987,7:79-87.

[55][日]加藤勉,藤冈洋保.灯台に投影された日本の近代[J].らぴど for BCJ Partners,2000,(5):1-2.

[56][日]柿原泰.お雇い外国人とイギリス帝国のエンジニア[J]. Journal of the History of Tokyo University,2000,18:33-44.

[57][日]平塚四郎,佐藤建吉.犬吠埼灯台とプラントン——明治草创期

におけるの技術移転[J].機械技術史,2002,年刊:160-165.

[58][日]谷川竜一.日露戦争前後の朝鮮半島における灯台建設と日本[J].非文字資料研究,2011,(25):22-23.

[59][日]松浦章.太平洋邮船公司从上海到美国的定期航班[J].近代中国,2013,22:101-119.

[60][日]松浦章.大阪商船会社の瀬戸内海航路案内[J].或問,2013,24:1-15.

[61]杨蕾.19世紀末20世紀初期における日本・中国華北間の汽船航路[J].或問,2014,25:87-102.

[62][日]池内敏."海図"、"水路志"と竹島問題[J].名古屋大学附属図書館研究年報,2015,(12):9-23.

[63][韩]金宗宪(김종헌).대한제국의등대건축에대한연구(大韩帝国时期的灯塔研究)[J].대한건축학회논문집계획계(大韩建筑学会论文集),2005,21(6):85-96.

[64][韩]金亨南(김형남).제주도마을의돌문화요소에관한연구(济州村庄的石材文化元素研究)[J].한국농촌건축학회논문집(韩国农村建筑学会论文集),2009,11(1):25-36.

[65][韩]安雄喜(안웅희).조선말개항기부산항의근대식등대에관한연구(李朝晚期开埠后釜山港的近代灯塔研究)[J].한국항해항만학회지(韩国航海与港口研究杂志),2014,38(5):541-547.

[66][韩]安雄喜(안웅희).초량항고지도분석을통한부산항로표지의기원에관한연구(基于草梁港口旧地图的分析看釜山航标的起源)[J].한국항해항만학회지(韩国航海与港口研究杂志),2014,38(5):511-518.

七、析出文献

[1][英]班思德.最近百年中国对外贸易史[A].见:中国第二历史档案馆、中国海关总署办公厅编.中国旧海关史料(1859—1948),第147册[G].北京:京华出版社,2001:11-303.

[2][日]松浦章.清代江南沙船与长崎贸易[A].见:韩昇编.古代中国:东亚世界的内在交流[C].上海:复旦大学出版社,2005:416-433.

[3][日]松浦章著,邹双双译.清末山东半岛与朝鲜半岛的经济交流[A].见:耿昇、刘凤鸣、张守禄编.登州与海上丝绸之路国际学术研讨会论文集[C].北京:人民出版社,2008:156-165.

[4][英]毕可思著;孙立新,石运瑞译.石碑山——灯塔阴影里的生与死[A].见:孙立新、吕一旭主编."殖民主义与中国近代社会"国际学术会议论文集[C].北京:人民出版社,2009:8-43.

[5]任智勇.三成船钞与同文馆[A].见:中国社会科学院近代史研究所青年学术论坛(2008年卷)[C].北京:社会科学文献出版社,2009:72-90.

[6]张耀华.中国近代海关之航标[A].见:中国航海博物馆编.上海:海与城的交融[C].上海:上海古籍出版社,2012:252-265.

[7][日]松浦章著,孔颖译.清代帆船对东亚东南亚、区域物流与人口流动的贡献[A].见:中国航海博物馆编.人海相依:中国人的海洋世界[C].上海:上海古籍出版社,2014:118-128.

八、学位论文

[1]李芳.晚清灯塔建设与管理[D].武汉:华中师范大学,2011.

[2]江涛.近代福建沿海助航标志探析[D].福州:福建师范大学,2012.

[3]袁楠.海上丝绸之路(南海段)历史线路分析及其历史地理信息系统构建研究[D].北京:北京建筑大学,2018.

[4][日]大宫诚.日本海横断航路の研究(1896—1945)[D].新潟:新潟大学,2013.

附 录

附录一 近代早期中国海关税收单位问题

海关历年统计报告是船钞数据的来源,但海关统计存在许多问题,特别是早期的统计数据较为复杂。早期海关统计单位分为三类,上海两、海关两和各地的地方两,"上海两应用于上海和南方各口(使用海关两的浙海关除外)"[①],1871至1874年间海关两和上海两的兑换比例维持100:111.4不变,"北方三口和长江流域三口以地方两结算,100海关两可兑换的地方两在104至106之间"[②]。在此之前的一段时期,上海两和地方两与海关两的兑换也大致保持这一比例,如1868年上海两和海关两之比为100:110.7,[③]1870年"内地收税中常用的地方两的价值比海关两低4%到11%"[④]。复杂的统计数据带来的问题在贸易额统计

---

① 中国第二历史档案馆、中国海关总署办公厅编:《中国旧海关史料(1859—1948)》第5册,第4页。

② 中国第二历史档案馆、中国海关总署办公厅编:《中国旧海关史料(1859—1948)》第4册,第560页。

③ 中国第二历史档案馆、中国海关总署办公厅编:《中国旧海关史料(1859—1948)》第5册,第476页。

④ 中国第二历史档案馆、中国海关总署办公厅编:《中国旧海关史料(1859—1948)》第4册,第216页。

中表现最为明显,已有学者详细讨论,①但有一些仍然值得注意的地方,如贸易额的单位在1875年由两改为海关两,之前年份的数据单位也随之改变。但以1874年直接对外贸易额为例,在其单位改变过程中,并未严格按照该年上海两和各地方两与海关两的兑换比例进行操作。如前述使用上海两的华南各口,分别以海关两和上海两为单位的直接对外贸易额的比值,不少海关的值大于或小于100:111.4;而使用地方两的华北和长江流域各口,分别以地方两和海关两为单位的直接对外贸易额的比值,也常常不在1.04与1.06之间。

税收的统计也有一些问题,以1869年税收为例,"CUSTOMS' REVENUE—1869"表格②中包括各关进口值和进口总值,各关进口值相加之和与进口总值的数字完全相等。该表格中各关进口值的单位是"两",而进口总值的单位却是"海关两"。问题还不止于此,仔细查对各个海关的进口值发现,分关统计中各关进口值的单位并非都是"两"。上海、宁波、福州、厦门等许多海关进口值的单位都是"海关两",这些海关的分进口来源国的统计单位是"两",而各进口来源国相加之和与前述各关进口值的数字相同。其他如出口税、复出口税、子口税的情况均如此,船钞统计也不例外。再进一步查对海关季度统计报告,各季度均有"QUARTERLY REPORT OF DUES AND DUTIES"表格。自1871年第四季度开始,该表的单位由"两"变成"海关两",③但将1871年一至三季度以"两"为单位的各关税收数值④和第四季度以"海关两"为单位的各关税收数值之和与1871年"REVENUE OF EACH PORT, 1871"中各关年度税收额比较,则会发现二者除单位不同外,在数值上也保持一致。造成这种单位和数字不对应的原因有两种,可能是各个表中以两为单位的各关、各季度、各年份税收数值并没有经过换算,只是将单位由"两"换成了"海关两";也可能是税收单位

---

① 吴松弟、伍伶飞:《近代海关贸易数据摘编本存在的问题分析——以全国年进出口额和各关直接对外贸易额为例》,《中国社会经济史研究》2013年第4期。

② 中国第二历史档案馆、中国海关总署办公厅编:《中国旧海关史料(1859—1948)》第4册,第17页。

③ 吴松弟整理:《美国哈佛大学图书馆藏未刊中国旧海关史料(1860—1949)》第42册,第609页。

④ 吴松弟整理:《美国哈佛大学图书馆藏未刊中国旧海关史料(1860—1949)》第42册,第270、346、502页。

早已采用海关两计算,但各关单位的标注方式并未完全统一。

目前已有统计摘编和研究成果并未对1871年前后税收统计单位变化问题加以关注,萧亮林著 China's Foreign Trade Statistics, 1864-1949、杨端六等著《六十五年来中国国际贸易统计》、姚贤镐著《中国近代对外贸易史资料1840—1895》中相关表格及其数据说明中均未对此问题进行解释,但这是应用海关早期税收数据中不得不解决的问题。常见的《中国旧海关史料(1859—1948)》以及以此为基础的统计摘编都无法提供答案,而《美国哈佛大学图书馆藏未刊中国旧海关史料(1860—1949)》中1871年之前的各关季报却可以解决这一问题。以1869年为例,尽管《中国旧海关史料(1859—1948)》及相关摘编中的年度税收统计单位为"两",各关统计单位为两或海关两,但各关分季度的税收统计均已采用"海关两"为单位;这也就解释了1864年报告中以两为单位的税收统计数字与1871年报告中回溯的以海关两为单位的1864年税收统计数字保持一致的原因。也就是说,尽管各关的税收统计单位标注方式存在差别,但最晚在1864年均已采用海关两为实际的税收统计单位;此后多个海关在年度报告中长期沿用"两"可能是由于制度惯性,在使用数据时需要注意辨别。

附录二　近代中国海关吨位测量说明

(译自 *Tonnage Measurement Instructions*[①])

海关总税务司通令

第15号

海关总税务司署
北京，1877年2月19日

先生们，

1.关于用以支付吨税的吨位，以下情况，我得提醒你们：条约要求领事们向海关报告"注册吨位"，船钞将基于此收取。

2.在海关用于测量的项目方面，关于测量方法和以此计算的总吨位，你们应要求职员们以《英国商船法案》条款Ⅰ为指导原则。另外，在用于获取注册吨位的扣减项目方面，同一条款的规定与美国政府发布的说明（用以确定一艘船只上层甲板上方的哪些部分应该包括在内）同样适用。

3.我附上英国和美国相关条款的复印件并带有说明图表。

（赫德签名）ROBERT HART
总税务司

---

① 《Tonnage Measurement Instructions》(1877年2月19日第15号通令)，《中国近代海关总税务司通令全编》，第64~78页。

致

  各关税务司

附件

在中国进行船只测量的说明

（摘录自《1854年英国商船法案》）

  20.适用于以下规则：量吨甲板的选择上，少于三层甲板的船取上层甲板，而所有其他船取从下往上的第二层甲板；实行这种规则时，所有测量采用英尺和部分英尺，而所有部分英尺将以小数表示。

  21.每艘船应注册的吨位及在下一节将提到的例外，都会在预先注册时根据以下规则查明，下述部分称为条款Ⅰ；每艘船的吨位都将应用此条款，是否需要注册，将根据同样的规则查明：

  （1）沿量吨甲板上面以一条直线测量船只的长度，从艏柱边上的内板（平均厚度）内部到船尾中央肋材或木板处，视具体情况而定（平均厚度），将以下部分从长度中扣除：甲板层里由于船首倾斜的部分，甲板层中由于船尾肋材倾斜的部分，也包括圆梁三分之一处船尾肋材倾斜的部分；下表要求考虑相等部分的数量对长度进行划分，根据此表中的分级确定船只的归属：

表格

  1级 根据上述测量法，量吨甲板等于或小于50英尺的船只，划为4等份；

  2级 根据上述测量法，量吨甲板大于50英尺且不超过120英尺的船只，划分为6等份；

  3级 根据上述测量法，量吨甲板大于120英尺且不超过180英尺的船只，划分为8等份；

4级　根据上述测量法,量吨甲板大于180英尺且不超过225英尺的船只,划分为10等份;

5级　根据上述测量法,量吨甲板大于225英尺的船只,划分为12等份。

(2)然后,所需要的货舱的深度和宽度第一次充分清楚地有被恰当地测取的可能,在船横向分隔线的各个点上去获得此船只的横截面,如下:从此类甲板下圆梁三分之一处的一点测量分隔线各个点的深度,或者,假如有块特殊用途的地,由此持续在一条线下延伸,到达侧内厚板里面肋根材的上面,在扣除舭复板与侧内厚板之间衬板的平均厚度后;那么,假如船只中央横向分隔线的深度不超过16英尺,则将深度划分为4等份;然后在分隔线各个三点处测量里面水平宽度,也在船深的上端和下端的点处,扩展测量各个测量点之间衬板部分的平均厚度;这些宽度的数字来自以上(例如,确定上端的宽度,也包括下到最低处的宽度);用4乘以第二和第四根分隔线宽度且用2乘以第三;把这些结果加起来,在把第一和第五的宽度加到总数里;用宽度之间共同间距的三分之一乘以上述数字,而结果将被认为是横截面积;但假如船只中央部分的深度超过16英尺,则将深度分为6而非4等份,且以分隔线处的5个点及靠上和靠下的点如之前一样直接测量水平宽度;以前述方法计算它们;用4乘以第二、第四和第六根分隔线的宽度,用2乘以第三和第五;把这些结果加起来,并把第一和第七根分隔线的宽度加入总数;用宽度之间共同间距的三分之一乘以上述数字,所得结果被认为是横截面积。

(3)弄清了以上表格所要求的船长的分隔线上各点的横截面积,接着要根据以下方法确定船只注册吨位:依次计算1、2、3等的数字,1号隔板在船头端部;那么,是否船长要根据前表第1级和第5级中那样分隔为四或十二部分,或者如第2、第3、第4级那样分为若干中间的数字,用4乘以第二和每一个已知的偶数面,用2乘以第三和每一个已知的奇数面(除了第一和最后一个);把这些结果加起来,并把第一和最后一个面(如果它们产生了数值)加入总数;用面与面之间共同间距的三分之一乘以前述获取的数字,而所得结果即为量吨甲板下空间的容积;用所得数值除以100,其商值(量吨甲板下的吨位数)被认为是船只的注册吨位,其受到以下提到的条件和扣除项目的限制;

(4)假如在上层甲板有特殊用途区块,尾楼或者任何其他永久封闭空间,可用于货物或商品,或者可用作乘客或船员的铺位或膳宿,这类空间的吨位将以如下方式确定:测量这类空间内部以英尺表示的平均长度,且划作两等份;在顶点中部测量三个内宽,换句话说,两端各一个而另一个在纵长的中部;然后得出两端宽度与4倍中部宽度之和,再用宽度间共同间隔的三分之一乘以前述总数;结果即为这类空间的平均水平面积;后测量平均高度,用其乘以平均水平面积;将所得结果除以100,其商值被认为是这类空间的吨位数,并将加到量吨甲板下吨位数之中,如前文所确认的那样,受到以下附加条件的制约:第一,没有东西会被放到唯一适合用作船员铺位的封闭空间,除非这种空间超过船只吨位的二十分之一,假如确实超过,只有超过部分会放置东西;第二,没有将东西放置在建造用于统舱乘客遮身的地方却被贸易委员会通过的情形。

(5)假如船只有第三层甲板,通常被称作轻甲板,在它与量吨甲板之间空间的吨位将按如下方法确定:从船艏侧面的厚板到船尾横木的衬板,测量以英尺表示的该空间立顶端中部的内长,后将该内长分为如上述具有指导性的量吨甲板长度所分的同样数量的等份;在分隔线各点测量(也是在立顶中部)该空间内宽,也包括船艏和船尾的宽度;从船艏开始依次计算1、2、3等分隔线处的宽度;用4乘以第二和所有其他偶数编号的宽,用2乘以第三和所有其他奇数编号的宽(除了第一和最后一个);将第一和最后一个宽度加到前述各数之和中;用各宽共同间隔的三分之一乘以这个总和,而结果将是以英尺呈现的这类空间的平均水平面积;测量这种空间的平均高度,并以其乘以平均水平面积,所得将是该空间的容积;用100除以该数值,得到的商值被认为是这种空间的吨位,并将被加到前述已确定的船只其他吨位中;而假如该船超过三层甲板,量吨甲板之上各个甲板之间空间的吨位将分别用以上所描述的方法确定,并加到前述已测得的船只吨位中。

对法案中一些要点的解释

1.1854年法案中涉及测量方法的条文包含在第20至29条中。这些条文收在法案的第二部分。这些收入其中的条款丰富且精心但却并非必要,在以下使用说明中,不仅仅是解释法案中的一些特殊条款,而且会加入一些相应的适用这些方法的案例。所以很容易理解这点,即与上述相关法案条文分离,此使用说明是不完整的,而测量员自身的职责就是仔细地精读和学习条文;同时,关于这个事实,即与条款二相关的条文之一(也就是第22条),已经在第29条的规定下被改变,这一改变在使用说明中有详细陈述。

2.条款1和条款2用于确定吨位的情境将被分别应用,如下:

所有需要测量的船只都将根据条款1测量,无论用于注册目的或者任何其他目的,以下诸情境除外:

(1)在显示应用条款1行不通的情境下,需要注册的新船可能根据条款2来测量。这一特例含有某种认为遇到某种可能艰苦或困难情形的观点,但就算曾有过,它也很少起作用,测量员绝不会在没有女王陛下驻中国大臣明确授权的情况下行动。

(2)已根据任何从前的法案注册的船只,但船主乐意要求根据1854年法案的新系统再测量,且在过去的法案中船舱被隔水板或船舱或其他特征所阻,而条款1显得不适用的,假如船主愿意,这类船只可以根据条款2测量。

最后,可以观察到,任何有如上需求性的船只,船主都可以来函根据条款2测量,付款方式相同,船只可以在随后的任何时候根据条款1测量。参见《1855年商船法案(修订版)》。

3.在描述的那些可确定的部分被排除后,所有上层甲板上方的封闭空间将被加到吨位中。

在上层甲板上封闭空间前部底下,所有这类空间被认为免阻隔了海洋和天气的影响,可使其适用于货物、商品、乘客或船员占用。

加上所有封闭的或不受天气影响的空间,相对于上述一般规则而言的例外如下:

(1)船只上层甲板上的任何建筑物适合做短途航行统舱乘客的遮蔽所,否则他们将会暴露在水浪和海洋货物,以及其他严酷天气中。但是,这种例外只允许来自女王陛下驻中国大臣一些特殊指示;无论何时测量员认为存在豁免的需求,他将向上海和其他任一港口的登记员寄完整的细节再转寄给领事,领事将通过登记员向女王陛下驻中国大臣申请指令。

(2)厨房,当其尺寸只是够厨师遮身而厨师被雇佣为乘客和船员准备食物的时候。

（3）抽水马桶或厕所，在合理的范围内供公务人员和船员；万一船只特别为乘客准备，每五十人增加一个，也就相当于100个注册吨位；但注意一个事实，即总数一般不超过12个。

4.汽船轮机舱的测量，即测量动力装置的许可空间，是一项需要备注的项目。观察轮机舱之外的船舱总吨位，测量员必须注意其港口管辖区内各种汽船上建筑物的发展，以使得对船舱总吨位的测量可以在船舱就绪且目的充分清楚时进行，而不必等建筑物也不必与当前的轮机舱相符。和上层甲板上的封闭空间一样，如有必要，轮机舱可以在船只完成注册前的任何时候测量。

5.对于轮机舱的长度，唯一用于测量的部分必需包括锅炉和机械装置，在机械装置边上用于为火添煤和操作的额外长度也是必要的(万一炉排贯穿首尾)。因此额外的长度可能比炉排的长度多1英尺；一般来说，额外长度被认为在5至9英尺之间。但如果横向设置炉排的锅炉则不需要这种额外的长度，这种情形下，在横向的长度上，为火添煤或工作与动力装置的位置互不冲突。

实践指导

6.简言之，以下是若干可以在根据条款1进行实际测量操作中观察到的渐进式步骤。相关实用表格(其中有各种数量要被输入和计算)将在第17段中发现，而同样相关的、绘制以用于图解说明船只各个部分需要测量的点和面的图1和图2，将在第15、16段中找到。

（1）量吨甲板的长度是首先要注意的。正确地测取(参见第11段)，随着循序渐进的测量，在用于记录测量结果的实用表格中适当的位置记下，然后，把长度分为所要求的等份，通过一支粉笔将各个分隔点标记在量吨甲板上将其分开(粉笔这样就展示出了量吨甲板上不同横截面的位置)，依次计算1、2、3等，1号在船头端点处，而2号正好是标记在甲板上的第一个分隔点，如此依次进行，最后一个号码是在船尾端点处。(参见图1)

（2）需要被测定的范围差不多是从甲板到船舱内龙骨。(参见分隔点，第12段)

(3)然后应该是着手横截面的测量,从第2(在一般形制的船只里,位于船头端的第1根分隔线处面积不存在)或其他任意一个面开始,依方便程度而定。

首先是获取面的深度(参见图2和第12段),并在表格适当的栏目记下;船只被划分为4个或6个等份,根据情况的需要,给出分隔点,在这些分隔点测得上和下点之间的各个宽幅。

然后面的宽度必须获取(参见图2和第14段);而面宽需要根据各宽的编号依次在表格中适合的栏目内被多次记录,编号1号是指船深上端的点。

这些依次是在计算量吨甲板以下吨位时根据测量需要的步骤。

(4)如果船只有三个或更多甲板,量吨甲板之上的甲板之间的空间是紧接着要测量的;然后,尾楼和上层甲板上其他封闭空间(如果有的话)根据第3段中提到的例外进行处理;有需要的话,所有测量指南的完整细节都在法案文本中,在此不另行通告。

这些位于量吨甲板和上层甲板之上各种封闭空间(如果有的话)的测量结果,记录在表格中,附加到量吨甲板下空间的测量结果上,使用于查验船只全部或总吨位的必要数据完整,不论帆船还是汽船皆如此。

(5)假如是一只汽船,动力装置的许可空间将在随后被测量并根据第4、第5和第18段落给出的规则进行计算。

(6)一旦完成测量,测量员将把他获取的有测量结果的表格、验船证明书和所有包含测量信息的文件等寄给上海的登记员或任何其他港口的领事(领事将把相同的文件转寄给登记员),登记员将把这些文件同船主的申报和与该船相关的其他文件保存到一起。

7.这很重要,即不仅法案中所给出的各条规则需要依从,而且所有需要的测量结果都得获取,且要以正式和正确的方法进行计算。

8.由于所有亚麻和大麻制品都会缩水,所以必须使用防水卷尺;而只有那样的卷尺不会因膨胀或偏斜或者因长期连续使用导致延长出现实际误差。

由于这些与所有卷尺、绳线和链条或多或少相关的劣势,反对之声与对它们的使用相伴。但在一个涉及多种测量手段结构原理的规则中,与旧有规则中那样的引发误差的规定相比,由偏斜或延长引发的小误差并不重要,这类误差之小不超过主要单位本身。所以,由于这个缘故,在旧有规则的规定下并不太可靠的绳线和卷尺,现在能够在相当程度上因其优势和便利性而被采用。

所以,一条适度拉紧的长为100英尺的强力防水卷尺将不会有大的使用误差,这样在英尺之下还分小数位的卷尺将被发现在测量船长和面宽中有很大的便利。

在测量封闭空间的长和宽时,防水卷尺也被认为是方便的。

(第9、10、11略)

12.根据如上描述获得的长度将分作所要求的等份个数,表示各个面位置的分隔点用粉笔正确地标记在量吨甲板上,正如条款中描述的那样;然后,一条方向上与龙骨垂直的绳索从主舱口向下延伸,依靠一个方格置于内龙骨上面;然后,量吨甲板上从这条绳索到船中央部的距离由内龙骨上这条绳索可知,因为这条绳索给出了内龙骨上中央部的位置;而正如量吨甲板上已经标记的那样,各点之间有着相同间距,通过从中央部向前和向后划分可获知内龙骨上其他各点的位置。

13.从量吨甲板的底面到侧内厚板里肋根材的上面,中央部的深度据此获取,测量棒的放置平行于船只中间面,也通过一个置于内龙骨上面的方格的方式与龙骨保持一致,从深度中扣除圆梁的三分之一(也是肋根材上衬板的平均厚度)。

其他面的深度将以同样的方法获取,在内龙骨向上弯曲的地方,小心放置测量棒,与中央部内龙骨上面的延长线保持一致。

14.根据上述指示查明的任何区域的深度和根据前述条款划分为所需等份个数,用以获取宽度的各个分隔点被正确地标记在长杆上;而长杆被重装在其最初的位置,然后水平横跨长杆或卷尺上各个点,通过从板到板的延伸获取面的宽度,各个测量点之间的平均厚度。

图1

15.展示出量吨甲板上的船长、各个面的位置的分隔点和各个面的深度。(Rule 1. Act, s. 21.)(1.)(2.)

该图表仅仅是描述性而非等比例绘制。

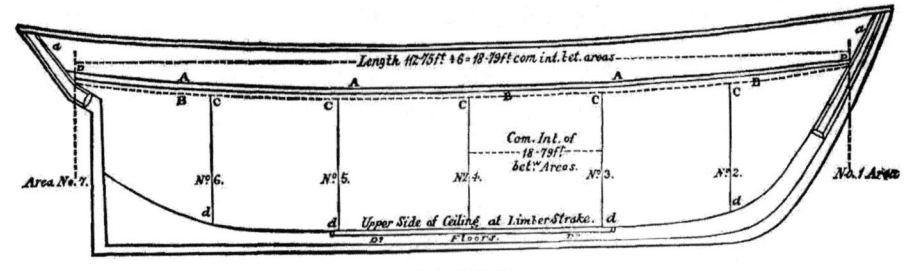

图1的注释

AAA,表示量吨甲板上面。

BBB,(平线),表示甲板理论线或梁线的下面。

a,a,(平线),表示船头和船尾的内板或衬里板。

DD,(虚线),表示长度,呈现为甲板上面从板到板,展示出如条款所规定的、由于船头和船尾倾斜而在两端扣除的部分(也就是,从内板到D点垂直虚线处的距离)。由于长度是在正确的位置上方获取,所以这些扣除是必要的;正确的位置是穿过C、C等点的虚线所显示的头部或各个面的顶部,在甲板线下圆梁的三分之一处。

正如上述根据条款1进行的测量,此案例中长度被认为是112.75英尺,将被分为6等份,用18.79英尺的相同间距得出各个面的位置。

Cd,Cd,&c.,表示5个分隔点处各个面的位置和深度。

C,C,C,&c.,显示出深度上部的点,位于甲板线之下圆梁的三分之一处。

d,d,d,&c.,显示出深度下部的点,位于侧内厚板里衬板的上面。

图2

16.展示出船中央部的面,其深度和宽度。(Act,s.21.)(2.)

Cd,代表深度,较上的点C位于从甲板线起到圆梁的三分之一处,而较下的点d位于侧内厚板里衬板的上面。

中央部的深度在16英尺以下,被分为4等份,测宽度各线之间的距离是2.96英尺。

/ 附 录 /

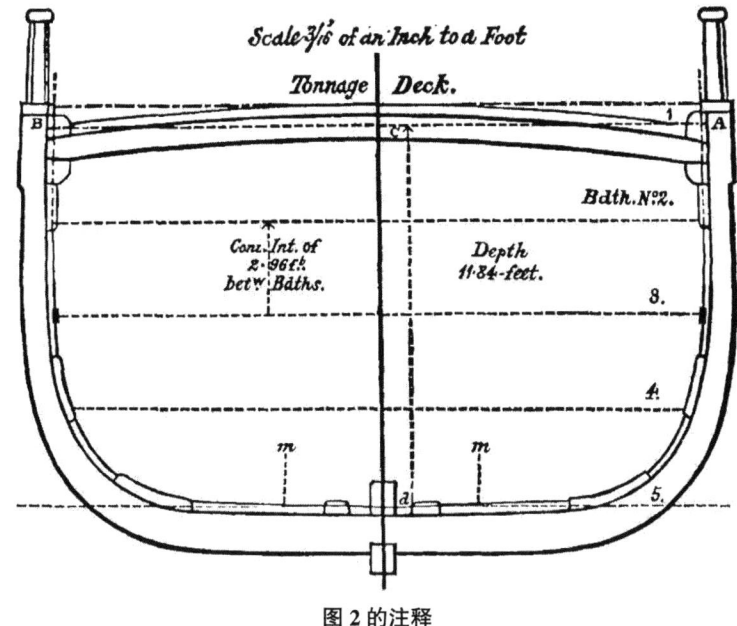

图 2 的注释

AB代表穿过C点的上部宽度，是这个面的上边界。

可观察到这个宽幅在水平方向上穿过甲板，而当甲板铺好的时候该宽度是无法获取的，所以必须在甲板的上面测量，正如上面虚线所展示的，可知原木之内、甲板之下顶棚的厚度。

这种测量甲板上面顶部宽度的方法（正如查阅该图所见），在本身的位置上方4到6英寸处获取：但是，这需要垂直面完全无误；万一出现倾斜，如前所述，必须在额外的4到6英寸高度中使倾斜面从垂直面中脱离。

在三层甲板船的案例中，作为量吨甲板的上层的宽幅是从一侧腰板到另一侧腰板的距离，宽幅允许超过甲板之间天花板处腰板的厚度。

mm，表示较下的从水平穿过点d处获得的宽度。

其表明当船只没有水平地面或地板时，较下宽幅会受限于两个侧内厚板之间的距离；而在有地板的船只里，较下宽幅受到船只水平地板范围的约束，正如图中所展示的点m，m之间那样。

宽度的剩余部分受限于衬板的平均厚度，正如图中其两端终点处那样。

17.下表用于记录从船只上获取的测量结果并用于随后的计算，不论在何种情况下,该表都将被提供给测量员;而出于方便测量员的考虑,条款1的摘要将背书于此表格之后。一份已填写完成的例表也附于后。

表格(空白状态)位于条款1之下,提供给测量员。

[表格图像]

背书于前表之后的条款1摘要。

长度:从量吨甲板中间获取(所有甲板在三层以下的船只,上层甲板即量吨甲板;而其他船只为下起第二层甲板);从船头板中部到船尾中央横木或厚板(据情况而定)中部;扣除甲板层中的船头倾斜部和船尾倾斜部以及圆梁的三分之一,以此获取的船长分为所要求的等份(这将决定各个面的位置),根据船长,如下分级:

1级:长度等于或小于50英尺,分为4等份;

2级:长度大于50英尺、小于或等于120英尺,分为6等份;

3级:长度大于120英尺、小于或等于180英尺,分为8等份;

4级:长度大于180英尺、小于或等于225英尺,分为10等份;

5级:长度大于225英尺及以上,分为12等份。

面积:1号面位于船头端处。2号面位于船长的第一个分隔点处。其余各个面依次编号,最后一个面位于船尾端处。

深度：在船长的各个分隔点或各个面处获取，从量吨甲板的下面到侧内厚板内缘的衬板处，再从中扣除圆梁的三分之一；如果船只中央部深度不超过16英尺，所获取的深度将分为4等份，否则分为6等份。

宽度：在船深的各个分隔点处获取，也是在船深较上和较下的各个点。各个面内较上的宽度被记在编号为"1"（左手边的数字）的列中各自的空格内，其余各宽度依次记录。

注意：面积的栏数将随以上给出等级中的长度变化，并与长度所划的份数加1相等。

表格　位于条款1之下，已填写，作为样表用于船只测量。

前述样表中展示的是总吨位，不论船只是帆船或汽船。假如是一艘帆船，报告吨位即为注册吨位，或者是被记入船只注册许可中的吨位；假如按照《1867年商船法案》的第9部分则是作为船员舱，不必完全遵从。关于船员舱的减扣问题见相关页面。

18.但是假如船只是汽船，还得要从报告总吨位中扣除为推进动力保留的空间。

这是据1854年《商船法案》第23部分所做的估算。如果1867年《商船法案》

的第9部分规定如船员空间那样没有被完全遵从,正如上述帆船例子中陈述的那样,剩下的吨位即为注册吨位。

计算引擎室减扣部分的案例

螺旋桨船

实际引擎室的测量

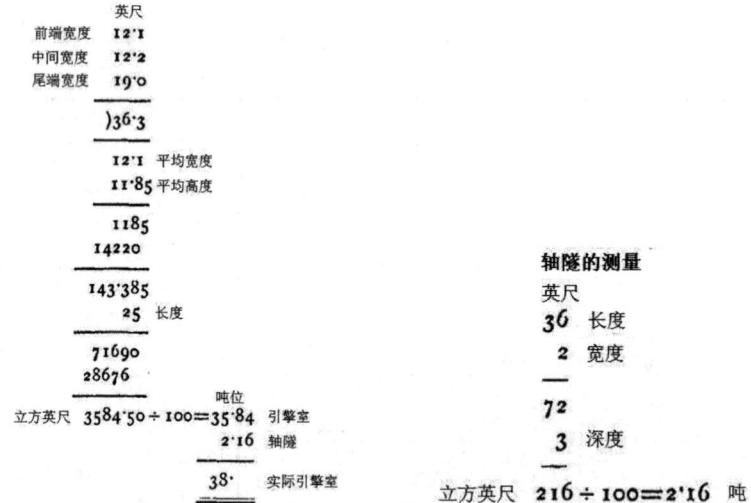

获取引擎室占总吨位的百分比

```
                    38·    实际引擎室
                   100
      总吨位 206·5)3800(18·4 百分比
                  2065
                  ————
                  17350
                  16520
                  ————
                   8300
                   8260
                   ————
                     40
```

所以,可见实际引擎室占总吨位的比重为18.4%,该比重高于13%而低于20%。考虑到减扣,基于法案第23部分得到的吨位应为总吨位的32%或者百分之三十二,计算如下:

```
        206·5
         ·32
        ─────
        4130
        6195
        ──────
        66·080  动力装置的允许吨位

测得   206·5    总吨位
        66·08   动力装置的允许吨位
       ──────
       140·42   注册吨位
```

但是,如果实际引擎室不超过总吨位的13%——例如,假设其数量仅为26.8吨(此数仅仅是总吨位的13%)——那么减扣部分为26.8吨,还包括附加的26.8吨的四分之三,如下:

```
       4)26·8   实际引擎室
         ─────
          6·7
          3
         ─────
         20·1 = 3/4  引擎室的四分之三
         26·8        引擎室
         ─────
         46·9        动力装置的允许吨位

测得   206·5    总吨位
        46·9    动力装置的允许吨位
       ──────
       159·6    注册吨位
```

前述1854年《英国商船法案》的条款1被中国采用,作为测量船只的官方规则。所以,下述诸条款、图表等(来自《美国海关规定》)仅仅被用于辅助海关官员,只有在面对内河轮船或其他有特殊结构的轮船时,需要决定测量这类船只的哪些空间、而哪些空间将免于测量,这才会被要求用以测量船只。但是测量任一空间和通过这类测量估算其容量的方法都已在1854年《英国商船法案》的条款1中规定下来。

后 记

这是一份真正的"后"记。

现在距离我博士论文答辩已经过去一年又一个月,我在密歇根大学的博士后研究也已经于11天前结束,而申请未来教职的事尚无结果。值此人生无着之时,又回想起关于论文的一些事来。

我本科就读于西南大学,马强、蓝勇等教授的课程带给我最早的历史地理学启蒙。我于2010年进入复旦跟樊如森教授开始硕士阶段学习,2012年通过考核,随吴松弟教授直接攻读博士学位,此后开始"港口-腹地"和海洋相关研究。最初,我对近代中国咖啡贸易和社会生活变迁很感兴趣,后吴老师与我议定以旧海关海务资料为基础、以灯塔事业为中心的博士论文选题。我们认为,一方面,设置在礁石、峡湾、入港处的灯塔对航海者至关重要,然灯塔等航海基础设施却是传统海洋史研究的薄弱环节。另一方面,在中国近代经济地理领域,经过20年实证研究检验的"港口-腹地"研究范式具有重要学术影响和理论价值,然此前的这类研究多聚焦于港口与陆向腹地的关系。随着研究的深入和对海洋重要性的重新认识,"港口-腹地"研究确实有必要将海洋及海向腹地纳入关注范围。

导师吴松弟教授从旧海关史料出发,最初是建议我以"近代中国海关"所管理的灯塔为研究范围。在随后的资料整理过程中,我们发现近代中国有租借地灯塔、地方政府管理的灯塔、民间私设灯塔等多种类型的灯塔长期不归海关管辖,且这些灯塔有着相当可观的数量,故又将研究范围调整为"近代中国"。而后,我在查阅与中国灯塔相关资料过程中阅读部分来自日本国会图书馆等机构的日文文献,注意到包括日本列岛、朝鲜半岛、中国大陆及台湾岛在内的东亚区域范围内的灯塔建设都是在19世纪中期以后才逐渐展开,在等级划分、建设进程等方面有着诸多共同特征;且从更好地满足航海者安全需求的角度出发,可以发现,以灯塔共同串联的航线已超越国家和机构的藩篱,故有必要对不同国家、不同机构、不同类型的灯塔进行整合以展开大区域的灯塔研究。这一想法得到导师的支持，并最终确定了以"东亚"区域为范围的选题。

博论2013年底开题，于2016年10月通过答辩。在论文写作过程中，吴老师给予了悉心指导，樊老师有许多关怀和建议，2014至2015年赴美联合培养期间和2016至2017年做博士后研究期间，密歇根大学鲍曙明教授的跨学科视野给了我很多启发。从申请硕博连读到选定研究方向，从论文开题到中期考核，从预答辩到正式答辩，戴鞍钢、张晓虹、杨伟兵、满志敏、姚大力、宁越敏、朱荫贵、张志云、张伟然、安介生等教授先后给出了许多有价值的建议，同时感谢两位盲审专家给出的建议。论文写作和书稿修改过程中，在陪同到访上海的林满红研究员查阅资料期间聆听了她的宏论；松浦章教授寄赠了部分日文资料；滨下武志教授近些年来将灯塔作为研究和关注的重点之一，与他的多次交流让我颇受启发和鼓舞。当然，也要感谢霍仁龙、郭永钦、葛洲子、方书生、姚永超、陈为忠、毛立坤、王列辉、祁刚、王哲、武强、张永帅、徐智、费志杰、康武刚、何秋红、刘雅媛、杨敬敏、罗诚、王华震、马欢、孙健、杨萧杨、谭嘉伟、杨洋洋、薛莉等，感谢所有远在各地或朝夕相处的同学和同门对我的帮助、支持、鼓励。同时，特别感谢刘猛在日本联合培养期间至国会图书馆帮我拍摄纸本文献，特别感谢上海海关学院的张耀华老师在资料方面给出重要的方向性建议，特别感谢舟山航海书店店员在航海知识方面对我的帮助。

感谢厦门大学历史系将书稿列入出版资助计划，感谢责任编辑林灿、封面设计蒋卓群。

感谢所有为本书出版提供帮助的老师和朋友。

感谢我的爸爸、妈妈和姐姐，长久以来对我默默的支持。

回首望去，从最初选择历史经济地理作为学习和研究方向到现在，转眼已十年；从确定灯塔选题到现在，也已有七八年时间。本书即将付梓，回想起盛夏于光华楼办公室翻阅海关通令、深秋往徐家汇藏书楼抄写灯塔数据、寒冬在密歇根大学检索航海资料的日子，也算是有了些许安慰。

2017年11月29日写于美国安娜堡寓所
2021年5月3日改定于厦门大学海滨教工宿舍